BREVE HISTORIA DEL
IMPERIO BIZANTINO

Breve historia del Imperio bizantino

David Barreras y Cristina Durán

nowtilus

Colección: Breve Historia
www.brevehistoria.com

Título: *Breve historia del Imperio bizantino*
Autor: © David Barreras y Cristina Durán

Copyright de la presente edición: © 2024 Ediciones Nowtilus, S. L.
Camino de los Vinateros 40, local 90, 28030 Madrid
www.nowtilus.com

Elaboración de textos: Santos Rodríguez

Diseño y realización de cubierta: ExGaudia, Asociación Cultural

Imagen de portada: El emperador Constantino ofrece al papa Silvestre I la tiara imperial, dándole el domino sobre Roma, fresco situado en el muro oeste de la Capilla de San Silvestro en Roma (1246).

ISBN edición bajo demanda: 978-84-1305-459-9
Fecha de edición: Mayo 2024

A nuestros padres Olimpia Gómez,
Orlando Durán y Amparo Martínez, por
mantener constantemente un pulso con
la vida y por todo su cariño, apoyo y
demostrada comprensión.

Los antiguos griegos pensaban que si un
mortal acumulaba méritos a lo largo de su vida,
su memoria se perpetuaría eternamente cuando
hubiera abandonado el mundo material,
ganándose de esta forma la inmortalidad.
A Ana Martínez, nuestra abuela, y a
Miguel Barreras, nuestro padre, quienes
guiados por Caronte han atravesado hace
poco el umbral de este mundo para perdurar
eternamente en el Hades y sobre todo en
nuestra memoria.

Índice

Prólogo

David Barreras siempre ha sido un apasionado de la época medieval, periodo histórico al que ha dedicado buena parte de su tiempo durante los últimos diez años, trabajo fruto del cual publicó *La Cruzada albigense y el Imperio aragonés* (Nowtilus, 2007).

En cambio a mí, historiadora especializada en la Edad Antigua, me entusiasman civilizaciones perdidas como la egipcia, o la Grecia y Roma clásicas, por las que siento una verdadera predilección, aunque no por ello he dejado de investigar y colaborar en trabajos de historia medieval como el anteriormente mencionado de *La Cruzada albigense y el Imperio aragonés* (Nowtilus, 2007), de David Barreras, y *Martín I El Humano* (Real Monasterio de Santa María de Poblet, 2010), de José Antonio Peña. Supongo que como todo historiador, o incluso como todo amante y erudito de la Historia, el interés por conocer más y la búsqueda de diferentes enfoques nos impulsa a abrir nuevas líneas de investigación que puedan dar respuesta a nuestras inquietudes.

Llegados a este punto se nos plantea una cuestión. Si en torno a Constantinopla se desarrolló un imperio que existió a lo largo de toda la Edad Media, una potencia cuyos orígenes se remontan al periodo final de la Antigüedad romana conocido como Bajo Imperio, ¿qué mejor colaboración entre nosotros dos que escribir un libro de historia sobre la ciudad del Bósforo y su imperio?

Hacia 2002, David tenía ya acabada la base bizantina de este ensayo y comenzó a trabajar conmigo para imprimir al manuscrito un toque más «romano». Fruto de esta colaboración surgió un trabajo que es algo más que un libro sobre el Imperio bizantino, ya que se trata de una obra sobre la esencia de la Edad Media, aunque, eso sí, utilizando una óptica diferente con la que estamos acostumbrados a ver esta apasionante época, siguiendo un punto de vista romano-oriental. En este contexto, este ensayo nos muestra aquello que resultó fundamental para el desarrollo de la civilización occidental, la fusión entre las sociedades romana y germánica, hecho que supuso el nacimiento de la nueva sociedad feudal y la pérdida u omisión de los valores y la cultura romano propiamente dicha. Del mismo modo, nos presenta las diferencias entre esa nueva sociedad europea y las relaciones de sus miembros, dentro de un mismo estamento y entre distintas clases, con respecto a la sociedad tardorromana que sobrevivió en Constantinopla y su imperio, entidad territorial esta que más que la heredera de Roma fue su prolongación misma. Constantinopla siempre conservó la esencia de la Antigüedad clásica, manteniendo en todo momento una estructura estatal de base romana y cuya cultura evolucionó a través de su historia desde la romanidad hacia una profunda helenización.

A lo largo de la lectura del libro, iremos descubriendo cómo Roma no cayó al final de la Edad Antigua y cómo su imperio sobrevivió en Constantinopla durante el transcurso de un extenso periodo de tiempo de casi mil años, en el cual constituyó un auténtico Imperio romano medieval. Sin embargo, en la época actual no se llama «romano» a este imperio que coincidió en el tiempo con la Europa feudal, sino que más bien se le conoce como «Bizancio» o «Imperio bizantino». El éxito del inventado término «Imperio bizantino» puede estar relacionado con la tradicional aversión de los occidentales hacia Constantinopla, percibiéndola como un Estado traidor y lejano a sus tradiciones. Por ello es posible que esta incorrecta denominación haya llegado hasta nuestros días, pudiendo incluso taparnos los ojos y hacernos ver a esta potencia del Medievo como un imperio que nada tenía que ver con el Imperio romano. Ya desde los tiempos en que Carlomagno usurpó el título de emperador romano, Occidente reservó la denominación de «Imperio romano» para referirse al territorio carolingio o, posteriormente, al Sacro

El teatro de Marcello, en la ciudad de Roma.
Este edificio, con más de dos mil años de historia, constituye
un claro ejemplo de la profunda y duradera huella dejada por
la civilización romana.

El Coliseo. El anfiteatro de la *Ciudad Eterna*, construido por el emperador Vespasiano (69-79) es, sin ningún género de dudas, el símbolo más representativo de la civilización romana.

Imperio romano-germánico, empleándose el nombre de «Imperio griego» para el territorio que actualmente conocemos como Bizancio.

Tras las invasiones germánicas del oeste de Europa, un abismo separó el Occidente bárbaro del Imperio romano de Oriente. Con el paso del tiempo la brecha se fue abriendo aún más por lo que las diferencias se incrementaron y esto, sin duda, hizo que la relación entre ambas regiones fuese deteriorándose cada vez más. El conflicto, entre los dos extremos de Europa, culminó en 1054 con el *Cisma de Oriente*, el cual provocó la escisión definitiva de sus dos Iglesias. En el viejo continente existían claramente dos mundos totalmente separados, que practicaban incluso una religión diferente, por lo que la reconciliación resultaba ya materialmente imposible. Los mal llamados bizantinos veían a los europeos del oeste como simples bárbaros germanos; paralelamente estos últimos llamaban a los primeros «griegos», de forma despectiva, y los consideraban disidentes religiosos, al practicar los ritos cristianos ortodoxos.

Cuando Occidente llegó a hacerse más fuerte que el Imperio romano de Oriente su líder espiritual, el papa, se atrevió a proponer la unión de las dos Iglesias bajo el reconocimiento de su primacía. Pero Oriente no estaba dispuesto a someterse a la autoridad de la Santa Sede y se aisló aun más de Occidente. De esta forma Occidente le dio la espalda a Constantinopla cuando a mediados del siglo xv los turcos amenazaban con hacer desaparecer definitivamente los últimos vestigios vivos del Imperio romano, por lo que la gran ciudad de Constantino ya no tardó demasiado tiempo en caer en manos de los otomanos ante la pasividad y el odio de Europa, antipatía que posiblemente haya hecho que hoy día no tengamos hacia su imperio la consideración que este merece. Por ello, esperamos que con este libro el lector, además de disfrutar al máximo, abra una ventana a una nueva visión de Constantinopla y a la atípica Edad Media que allí tuvo lugar.

No quisiéramos iniciar la narración de este trabajo sin antes hacer mención de nuestro agradecimiento a las ciudades de Lisboa, La Coruña, Lugo, Sevilla, Sagunto, Valencia, París, Roma, Atenas, Éfeso, Estambul y Jerusalén, por permitirnos indagar en su pasado y haber obtenido las bellísimas fotografías que forman parte de este trabajo.

Cristina Durán

Introducción

Cuando pensamos en la Edad Media, solemos pensar en la caída del Imperio romano y en la victoria de los bárbaros. Pensamos en la decadencia del saber, en el advenimiento del feudalismo y en luchas mezquinas. Sin embargo, las cosas no fueron realmente así, puesto que el Imperio romano, en realidad, no cayó. Se mantuvo durante la Edad Media. Ni Europa ni América serían como son en la actualidad si el Imperio romano no hubiera continuado existiendo mil años después de su supuesta caída.

Cuando decimos que el Imperio romano cayó, lo que queremos decir es que las tribus alemanas (germánicas) invadieron sus provincias occidentales y destruyeron su civilización. No obstante, la mitad oriental del Imperio romano permaneció intacta, y durante siglos ocupó el extremo sudeste de Europa y las tierras contiguas en Asia.

Esta porción del Imperio romano continuó siendo rica y poderosa durante los siglos en que Europa occidental estaba debilitada y dividida. El Imperio continuó siendo ilustrado y culto en un tiempo en que Europa occidental vivía en la ignorancia y la barbarie. El Imperio, gracias a su poderío, contuvo a las fuerzas cada vez mayores de los invasores orientales durante mil años; y la Europa occidental, protegida por esta barrera de fuerza militar, pudo desarrollarse en paz hasta que su cultura formó una civilización específicamente suya.

El Imperio del Sudeste trasmitió al Occidente tanto el derecho romano como la sabiduría griega. Le legó arte, arquitectura y costumbres; dio al Occidente [...] la noción de monarquía absoluta [...] y también la religión a Europa oriental.

Pero, finalmente, Europa occidental se fortaleció y fue capaz de defenderse por sí misma, en tanto que el Imperio se fue agotando. ¿Y de qué manera agradeció Europa occidental lo que había recibido? Con una actitud de desprecio y de odio [...]. La ingratitud ha continuado aun después de la muerte, porque la historia de este Imperio es prácticamente ignorada en nuestras escuelas [...].

Hay pocos occidentales que sepan que en los siglos en que Londres y París eran unos villorrios desvencijados, con calles de barro y chozas de madera, había una ciudad reina en Oriente (Constantinopla), rica en oro, llena de obras de arte, rebosante de espléndidas iglesias, con un comercio bullicioso, maravilla y admiración de cuantos la conocían [...].

Con estas palabras, Asimov nos resume lo que en su opinión ha significado el llamado Imperio bizantino para el curso de la historia. Un imperio que parece olvidado hoy en día y del cual, en muchas ocasiones, se desconoce incluso su origen. Pocos demuestran saber que Bizancio fue algo más que el heredero del Imperio romano. Puede considerarse que el Imperio romano fue el continuador de la cultura clásica griega. El Imperio romano tomó como modelo a Grecia. Pero Bizancio, como podremos ver, fue algo más que el heredero del Imperio romano, fue la prolongación de este. Roma no fue el modelo de Bizancio, Roma continuó su existencia mientras vivió Bizancio. Desde Augusto a Constantino XI, el último soberano que se sentó en el trono de Constantinopla, hubo una línea ininterrumpida de emperadores a lo largo de aproximadamente quince siglos. A pesar de esto, normalmente se considera que cuando se produjo la invasión de Occidente por los pueblos germánicos cayó el Imperio romano.

Corría el año 476 cuando Odoacro, señor de los hérulos, deponía al emperador de Occidente, Rómulo Augusto, produciéndose de esta forma la caída de Roma.

Este último párrafo constituye la versión oficial de los hechos, no obstante es preciso destacar que la frase oculta además una inquietante verdad que trataremos de desvelar a lo largo de este trabajo.

La mayor parte de la gente es fiel a la cita en cuestión, cree que con la caída de Roma y las provincias occidentales desaparecía el Imperio romano. Nada más distante de la realidad. Cierto es que los hérulos se apoderaron de Italia, al igual que unos años antes otros pueblos bárbaros se adueñaron de otras regiones del oeste de Europa, antaño dominios romanos. Pero, aunque la mayoría de veces se ignore, la parte oriental del Imperio romano no se vio afectada a estos niveles por las invasiones de las tribus germánicas.

A pesar de que a partir de 476 se llame Imperio bizantino o Bizancio a la mitad oriental del Imperio, la denominación correcta debería ser simple y llanamente la de Imperio romano. Ni tan siquiera debería ser válido, a partir de este año, el término Imperio romano de Oriente, ya que este último nombre era correcto cuando existía un imperio dividido en dos, pero una vez desaparecida la parte occidental, dejó de tener sentido. Si el Imperio romano de Occidente ha caído, ¿por qué seguir llamando a la mitad superviviente Imperio romano de Oriente? En nuestra opinión lo correcto sería llamar a este último territorio, simplemente, Imperio romano, puesto que de las dos partes que un día lo formaron fue la única que continuó unificada cultural y políticamente. De todas formas, para evitar confusiones con respecto al Imperio unificado, también conocido como Alto Imperio romano, emplearemos en lo sucesivo el término Imperio bizantino o simplemente Bizancio.

Con las incursiones de los bárbaros no se produjo la caída definitiva del Imperio. Si es cierto que una gran parte de su territorio, es decir, toda la mitad occidental, se perdió como consecuencia de estas invasiones. Pero la parte oriental permanecía intacta y consiguió resistir hasta 1453.

En concreto, el hecho que se considera que marca el fin definitivo del Imperio, la ya mencionada deposición de Rómulo Augusto en el año 476, únicamente supuso la pérdida de los territorios circundantes a la que originalmente había sido la capital, es decir, Roma. No obstante, hacía muchos años que la capital imperial era una ciudad mucho más rica, próspera y moderna: Constantinopla. Además, incluso la corte de Occidente se llegó a trasladar al norte en los años finales de su existencia, a Milán y más tarde a Rávena.

De la misma forma, hacia el año 476, también había llovido bastante desde que las provincias occidentales estaban dominadas por francos, visigodos, vándalos, alanos y otros pueblos bárbaros. En definitiva, cuando el último emperador de la mitad occidental fue destronado, este ejercía un efímero control de la península italiana, quedando el resto de provincias occidentales bajo dominio germánico.

Pero en Constantinopla existía un emperador que sí gobernaba de forma efectiva la totalidad de las provincias orientales romanas. Se trataba de Zenón, quien, ante la deposición de su emperador asociado, Rómulo Augusto, era el único titular legal del Imperio, papel que, como veremos en la segunda parte de este tratado, asumió Justiniano I plenamente.

Sin embargo, a pesar de todo, a los emperadores bizantinos no les faltaron competidores a lo largo de la historia. En Occidente surgieron varios soberanos que adoptaron el título imperial. Cuando Roma dejó definitivamente de estar bajo control bizantino y se veía amenazada por los bárbaros lombardos, el papa solicitó la ayuda de los francos, mismamente extranjeros germánicos, pero de religión católica. Este respaldo brindado por los francos fue premiado por la Santa Sede, recompensa que alcanzó su cota más alta cuando su rey, Carlomagno, fue coronado emperador de Occidente hacia el año 800.

De la misma forma, cuando a la muerte de Luis I el Piadoso, hijo de Carlomagno, su imperio quedó dividido, uno de los estados resultantes comenzó a denominarse Sacro Imperio Romano (Germánico), y su soberano adoptó el título de César (en alemán, *Káiser*) hasta épocas no muy lejanas.

Eran estos personajes soberanos poderosos, como es el caso de Carlomagno o de Federico I Barbarroja, pero en definitiva usurpadores del título que portaban. Solo hubo un emperador legítimo a lo largo de todo el Medievo, y su trono estaba en Constantinopla.

Una buena parte de los territorios occidentales perdidos como consecuencia de las invasiones germánicas, fueron recuperados en época de Justiniano I (527-565). Este emperador reconquistó la mayor parte de la costa mediterránea e incluso Roma. La legendaria ciudad de Rómulo y Remo únicamente había permanecido en manos bárbaras cincuenta y nueve años, entre 476 y 535. ¿No es esto un claro ejemplo de lo que se consideraban y de lo que realmente eran los emperadores de Constantinopla? Si, efectivamente, aún eran emperadores romanos. Aunque tras la reconquista de Justiniano quedaban vastas zonas en poder de los bárbaros, áreas que habían pertenecido al Imperio en épocas más gloriosas, tales como la parte no mediterránea de Hispania, la Galia, la isla de Britania y ciertas regiones de Germania, con este emperador el *Mare Nostrum* fue de nuevo una realidad.

Si bien es cierto que el proyecto de Justiniano I para recuperar el Imperio romano pronto fracasó, ya que Bizancio fue disminuyendo constantemente su integridad territorial con los emperadores que le sucedieron, también es verdad que esta intención es suficiente para confirmar nuestra teoría. El Imperio romano no murió con la caída de Roma en 476, prolongó su existencia en Constantinopla y no desapareció definitivamente hasta que esta ciudad fue conquistada por los turcos otomanos en 1453.

1

Roma, siglos III al V. Génesis de un nuevo Imperio

CONCEPTO DE BAJO IMPERIO ROMANO

En palabras de Miguel Ángel Ladero, «el concepto de romanidad tardía o Bajo Imperio está hoy plenamente aceptado en la historiografía y ha sido descargado, hasta cierto punto, de la consideración peyorativa en que se le tuvo, a partir de la Ilustración, como época decadente, premonitoria de la posterior barbarie medieval».

En 193, el ejército de Panonia proclama emperador a Septimio Severo. En 284, las tropas orientales que habían combatido a los persas hacen lo propio con Diocleciano. Ambas fechas, como bien afirma Maurice Crouzet, encierran un periodo, el siglo III, de crisis multiforme de la que saldrá lo que realmente constituye el Bajo Imperio. Con la ascensión al trono imperial de Diocleciano, finalizada ya la llamada crisis del siglo III, surge un nuevo Imperio romano de las cenizas del anterior. El Alto Imperio puede darse por muerto. El Bajo Imperio nace como una adaptación de su versión anterior a los nuevos tiempos.

A los necesarios cambios producidos en la dirección política se une una auténtica revolución en todos los ámbitos: administración, economía, sociedad, e incluso religión. El mundo ha cambiado y el Imperio ha de renovarse o morir. La *Pax Romana* ya no está garantizada, los bárbaros han empezado a penetrar las fronteras del Imperio. Las soluciones utilizadas durante el Alto Imperio se adaptaban a un mundo bárbaro relativamente tranquilo. Ya no sirven ahora. Las nuevas soluciones son de lo más variopintas.

La única forma de frenar a los germanos es luchar como ellos. El Ejército se transformará profundamente: adopta armas y tácticas del enemigo, recluta germanos e incluso nombra generales a algunos de sus líderes. Como podremos comprobar próximamente, la mejor manera de combatir a los germanos es enfrentarse a ellos con sus propias armas, sus propios soldados y sus propios caudillos.

Otro de los cambios importantes afecta al gobierno imperial, que ya no recaerá en un único emperador, si no que será dividido entre varios. Es la llamada colegiación imperial que estudiaremos más adelante.

Los nuevos y enérgicos emperadores, especialmente Diocleciano y Constantino, reorganizaron el Imperio y lo libraron del peligro bárbaro exterior y de la anárquica interior. En palabras de Crouzet, «una civilización surgió del caos entonces: es la que hay que considerar como la civilización del Bajo Imperio».

Todos estos cambios darán estabilidad al Imperio y le permitirán sobrevivir, en la parte occidental, tan solo doscientos años más, sin embargo Oriente perdurará por un milenio, es decir, a lo largo de toda la Edad Media.

Como indica Ladero, en el Bajo Imperio romano «hay, en efecto, elementos premedievales y grandes diferencias con las épocas anteriores del mundo clásico, al que, sin embargo, sigue perteneciendo. Fue esa Roma tardía, en lo que tenía de más específico, quien entregó la herencia de la Antigüedad». Otras opiniones expresan la idea de que el nacimiento del Bajo Imperio es paralelo al de la Edad Media.

La crisis interna del siglo III

Roma siempre estuvo acosada, en mayor o menor medida, por dos tipos de peligros: uno interior y otro exterior. El riesgo interno fue sin duda el más grave, y el que, aunque solo fuera indirectamente, acabó con el Imperio en Occidente, ya que creó el desorden necesario para que los bárbaros pudieran penetrar con facilidad las fronteras romanas.

La codicia de los militares y las clases dirigentes, que ansiaban hacerse con el poder, resultaba extremadamente peligrosa. Este era un enemigo que se encontraba acechando en el mismo corazón del Imperio. El propio emperador era muy consciente de ello.

Relieve que representa a legionarios romanos del siglo II en aptitud de combate (Museo de la Civiltà Romana, Roma). Finalizadas las conquistas en esta época, se consiguió que los mandos del Ejército perdieran poder y de esta forma no pudieran liderar conspiraciones contra el emperador.

Las conquistas activas habían concluido para el Imperio romano en tiempos de Trajano (98-117). El fin de la guerra ofensiva se tradujo en una considerable merma para el poder del Ejército y, de esta forma, se reducían las posibilidades de que alguna fuerza militar destituyera al emperador. Sin embargo, en tiempos de Marco Aurelio (161-180), a pesar de los deseos de los augustos por que imperara la *Pax Romana,* el despertar de los bárbaros situados en las fronteras forzaba a mantener una guerra defensiva. Estas contiendas otorgaban nuevamente un poder enorme al Ejército. A las puertas del siglo III, tras el asesinato de Cómodo en 192, la elección del emperador quedará en manos de los generales romanos. La anarquía militar estaba servida.

El castillo de Sant'Angello en la ciudad de Roma. Esta fortaleza fue construida en el siglo II, una época en la que el Imperio romano había alcanzado su máxima extensión y en la cual la *Pax Romana* imperaba en las tierras bañadas por el *Mare Nostrum*.

Septimio Severo (193-211) saldrá vencedor de los enfrentamientos civiles que tuvieron lugar, se sentará en el trono y lo logrará hacer hereditario para sus descendientes. Tras veinticuatro años de reinado de su dinastía y con el asesinato del último Severo, Alejandro, en 235, se inicia un nuevo periodo de anarquía de otros cincuenta años. Los mismos militares que coronan a sus candidatos, conspiran contra ellos, los asesinan y nombran otros sucesores. La pauta dominante es que el elegido se mantenga en el trono pocos meses, algunos tan solo días, muy pocos llegan a gobernar años. En muchas ocasiones varias provincias escapan al control del teórico emperador, incluso llega a darse la situación de la proclamación simultánea de varios emperadores por distintas facciones del Ejército.

El caos reinante posibilitó la invasión del Imperio por parte de las tribus bárbaras y de los reinos civilizados exteriores. Los bárbaros, en consecuencia, acabarán transformándose en el principal de los dos riesgos mencionados anteriormente. Los Balcanes sufrieron las incursiones de los godos y Asia Menor fue víctima de los persas. Y es que los trescientos mil hombres que tradicionalmente componían los ejércitos del Alto Imperio eran insuficientes para poder hacer frente a los múltiples peligros, internos y externos, que en el siglo III amenazaban la integridad y supervivencia del Imperio romano. La debilidad de las fronteras era manifiesta. Hordas de godos en Oriente y de francos y alamanes en Occidente atravesaron las fronteras y sometieron a saqueo las ciudades romanas. Solo con la llegada al trono de Diocleciano y Constantino se logró superar la crisis.

Hasta esas fechas, el Imperio había permanecido a salvo de estas catástrofes. Las revueltas internas eran de corta duración y, en el caso de triunfar, acababan sentando en el trono a emperadores capaces. El número de efectivos militares apostados en las fronteras resultaba suficiente para contener de forma efectiva a los bárbaros que, por otro lado, no habían mostrado aún signos de su peligrosidad potencial.

La presión de los germanos sobre las fronteras romanas siempre había existido. El Imperio era asediado casi continuamente por grupos invasores bárbaros, cuyo objetivo era amasar el mayor botín posible antes de regresar a casa. Pero el problema no pasó a ser mayor hasta que los germanos fueron conscientes de su fuerza y se produjeron los desórdenes civiles necesarios para que Roma llegara a ser vulnerable. Para cuando llegó el siglo III y sus revueltas internas, el mundo germánico había comenzado ya a dar signos de virulencia.

Para entender esta cuestión debemos situarnos en el reinado de Marco Aurelio (161-180). En 161, se rompe la *Pax Romana* en las fronteras orientales con Persia, cuando la dinastía parta lanza una ofensiva contra las regiones de Armenia y Siria. Finalmente, la situación queda controlada pero, casi al mismo tiempo que se alcanza la paz con los persas, en 167 el Imperio tiene que hacer frente a la penetración por la frontera danubiana de cuados y marcomanos. El Imperio romano salía de un conflicto exterior con los bárbaros partos para meterse de lleno en otro, con pueblos germanos en esta ocasión, que, a la larga, sería mucho más grave. Tras combatir a los germanos hasta el año 174 y obligarles a pedir la paz, la idea de Marco Aurelio era llevar la frontera o *limes* más allá de la línea del Danubio, para, así, mantener a raya a los belicosos cuados y marcomanos. Sin embargo, la muerte le sobrevino en 180. Su sucesor, Cómodo (180-192), decidió firmar la paz con estos pueblos, imponiéndoles, eso sí, unas durísimas condiciones. Con este gesto el nuevo emperador iniciaba su política defensiva frente a los peligrosos germanos. La larga guerra resultaba demasiado costosa para las arcas imperiales y lo más sencillo para Cómodo era fijar la frontera del este de Europa en el límite natural que demarcaba el río Danubio.

Cómodo, además, impuso a los germanos la obligación de aportar al ejército romano tropas auxiliares, en un número de unos trece mil efectivos a los cuados y algo menos a los marcomanos. Esto no era algo nuevo para Roma, ya desde tiempos de Octavio Augusto (24-14 a. C.), las filas del ejército imperial recibieron la entrada de soldados germanos a su servicio. Sin embargo, la acción de Cómodo marcaría el refuerzo de una tendencia que sería la dominante en el ejército romano durante los siguientes siglos: el reclutamiento de tropas germanas. La práctica resultaría además funesta a la hora de decidir el final del Imperio occidental, que sería destruido desde dentro a manos de los propios germanos alistados en las filas de los ejércitos imperiales. Tal es el caso de la caída de Italia en 476: Odoacro, general de origen hérulo de los ejércitos romanos de la región transalpina, deponía al último emperador, Rómulo Augusto.

Desde otro punto de vista, puede que el predominio de soldados germanos en las filas imperiales resultara decisivo a la hora de lograr la supervivencia de Occidente durante casi trescientos años más: sin la presencia de estos mercenarios el ejército romano no hubiera podido hacer frente a las invasiones por falta de efectivos y por las carencias de sus desfasadas armas y tácticas de combate.

El problema bárbaro

Los romanos llamaban bárbaros a todos aquellos pueblos que no compartían su cultura latina o no estaban integrados dentro de las fronteras del Imperio. Entre los bárbaros destacaban aquellos que vivían en las cuencas de los ríos Rin, Danubio y Vístula, conocidos como germanos. En palabras de Emilio Mitre, «los bárbaros en general y los germanos en particular serían protagonistas de primer orden en el proceso de desintegración del Imperio en el Occidente».

Como expone Ladero, hacia el tercer milenio a. C., aparece la primera cultura germánica en la península de Jutlandia. Posteriormente, estos pueblos iniciarán una migración hacia las regiones centroeuropeas que en torno al 500 a. C. les llevará a entrar en contacto con los celtas. El avance de los germanos por tierras celtas solamente será frenado cuando, en el siglo I a. C., Julio César conquiste la Galia.

En contacto con los romanos, y gracias a las rutas comerciales, como la del ámbar en el Báltico, los bárbaros germanos sufrieron un leve proceso de romanización. Algunos de ellos llegaron a entrar en el ejército imperial como mercenarios, pero nunca en número tan importante como a partir del siglo III. Incluso podríamos decir que durante la crisis que sufrió el Imperio romano en este siglo, se puso de manifiesto el proceso de barbarización al que se estaba viendo sometido. No solamente había cada vez más germanos en el Ejército, sino que a esto hay que añadir que algunos emperadores eran de origen bárbaro, tal es el caso de Maximino el Tracio y Filipo el Árabe.

Sin embargo, los pueblos germánicos no supusieron ningún peligro para el Imperio hasta

Acueducto romano que abastecía de agua a la ciudad de Hispalis, la actual Sevilla. La obra de ingeniería original data de la época de Julio César (101 a. C.-44 a. C.). Fue reconstruido en época árabe, e incluso se mantuvo en uso más allá de la reconquista cristiana, algo que viene a demostrar el profundo impacto que tuvo en el área mediterránea la civilización romana, a pesar del paso posterior de varias culturas, como son la visigoda y la musulmana.

finales del siglo II, como hemos podido ver en el punto anterior. Mitre afirma que «el limes, con el discurrir del tiempo, se fue convirtiendo no tanto en la frontera que separaba dos mundos como en la zona de contacto que permitía una progresiva simbiosis entre ambos». Durante los largos periodos de paz, el Imperio y sus vecinos germanos mantuvieron estrechas relaciones comerciales y políticas, que llevaron incluso a grupos de germanos a ocupar algunas de sus regiones.

Todos los pueblos germánicos conocían la agricultura sedentaria, no obstante su organización social era muy simple. Ladero hace mención a una organización de los germanos, en orden creciente de complejidad, alrededor de la familia amplia, la tribu y el pueblo. Las familias (*sippe*) se integran en tribus, posiblemente en torno al recuerdo de un antepasado epónimo, y el conjunto de grupos o tribus forma un pueblo (*gau*), con jefe común y reuniones anuales de sus guerreros, a menudo para elegirlo, en lugares a los que se confiere virtualidades sagradas. Por encima del pueblo, hay con frecuencia confederaciones, a veces forzosas, bajo la égida de alguno de ellos, que es más poderoso o ha resultado vencedor en anteriores contiendas. En opinión de Ladero «se trataba de un mundo primitivo, rural, casi analfabeto, sin verdadera organización estatal».

La asamblea de guerreros era la depositaria de la soberanía popular al elegir jefe, tratar sobre paz y guerra o juzgar los delitos mayores. Los germanos prestaban juramento a este caudillo libremente escogido, combatían por él y este los dirigía en la batalla con el objetivo de la victoria. Ni tan siquiera podemos hablar de una auténtica organización a nivel estatal. Esta era la base de una estructura social concebida única y exclusivamente para la guerra.

Pueblos guerreros por naturaleza, los germanos se irán desplazando hacia las proximidades del *limes* romano en busca de nuevas tierras de cultivo y atraídos también, sin lugar a dudas, por las posibilidades de botín. Coincidiendo con la crisis del siglo III, algunas tribus iniciarán una serie de migraciones que producirán el empuje de otras hacia el interior de las fronteras romanas. El movimiento de burgundios y vándalos provocará la presencia de sajones en la desembocadura del río Elba, de francos en los cursos inferior y medio del Rin y de alamanes en el alto Rin y el alto Danubio. Los desplazamientos de godos y hérulos tendrán el mismo efecto sobre carpos y sármatas iazigos, que se asentarán a lo largo del Danubio.

El Imperio únicamente pudo superar estas invasiones a finales del siglo III, en época de Diocleciano y Constantino. Pero la crisis solo pudo ser salvada haciendo una serie de concesiones territoriales: los Campos Decumates y la Dacia se perdieron para siempre y el *limes* quedó definitivamente constituido por el curso natural de los ríos Rin y Danubio. No obstante, algo cambiaría para siempre a partir de ese momento. El Imperio había dado las primeras muestras de debilidad en toda su historia, al mismo tiempo, los germanos comenzaban a ser conscientes de su poder.

En los siguientes años, las relaciones entre romanos y germanos sufrieron una mutación: el pacto y la negociación en muchas ocasiones se mostraron como el arma más efectiva a la hora de frenar a estos bárbaros. La fórmula también podía consistir en lograr la retirada del enemigo mediante el soborno o el pago de un tributo periódico. Otras veces lo más sencillo y efectivo para Roma, con un ejército incapaz de controlar los innumerables ataques bárbaros, consecuencia de su escasez de efectivos y por el desfase de sus armas y tácticas, era aliarse con un pueblo germano para, de esta forma, poder combatir a otro.

Algunos emperadores empezaron a contratar mercenarios bárbaros para reforzar el ejército.

La falta de mano de obra agrícola en las regiones fronterizas devastadas por la guerra hace que Roma opte por permitir la instalación de grupos de germanos en ellas. En consecuencia, comenzaron a darse los primeros asentamientos definitivos de germanos aliados de los romanos, los llamados federados o *foederati*. El ejército romano se fue barbarizando al mismo ritmo que los grupos de germanos federados se fueron romanizando y, por lo tanto, alcanzaron una mayor madurez organizativa. Este hecho ponía al Imperio en grave peligro. El asunto acabó yéndosele de las manos a Roma y con el tiempo estos asentamientos germanos llegaron a convertirse en reinos dentro del Imperio, reconocidos además por el emperador. La evolución y el crecimiento organizativo de estos estados germánicos continuó a buen ritmo en las provincias del oeste, de forma que, a las puertas del siglo IV, Occidente era un puzle de reinos bárbaros y su emperador, que solo tenía el control de la península itálica, era además un títere en manos de sus generales germanos.

Como indica Crouzet, a la muerte de Septimio Severo (193-211), la inseguridad imperaba. Los sajones llegaban en sus piraterías hasta el canal de la Mancha y las costas del Océano. Los francos atravesaron toda la Galia y alcanzaron Hispania. Los alamanes penetraron en Italia y no se les pudo parar hasta Pavía. En varias ocasiones los godos cruzaron el Danubio para invadir Tracia, Mesia o Grecia. Se lanzaron también sobre el mar Negro, infestando el Bósforo, el mar de Mármara, el mar Egeo;

saquearon las regiones costeras, tomaron Éfeso, sitiaron Tesalónica y Atenas hubo de defenderse contra una intentona de asalto.

Pero los germanos no eran el único enemigo de Roma. En Oriente otro imperio altamente civilizado, Persia, había sido históricamente un quebradero de cabeza para los romanos. A partir del 224, la dinastía parta, que tanto acosó a Marco Aurelio, había sido sustituida por otra mucho más peligrosa. Los persas sasánidas constituyeron un imperio más centralizado que el de sus predecesores partos. La familia imperial persa consiguió que sus nobles guardaran fidelidad al rey, lo que aportaba al trono una mayor estabilidad. Como indica Crouzet, la religión mazdeísta proporcionaba además solidez a este entramado nacionalista. El desastre no se hizo esperar demasiado, y pronto las provincias orientales romanas comenzaron a ser invadidas. El culmen del conflicto se alcanzó cuando en el año 260 el emperador Valeriano fue derrotado y moría en su cautiverio persa.

El Imperio se encontraba además al borde del colapso como consecuencia de la anarquía reinante. Los golpes de estado militares estaban a la orden del día y sentaron en el trono a emperadores a los que se les dio muy poco tiempo para intentar solucionar el problema. Roma se veía acosada por los bárbaros en todas sus fronteras y no era capaz de hacer frente a la ubicuidad permanente del peligro exterior. Esto generaba aun más desórdenes sociales que no hacían otra cosa que agravar la ya de por sí difícil situación. Las ciudades se fortificaron y

Capitel aqueménida de la época de Darío I (521 a. C.-486 a.C.), procedente de la ciudad de Susa (Museo del Louvre, París). La dinastía aqueménida de emperadores persas fue extinguida cuando su último representante, Darío III, fue derrotado por Alejandro Magno en 331 a. C. No obstante, el Imperio persa se prolongaría en las dinastías parta (247 a. C.- 224) y sasánida (224-642) hasta llegar su destrucción definitiva por parte de los árabes.

solo podían ser defendidas por caudillos locales que, ante la falta de auxilio por parte del gobierno central, tendían a hacerse cada vez más independientes. Los elementos premedievales están servidos: invasiones y guerras constantes, inseguridad, descentralización del poder, ejércitos privados, ciudades fortificadas. El cambio de época está próximo, la Edad Antigua toca a su fin y el Medievo comienza a despertar.

LA ECONOMÍA ROMANA EN EL SIGLO III

Los desórdenes internos y externos, estudiados en los puntos anteriores, tuvieron como consecuencia una profunda caída de la economía del Imperio. Como indica Crouzet, desde tiempos de Septimio Severo (193-211) los continuos gastos militares vaciaron las arcas estatales. Al mismo tiempo, las revueltas y las invasiones provocaban que los ingresos fiscales disminuyeran. La única solución para vencer este déficit no era otra que la devaluación de la moneda. La primera inflación de la historia estaba servida.

La anarquía, las guerras, la hambruna y las epidemias se tradujeron en una acusada escasez de mano de obra en los campos y las minas, debido al receso sufrido por la población, siendo las regiones fronterizas las más afectadas. El comercio, víctima de los saqueos y el pillaje, consecuencias a su vez de la anarquía, también entró en decadencia.

El descenso generalizado de la producción, que tuvo lugar durante la crisis del siglo III, junto con esta devaluación monetaria, provocaron irremediablemente el aumento de los precios. La alteración de la moneda, además, se hizo inevitable como consecuencia de la escasez de materia prima, debido a la baja producción minera.

Ejemplos que ilustren mejor esta caótica situación no nos faltan. El emperador Caracalla (198-217) bajó un once por cien el peso del *aureus* y creó una nueva moneda de plata, el *antoninianus*, que acabó por sustituir al antiguo denario, y que, pesando la mitad se le atribuía un valor doble. El precio de los cereales aumentó veinte veces entre los años 255 y 294, cuando, entre el siglo I y hasta mediados del III había subido tan solo tres veces.

La crisis económica fomentaba la anarquía. A su vez los desórdenes internos provocaban, sin lugar a dudas, la caída de la economía. El asunto se tornaba por lo tanto en un círculo vicioso del que difícilmente se podía salir.

La revolución de Diocleciano

Tras todo un siglo de anarquía y una larga lista de treinta y un emperadores, la mayoría de los cuales acabaron su mandato en condiciones trágicas, el ejército de Oriente proclamaba emperador, en el año 284, a Diocleciano, un general originario de Iliria. Militar de origen humilde, mantuvo una carrera meteórica en el ejército que le llevó a ascender de rango con rapidez y a alcanzar una gran popularidad entre las filas de la legión.

El primer obstáculo que se encontrará Diocleciano (284-305) será la oposición de Carino, hijo del emperador Caro (282-283), entronizado en Roma por sus tropas. Los dos soberanos se enfrentaron en Mesia y, finalmente, Diocleciano resultaría triunfante, con lo que, hacia 285, este último se adueñaba de todo el Imperio.

Diocleciano era un militar puro y duro, surgido del pueblo llano, con una considerable falta de cultura. Durante la llamada crisis del siglo III ya se había optado por ceder el cetro imperial a algún que otro miembro del populacho; sin embargo, *a priori* no se auguraba un futuro demasiado prometedor a este nuevo candidato, ya que la mayoría de estos plebeyos tuvo un paso fugaz por el trono y un trágico final para su vida. Sin embargo, Diocleciano gozaba de plena confianza por parte del ejército, lo que daba estabilidad a su mandato. Esta fidelidad le permitió conseguir las primeras victorias militares. Atesoraba un carisma excepcional entre sus tropas, era un militar sumamente enérgico, un fanático patriota con una voluntad de hierro, lo que le hacía muy capaz de sacar al Imperio del abismo en el que se encontraba inmerso.

A finales del siglo III se consiguieron restablecer las antiguas fronteras y se acabó con los desórdenes internos. Diocleciano reconquistó Mesopotamia y penetró más allá de los *limes* europeos del Rin y el Danubio, así como atravesó las fronteras asiáticas con Persia. La *Pax Romana* no volvió jamás a ser un hecho pero, durante tres cuartos de siglo, al menos se gozó de una tranquilidad relativa que permitió llevar a cabo un conjunto de necesarias reformas internas.

Diocleciano reorganizó la maltrecha economía romana e inició una serie de cambios que afectaron al Imperio en todos sus ámbitos. Como veremos más adelante, destacan en esta revolución diocleciana las profundas modificaciones a las que se vio sometido el gobierno imperial, así como la reforma sufrida por el Ejército. Gracias a su esfuerzo, la gran crisis fue superada y de las cenizas del antiguo régimen surgió el Bajo Imperio romano.

Diocleciano concentró sus esfuerzos sobre todo en la mitad oriental del Imperio, que era la más rica y urbanizada. También era más urgente dedicarle mayor atención a las provincias del este, puesto que corrían más peligro que Occidente, al ser sus opulentas ciudades el objetivo principal de godos y persas. Con Diocleciano, por lo tanto, la corte imperial se desplazó hacia el este, estableciendo su capital en la ciudad de Nicomedia, en Asia Menor. La tendencia ya no sería jamás abandonada por los emperadores que le sucedieron. El centro del poder pasó a la mitad oriental o, en su defecto, si el gobierno quedaba dividido, siempre quedarían las provincias del este para el primogénito o favorito, siendo Occidente para el coemperador subordinado.

Hacia el año 293, Diocleciano comprendió que la única forma de mantener vivo el inmenso Imperio romano era fraccionando el poder. Para esto nombró emperador asociado a su fiel general Maximiano, al cual encargó el gobierno de la mitad occidental. Es preciso destacar que la idea ya había sido puesta en práctica años antes por Marco Aurelio (161-180), que en 161 asoció al trono a su hermano Lucio Vero.

El reparto de poder, además de facilitar el gobierno de las numerosas provincias del Imperio, hacía también más sencilla la sucesión, en un régimen en el que la hereditariedad no estaba bien definida. De esta forma el emperador asociado superviviente no tenía que pasar por el trámite de ser reconocido por el ejército, el senado o el pueblo, como se acostumbraba a hacer cuando el predecesor no designaba sucesor. Se suprimía por lo tanto el interregno y se evitaba que el nuevo inquilino del trono surgiera tras producirse enfrentamientos civiles.

La ausencia de un derecho monárquico bien establecido y definido hizo que Roma sufriera a lo largo de su historia numerosas guerras civiles. Sin embargo, puede que esto fuera en parte fructífero para el Imperio: la inexistencia del derecho sucesorio dinástico permitía muchas veces que se sentara en el trono el candidato más capaz, aquel que había conseguido salir victorioso de los enfrentamientos con los demás pretendientes. Tal es el caso de la sucesión de Diocleciano que puso en liza a Constantino, Magencio y Licino, resultando triunfante el primero, uno de los más grandes emperadores que conoció Roma.

Lo único que debía hacerse tras la desaparición de uno de los emperadores asociados era nombrar a otro que le supliera. De esta forma además se conseguía que los sucesores adquirieran experiencia en las tareas de gobierno, facilitando sus funciones cuando tuvieran que gobernar en solitario o como coemperador principal. Como nos indica Crouzet, cabe destacar que cuando se daba la asociación de dos emperadores, estos estaban dotados de los mismos atributos y poseían los mismos títulos, si bien a uno de ellos se le consideraba como el mayor, el «más fuerte», el «primero», para evitar todo desacuerdo.

La fórmula de Diocleciano consistía además en que cada uno de los dos emperadores nombrara a un subordinado, que le asistiera en las tareas de gobierno de algunas provincias y que, a su vez, le sucedería pasado un periodo de tiempo de veinte años. Los coemperadores poseían el título de *Augusto* y los subordinados el de *César*. Era la forma de gobierno denominada tetrarquía, formada por dos augustos y dos césares. De esta manera se creaba el colegio imperial que iría proporcionando emperadores a Roma.

Los emperadores asociados, se repartían los diferentes territorios de Roma para su gobierno pero, a pesar de esto, actuaban confederadamente, por lo que la unidad del Estado no se rompía. Los sucesores asociados al trono serían elegidos por sus méritos personales, al margen de su origen familiar. De esta forma se conseguía que el heredero fuera el más digno para merecer el trono. A pesar de todo, y como trataremos próximamente, Diocleciano pudo constatar tras su dimisión en 305, poco antes de morir, el fracaso y el definitivo abandono de su revolucionario sistema de gobierno.

Las nuevas estrategias adoptadas por Diocleciano, permitieron la estabilización militar, política y económica del Imperio romano, además de mantener una continuidad y su consolidación en la figura de Constantino I. Con Constantino el centro del poder imperial quedó, más que nunca, desplazado hacia Oriente. El gran emperador fundó una nueva capital, *Nova Roma* o Constantinopla. Llegados a este punto es preciso realizar un pequeño paréntesis para estudiar los inicios de la ciudad precursora de Constantinopla: Bizancio.

FUNDACIÓN DE LA CIUDAD DE BIZANCIO

En el siglo VII a. C., las ciudades griegas se encontraban al borde del colapso como consecuencia del gran número de habitantes que habían ido acumulando. El crecimiento y desarrollo de las urbes había alcanzado un máximo y en esos momentos se encontraba estancado o, lo que es peor, iniciando un periodo de regresión. La población estaba malnutrida debido a la escasez de alimentos y, de esta forma, los precios únicamente podían evolucionar al alza. Esta crisis solo pudo ser superada cuando los griegos, conocidos históricamente por su faceta de excelentes navegantes, se echaron a los mares en busca de nuevas tierras donde fundar colonias para, de esta forma, poder explotar sus recursos de forma eficiente.

En torno al año 657 a. C., la ciudad de Megara organizó una de estas expediciones al mando de un líder local llamado Byzas. Antes de zarpar, la tripulación acudió a Delfos para consultar su famoso oráculo. Partían hacia un destino incierto y, puesto que no convenía tener a los dioses en contra, necesitaban alguna directriz de la providencia que les indicara el camino correcto. El oráculo hizo la siguiente predicción: «encontraréis un nuevo hogar frente a la ciudad de los ciegos». Byzas se mostró satisfecho con la inyección de moral que el ceremonial de Delfos otorgaba a la expedición y, a pesar de lo ambiguo de la sentencia del oráculo, con buena lógica dirigió su nave rumbo al Bósforo, hacia la ruta de los cereales en el mar Negro.

Al margen de la respuesta del gran oráculo, el objetivo de Megara no podía ser otro que el de fundar una nueva ciudad en el estrecho que une el mar de Mármara y el mar Negro. Quien dominara el paso del Bósforo controlaría el tránsito de cereales desde su origen, a orillas del mar Negro, hacia las necesitadas ciudades griegas del mar Egeo. Una ciudad así, a caballo entre dos continentes, Asia y Europa; lugar de tránsito entre tres mares, el Egeo, el Mármara y el Negro, no solamente acabaría con la hambruna de Megara, sino que, además, tendría la oportunidad de ser muy próspera.

La expedición de Byzas se adentraba ya en el estrecho y estaba a punto de iniciar la fase final de su misión: seleccionar un lugar adecuado, tomar tierra y fundar su colonia. Pero, desafortunadamente, otro grupo de colonizadores griegos se les había adelantado. Tan solo unos pocos años antes había sido fundada la ciudad de Calcedonia, en la orilla asiática del Bósforo. La idea de Byzas ya había sido puesta en práctica por otros griegos. A pesar de todo, los marinos de Megara, aunque algo desmoralizados, prosiguieron su camino. No tardaron demasiado tiempo en detener la nave: justo frente a Calcedonia, en la parte europea del estrecho, algo llamó fuertemente la atención de su caudillo. Divisó una península de forma triangular, rodeada de agua por dos de sus lados. Bañaban sus costas, por un lado, las aguas de un gran estuario, llamado posteriormente Cuerno de Oro, que desembocaba justo a la entrada del Bósforo. Por otro, el mar de Mármara. El lugar era perfecto para la construcción de una gran urbe: una fuerte armada anclada en su estuario, utilizado como puerto natural, podía defender sus costas fácilmente; una sólida muralla en la parte terrestre convertiría la ciudad en un bastión inconquistable. Los calcedonios habían pasado antes por allí, tenían frente a ellos aquel maravilloso lugar y, sin embargo, no habían reparado en su importancia estratégica. Una enorme península con un puerto natural de esas dimensiones únicamente podía haber pasado inadvertida a los ojos de un ciego. Ciertamente, los colonos de Calcedonia debían estar ciegos. El oráculo tenía razón, Calcedonia no podía ser otra ciudad que la ciudad de los ciegos mencionada en su predicción.

La tripulación de Byzas desembarcó, tomó posesión de la tierra descubierta y fundó su ciudad. En honor a su líder se la denominó *Bizantion,* y al poco tiempo demostró el porqué de su fundación.

Durante su primer siglo y medio de vida, Bizancio prosperó como una ciudad libre, que vivía del comercio y ejercía un férreo control del tránsito marítimo a través del Bósforo, la principal ruta de transporte de grano que desde el este de Europa se dirigía hacia el Egeo y el Mediterráneo. Su situación entre Europa y Asia la convertía además en objetivo obligado para las potencias del momento. Si Persia quería atacar Grecia, debía dar el salto a Europa a través de Bizancio. Si las polis hegemónicas griegas deseaban evitar una invasión de los poderosos ejércitos persas, debían cerrar las puertas de Asia y eso pasaba por controlar la ciudad de Byzas.

Tanto es así que en poco tiempo Bizancio pasó de ser libre a caer en manos persas, luego espartanas y finalmente atenienses. La gran ciudad logró de nuevo la independencia en 356 a. C.

Por esta misma época, el reino de Macedonia comenzaba a salir del ostracismo con su monarca Filipo II. Filipo era un rey ambicioso que pretendía invadir las debilitadas polis griegas, divididas en dos ligas dominadas por Atenas y Esparta, e inmersas en constantes guerras. Si Macedonia conseguía apoderarse de Bizancio podría cortar el avituallamiento de las ciudades-estado y quizá toda Grecia caería en sus manos sin apenas lucha. Además, Filipo no se andaba con chiquitas y, aunque de cultura griega, era mucho más ambicioso que sus compatriotas espartanos y atenienses. No quería Bizancio para cerrar las puertas de Asia. Quería entrar en Asia e invadir Persia.

Filipo inició la ofensiva y arrasó el norte de Grecia. Hacia 340 a. C. sus ejércitos se encontraban ya frente a las murallas de Bizancio. Los bizantinos hicieron un llamamiento desesperado a Atenas, como último recurso. Atenas era consciente que si Bizancio caía en manos de Filipo el suministro de cereales sería cortado y Macedonia acabaría por dirigir sus ataques contra el resto de ciudades helenas. Tarde o temprano se vería envuelta en una guerra con los macedonios. Si tomaba ahora la iniciativa y abastecía con sus barcos a Bizancio, corría el riesgo de adelantar el inicio de las hostilidades. Si no lo hacía, únicamente prolongaría su final, en forma de invasión. La decisión estaba clara: Atenas debía actuar de inmediato a pesar del peligro que ello representaba.

Finalmente, los refuerzos de Atenas llegaron sin problemas a Bizancio, ya que Filipo no disponía de flota. Esto, además, hacía prácticamente imposible que los macedonios tomaran una bien aprovisionada y defendida Bizancio. Consciente de ello, el rey invasor, intentó un ataque nocturno por sorpresa, pero fracasó. Los triunfantes bizantinos atribuyeron la victoria a su diosa Selene, la Luna, cuya luz les había ayudado a descubrir el ataque nocturno de los macedonios. Acuñaron monedas conmemorativas con la luna creciente y una estrella, símbolos de la ciudad que han perdurado hasta la actualidad y que incluso están presentes hoy día en la bandera de Turquía.

A pesar de todo, el destino de Grecia estaba sellado. La emergente potencia de Macedonia estaba destinada a conquistar la Hélade y llevar su cultura más allá del mundo conocido. La oposición de Atenas y Bizancio había evitado que Grecia cayera sin lucha. Filipo había perdido una batalla y, sin duda, no conquistaría la Hélade simplemente cortándole el avituallamiento, pero había tomado toda Tracia y sería solo una cuestión de tiempo hacerse con el resto del pastel. Si tenía que arrasar Grecia con sus falanges lo haría. Si para ello era preciso que sus ejércitos sufrieran importantes bajas, era algo que tenía perfectamente asumido. Filipo quería conquistar el mundo civilizado.

Tras el sometimiento de Grecia, para facilitar la pacificación y conseguir que sus nuevos súbditos lo aceptaran, Filipo fundó una liga de ciudades helenas encabezada por él. Macedonia y Grecia eran ya un todo. Persia no volvería a invadir jamás el mundo heleno. Siglos de defensa griega frente a los belicosos persas tocaban a su fin. Era hora de pasar a la acción. Sin embargo, el proyecto de Filipo fue truncado con su muerte por asesinato.

Le sucedió su hijo, Alejandro III, conocido como Alejandro Magno. Puede que las cosas fueran complicadas en principio para el nuevo rey: debía ser aceptado por sus súbditos macedonios, algunos de los cuales lo culpaban del asesinato de su padre; también había de superar una revuelta de las polis griegas. Pudiera ser que, salvados estos obstáculos iniciales, únicamente pasara a Asia no para conquistar Persia, sino para defenderse de una posible invasión de los iranios. El caso es que, derrotado el rey persa Darío III en las batallas de Isos (333 a. C.) y Gaugamela (331 a. C.), nada pudo parar al azote macedonio por Oriente. Alejandro conquistó toda Persia y llevó la cultura helena hasta las fronteras del subcontinente indio.

Tras la temprana muerte de Alejandro, el Imperio macedonio quedó dividido entre sus generales y las provincias mediterráneas de este no tardaron mucho en pasar a ser propiedad de la nueva potencia: Roma. Bizancio formó entonces parte del nuevo imperio. Con el paso de los años la ciudad fue perdiendo protagonismo a favor de otras urbes y hacia el siglo III, en una época de crisis para la totalidad del Imperio romano, se hallaba sumida en el ostracismo. Solamente la irrupción en la historia de la figura del emperador Constantino logró rescatar del olvido a la maravillosa ciudad, convirtiéndola en la capital del Bajo Imperio, la Nueva Roma.

CONSTANTINO, CRISTIANISMO Y CONSTANTINOPLA

Después de las abdicaciones en el año 305 de Diocleciano y su asociado en el trono,

Maximiano, se produjo un periodo de feroz rivalidad por la titularidad del Imperio. Con ello quedaba demostrado el rotundo fracaso de la reforma diocleciana de dividir el poder en la figura de cuatro hombres o tetrarcas. Diocleciano se desvinculaba de las labores de gobierno y dejaba los asuntos del Imperio en manos de los césares sucesores, que automáticamente fueron nombrados augustos. Al poco tiempo moría en su retiro, hacia el año 313, y de esta forma desaparecía la figura del líder sólido que había dado estabilidad al Imperio con su firme y revolucionaria política, tras la llamada crisis del siglo III. El futuro del Imperio romano parecía nuevamente incierto.

En 312, Constantino, hijo de Constancio Cloro, uno de los tetrarcas de Diocleciano, fue reconocido como emperador de las provincias occidentales de Roma. Paralelamente, en Oriente, Licinio gobernaba desde la ciudad de Nicomedia. El Imperio, por lo tanto, se hallaba en manos de dos augustos y ninguno de ellos estaba dispuesto a reconocer la superioridad del contrario. La colegiación del poder imperial puesta en marcha por anteriores emperadores con la asociación al gobierno de sus favoritos, que alcanzó su máxima expresión con Diocleciano, carecía de sentido en esos momentos si tenemos en cuenta que más que coemperadores Constantino y Licinio eran emperadores rivales.

Conviene recordar que la asociación de varios augustos al gobierno del Imperio, con la presencia o no de sus respectivos césares, no implicaba una división territorial. A pesar de que cada emperador gobernara diferentes provincias, en teoría el Estado seguía siendo uno. Como afirma Crouzet, «un nuevo augusto no era oficialmente admitido en ese colegio más que con la aprobación de sus colegas. A fin de cuentas, solo la suerte diferente que las invasiones bárbaras proporcionaron a las dos "partes" del Imperio llevó a la distinción de un Imperio de Oriente y de un Imperio de Occidente».

Los dos emperadores mantuvieron una tregua durante la cual Licinio accedió a casarse con la hermana de Constantino. La paz era violada de cuando en cuando, pero la ruptura definitiva no se produjo hasta el año 324, cuando cada coemperador decidió abiertamente ser el único soberano.

Un hecho puntual, pero de especial relevancia para el devenir del Imperio, tuvo lugar cuando Constantino entró en contacto con el cristianismo. Considerado por muchos como el primer emperador cristiano, a pesar de que para otros solamente aceptó el bautismo en su lecho de muerte, lo que nadie puede poner en duda es que Constantino utilizó la nueva religión de forma muy eficiente para sus intereses personales. Otro aspecto a destacar es que el paganismo de Licinio fue el pretexto empleado por Constantino para dar el golpe de gracia a su oponente.

Como bien indica Crouzet, con respecto a la supuesta conversión al cristianismo de Constantino, «unos la explican como una revelación divina en el curso de una de las noches que precedieron a la batalla librada contra Magencio (hijo y sucesor de Maximiano), en la orilla derecha del Tíber, ante el puente Milvio, al norte de Roma, el 23 de octubre de 312. En el punto opuesto, otros la interpretan como una simulación dictada, sin la menor convicción, por un frío cálculo de oportunismo político».

Para H. Gómez, la búsqueda de un elemento religioso aglutinador en el Imperio romano se manifiesta ya en la adopción del culto solar, como religión oficial del Estado junto a la adoración al emperador. Todo lo anterior tendrá su continuidad en la nueva religión cristiana, la cual, incluso llegará a adaptar ciertas fechas de su calendario litúrgico para hacerlas coincidir con eventos importantes de los cultos religiosos paganos de Roma y, de esta forma, poder reemplazarlos de una forma menos traumática para la plebe. El mejor ejemplo lo constituye la celebración del 25 de diciembre, que de ser el día de Saturno en época pagana pasará a transformarse en el día del nacimiento de Jesucristo, aunque esto último ocurriera realmente en una fecha incierta.

Una versión muy romántica y católica de la supuesta revelación de Constantino es la de H. Santos, autor español del siglo XVIII. En palabras suyas, «Constantino aunque era muy animoso, y valiente, sabiendo las hechicerías de su Contrario (Magencio), estaba temeroso, y dudoso, cómo emprender la función: pero como él estaba bien con los cristianos, y les daba crédito, (aunque no estaba bautizado) tenía puesta toda su esperanza en Jesu-Christo. Véase, no obstante, con sus dudas, temeroso de alguna celada del Enemigo; y siendo ya más de medio dia, vio en el Cielo una gran Cruz de color fuego, y oyó al mismo tiempo una voz: "In hoc signo vinces", 'En esta señal vencerás'. Animado Constantino con esta maravillosa vision, puso gran confianza en el Dios de los católicos, que le havia de sacar vencedor de su Enemigo. Mandó luego poner en su Estandarte, y en sus Armas la señal de la Cruz, que havia visto; y confiado en ella, y Magencio en sus encantos, vinieron a la Batalla».

A pesar de todo, Santos reconoce que aun después de haberse convertido en emperador absoluto, Constantino no había acabado de abrazar la religión cristiana, ni había sido bautizado. El relato continúa narrando que Constantino solamente aceptó ser bautizado cuando, enfermo de lepra, se le aparecieron en sueños san Pedro y san Pablo.

Jugando la baza del cristianismo, Constantino pretendía fortalecer al Estado. Se conseguía la unidad moral del pueblo gracias a una nueva religión que sustituía al desfasado paganismo, al mismo tiempo se contaba con el apoyo de la emergente Iglesia, hecho que a su vez otorgaba al emperador la lealtad de los feligreses. Como contrapartida, destacar la pérdida de independencia del Estado con respecto a la Iglesia, en forma de cesión de bienes, concesiones fiscales y jurídicas. Tras las invasiones germánicas de Occidente el tema se agudizó en esta región. El asunto acabó derivando, ya en la Edad Media, en una Iglesia con sede en Roma, cuya política primaba sobre los estados de Europa occidental.

El hecho de que la capitalidad de la parte occidental del Imperio recayera en ciudades como Milán o Rávena, alejadas de la sede romana pontificia, supuso que, antes incluso de la deposición de su emperador, el papa gozara en la práctica de gran independencia. Un buen ejemplo de ello lo tenemos en el papa León I. Su autoridad y superioridad política, frente al emperador de Occidente y los reyes bárbaros, quedaron demostradas cuando en 452 fue quien negoció personalmente con Atila, como veremos más adelante. Pocos años más tarde, en 455, hacía lo propio con el vándalo Genserico. De esta forma el pontífice se convertía en dueño y señor de Roma y de los territorios occidentales que la antigua capital del Imperio había gobernado. Su autoridad moral se imponía tanto a sus correligionarios católicos, como a bárbaros arrianos o incluso paganos.

En el año 313, Constantino promulgaba el Edicto de Milán, donde se reconocía al cristianismo como religión. Ya nada podía parar el crecimiento de la nueva fe en el seno del Imperio. El gran apoyo recibido a partir de entonces por el Estado, posibilitó el rotundo triunfo del cristianismo, respaldo sin el cual, sin lugar a dudas, no hubiera alcanzado cotas tan elevadas con tanta celeridad.

Isaac Asimov nos informa que el emperador romano, durante la época pagana, había sido el *Pontifex Maximus*, la cabeza de la religión oficial del Estado. Constantino daba por sentado que este cargo adquiriría el mismo significado con el cristianismo, pudiendo pasar él a ser la cabeza de su Iglesia. Los propios cristianos no se oponían a esta posición. Llevaban siglos divididos en múltiples sectas sin que nadie actuara como árbitro, pero seguramente debería haber una sola religión verdadera, mientras, todas las demás variantes eran falsas en mayor o menor grado.

La verdadera religión era llamada *ortodoxa*, término griego que significa «enseñanza rígida». A las otras versiones del cristianismo se las denominaba *heréticas*, del verbo griego «elegir». Estas diferentes sectas acudieron al emperador para solicitar su opinión. Cada una de ellas esperaba convencer a Constantino de la verdad expuesta en sus enseñanzas, que el soberano considerara a las demás sectas como heréticas y, a continuación, aprovechando su posición en el trono, acabar con las variantes falsas. Debido a lo anterior, todas las sectas aceptaron al emperador como líder de la Iglesia, estableciéndose un precedente que en Oriente duraría más de mil años.

El principal enfrentamiento sectario se daba en Alejandría, la ciudad más grande de Egipto y el centro de la teología cristiana. Dos de sus clérigos, Arrio y Atanasio, eran los líderes de los principales grupos religiosos enfrentados. Como bien afirma Asimov, los arrianos creían que Dios era supremo y que Jesús, aunque era el más grande de todos los seres creados, era inferior a Dios. Los atanasianos creían que Dios, Jesús y el Espíritu Santo eran aspectos diferentes e iguales de la Trinidad.

Templo de Adriano dedicado a la deidad Artemisa en la ciudad de Éfeso (Asia menor). El paganismo fue la religión oficial del Imperio desde sus inicios, hasta que en 379 el emperador Teodosio I lo sustituyó por el cristianismo. El primer paso ya había sido dado unos años antes cuando Constantino I (306-337) lo legalizó en el año 313, mediante el Edicto de Milán.

Para resolver esta controversia, Constantino decidió convocar un concilio de obispos, presidido por él mismo, como cabeza de la Iglesia. Este fue el Primer Concilio Ecuménico, que tuvo lugar en Nicea en el año 325. El encuentro se resolvió finalmente a favor de Atanasio, por lo que su doctrina se convirtió oficialmente en la de toda la Iglesia, es decir, la Iglesia católica. Al mismo tiempo, el arrianismo fue considerado a partir de entonces herético. Sin embargo, los arrianos no abandonaron sus tesis, y durante varios siglos mantuvieron su enfrentamiento con los católicos.

A partir de este primer concilio ecuménico, los obispos de algunas grandes ciudades obtuvieron ciertos privilegios. Los líderes de las sedes eclesiásticas de Roma, Alejandría y Antioquía resultaron beneficiados sobre el resto, al tratarse de las ciudades cristianas más importantes. Los obispos de estas importantes urbes eran los denominados patriarcas, o primeros padres. El patriarca de Roma era llamado también «el padre», «papa» en latín.

El concilio de Nicea estableció también el precedente de dar al emperador el derecho de nombrar y deponer a estos patriarcas, como líder de la Iglesia que era. Esta pauta se mantuvo a lo largo de la historia del Imperio, y también funcionó como un arma poderosa del Estado frente a la Iglesia.

Muchas otras ciudades aspiraban también a que sus obispos fueran nombrados patriarcas. Jerusalén y más tarde, como estudiaremos próximamente, Constantinopla, finalmente acabaron consiguiendo este privilegio. Como consecuencia de ello, los patriarcas de Alejandría, Antioquía y Roma se sintieron agraviados, ya que vieron compartidas sus prerrogativas.

Finalmente, con la llegada al trono de Teodosio, en 379, el nuevo credo se convertiría en la religión oficial del Estado. En consecuencia, paganismo y arrianismo fueron perseguidos, cayeron en el olvido y acabaron muriendo.

Entre 313, año de reconocimiento del cristianismo, y la caída definitiva de las provincias del oeste en 476, la nueva religión afianzó su posición y esto le permitió no solo ser la fe del nuevo poder que surgió en Constantinopla de las cenizas del Alto Imperio romano, sino que sobrevivió a las invasiones bárbaras y llegó a convertirse también en el credo de los nuevos reinos germanos de Occidente.

No obstante, es preciso distinguir entre el cristianismo de Oriente y el de Occidente. Como afirma Crouzet, en Oriente, la continuidad del poder imperial impedía al cristianismo escapar de la potestad del Estado. En Occidente las invasiones germánicas hicieron que desapareciera la autoridad estatal romana, y que esta fuera sustituida por los invasores germanos. La evolución de la Iglesia fue por lo tanto distinta en los dos territorios. En Occidente, las grandes familias de germanos, que ansiaban los tronos de los diferentes estados surgidos, precisaban de apoyos sólidos para alcanzar este fin. El clero romano proporcionó este respaldo en muchas ocasiones, véase los casos franco y visigodo. De esta forma, la Iglesia llegó a ser más fuerte que el Estado, ya que los reyes eran coronados únicamente con el apoyo del papado. El papa podía entronizar y destronar monarcas a voluntad.

Sin embargo, en Constantinopla era el emperador quien disfrutaba de potestad para deponer al patriarca, la máxima autoridad de la Iglesia oriental. Hubo una época en la que incluso el emperador de Oriente podía reemplazar al papa de Roma, cuando la Ciudad Eterna se encontraba bajo su jurisdicción. Sirva de ejemplo la destitución y exilio del papa Martín I, que tuvo lugar en 680, por orden del emperador Constancio II, a la que hace mención Asimov.

El Imperio ya reconocía al cristianismo y Constantino, a pesar de que sus tropas eran inferiores, tomó la iniciativa en su enfrentamiento con Licinio y avanzó decididamente hacia el este. El emperador de Occidente contaba con el apoyo de Cristo, algo de lo cual carecía su pagano rival. El año 324 se produjo en Adrianópolis el enfrentamiento de los dos ejércitos romanos. Licinio, aun a pesar de disponer de un ejército superior y de contar con la ventaja de poseer posiciones fortificadas, ya que combatía a la defensiva en sus dominios, fue derrotado y tuvo que refugiarse tras las murallas de Bizancio.

Las naves de Constantino consiguieron abrir las rutas comerciales hacia el mar Negro, lo cual le permitió aprovisionar a su ejército y cortar el abastecimiento de Bizancio. En consecuencia, Licinio no tuvo más remedio que escapar de la ciudad, huyendo a Asia Menor. En Crisópolis se libró la batalla final y Constantino resultó vencedor. El Imperio tenía ya un único dueño y volvía a hallar la paz dentro de sus fronteras. Pero se había pagado el precio de una larga y costosa guerra civil.

Constantino instaló su corte en Nicomedia, la capital establecida por Diocleciano, situada en Oriente, la parte más rica del Imperio. Sin embargo, esto no le resultó suficiente al gran Constantino. Quería una capital igual de magnífica que su persona. Esa urbe, a la altura del triunfante emperador, no existía por el momento. Constantino necesitaba crear una ciudad totalmente nueva para señalar el renacimiento de Roma, el nuevo imperio cristiano. Tal vez, como opina Salvador Claramunt, necesitaba acabar de una vez por todas con la capitalidad de la vieja ciudad de Roma y trasladarla a otro lugar que no sintiera el peso de la tradición histórica de las grandes familias senatoriales y de la vieja religión pagana.

Por su cabeza, como nos indica Asimov, rondó durante algún tiempo la ciudad de Troya. Sin embargo, la posición de esta ciudad asiática, en las proximidades de los Dardanelos, no era tan sólida como la de Bizancio, situada entre este estrecho y el Bósforo. Constantino había tenido prueba de ello en el cerco de Bizancio. Con unas murallas resistentes, una fuerte guarnición y una flota anclada en el Cuerno de Oro, Bizancio constituiría un bastión absolutamente inexpugnable en el caso de que todo lo demás se derrumbara. Eran tiempos difíciles para gobernar el Imperio, las revueltas podían surgir de cada esquina, los bárbaros estaban esperando en las fronteras y el augusto debía tener bien asegurado el pellejo en su corte. Esto también pesó a la hora de que Constantino se decantara por Bizancio.

En opinión de Santos, Constantino se vio forzado a fundar una nueva capital ya que había cedido a la Iglesia la ciudad de Roma. Nada más lejos de la realidad, pero es de destacar lo curioso que resulta esta obra del siglo XVIII.

Así que Constantino comenzó literalmente a desmantelar la antigua Bizancio para construir su capital, la Nueva Roma. Se trataba principalmente de acabar con toda memoria del paganismo y fundar una nueva ciudad cristiana. Pero la creación de la nueva urbe no solo consistía en lo anterior. Constantino quiso hacer de *Nova*

Roma una ciudad grande y moderna, sin que por ello dejara de tener el encanto de lo clásico. Para ello aumentó el trazado de la antigua muralla e hizo trasladar las mejores obras de arte procedentes de todos los confines del Imperio.

En palabras de Asimov, «Constantino tenía la intención de trasladar allí su corte imperial, y todos los que deseaban una posición pública, escalar socialmente o simplemente comerciar, llegaron en tropel a la ciudad. El día 11 de mayo del año 330, se dio el toque final a la reconstruida capital. Novecientos ochenta y siete años después de su fundación, Bizancio dejó de existir. En su lugar había una ciudad llamada la "Nueva Roma que es la ciudad de Constantino", pero todo el mundo la conocía como la Ciudad de Constantino; en griego *Konstantinou polis*, en latín *Constantinopolis*, y para nosotros Constantinopla».

Con el traslado de la capital a Constantinopla, Constantino orientalizaba aun más al Imperio. Las provincias del este se hacían cada vez más ricas y las tierras occidentales eran regiones cada vez más deprimidas.

Así surgía el Bajo Imperio en todo su esplendor. Cuando Occidente se derrumbó, un nuevo Estado romano, de cultura helénica y religión cristiana, emergía de los restos orientales del Imperio que resistieron a las invasiones bárbaras.

En el ámbito de la política, Constantino I desarrolló una intensa actividad que estuvo en concordancia con las reformas impulsadas por Diocleciano. Como indica Mitre, Constantino dio un impulso a la reestructuración y centralización de servicios. Reorganizó el ejército, aumentando las fuerzas de choque o *comitatenses* en detrimento de las tropas de frontera o *limitanei*. Estableció una jerarquía nobiliaria, no ya en virtud de la sangre, con la pérdida del poder real del Senado, sino en función de las tareas políticas a desempeñar. Constantino reorganizó además el Imperio en el terreno económico y estabilizó positivamente la moneda, con lo que estimuló la continuidad del comercio, en franca regresión hasta la subida al trono de Diocleciano.

La reforma militar de Constantino

La ya superada gran crisis del siglo III había puesto de manifiesto el insuficiente número de efectivos con el que contaba el antiguo ejército romano, así como su incapacidad para adaptarse a las nuevas formas de conflicto a las que estaba siendo sometido por los bárbaros. En consecuencia, Diocleciano iniciará una profunda reforma militar que, a grandes rasgos, podría resumirse en un aumento del número de soldados y en la modificación de la estructura de mando y la organización. Estas reformas tendrán su continuidad y serán culminadas por la figura del emperador Constantino.

Bajo el reinado de Diocleciano, las filas del ejército romano llegarán a alcanzar una cifra de unos cuatrocientos mil hombres. Los efectivos militares continuarán creciendo con Constantino, y se llegará a los seiscientos mil soldados a finales del siglo IV, números que rebasaban ampliamente los del siglo II. Constantino fue además quien concibió el nuevo sistema defensivo del Imperio, por lo que, a ojos de Ladero, puede considerársele el verdadero artífice del ejército tardorromano.

No obstante, cabe destacar que, a pesar de estos cambios, el aumento del número de soldados, por sí solo, continuaba resultando insuficiente para defender Roma, pues la amenaza bárbara era en tiempos de Constantino, hacia los comienzos del siglo IV, mucho mayor que a lo largo de toda la vida del Alto Imperio.

Para lograr mantener intactas las fronteras el sistema defensivo debió experimentar una auténtica revolución. El ejército quedó dividido en dos cuerpos uno de ellos, tal vez el peor preparado y el menos experimentado, se encargó de defender los diferentes *limes* bajo el mando de *duces*, generales que dirigían a los soldados de una provincia fronteriza. A estas tropas de frontera se las denominó *limitanei*.

La otra unidad del ejército romano estaba constituido por tropas de élite, mucho mejor preparadas y con una movilidad mayor que la de los *limitanei*, por lo que estos soldados quedaban acantonados en el seno del Imperio. Estos militares de élite eran los llamados *comitatenses*. El grupo más selecto de este ejército profesional de campaña fue el de los llamados *palatini*, encabezados por los dos *magistri militium* ('maestros de los soldados') de infantería y caballería, nuevos cargos militares que ejercían de comandantes en jefe de los ejércitos romanos. En ocasiones los dos títulos de *magister militium* recayeron en una misma persona.

Ladero nos indica que en época de los emperadores Honorio y Arcadio había en Occidente unos ciento diez mil *comitatenses* y ciento treinta mil *limitanei,* y en Oriente cien mil y doscientos cincuenta mil, respectivamente. En cambio, el número de efectivos *palatini* o *comitatenses* que podía ser movilizado de forma efectiva, al entrar en campaña ofensiva, nunca llegó a superar los cincuenta o sesenta mil hombres, en los mejores casos.

El sistema defensivo quedaba reforzado además como consecuencia de una multiplicación del número de torres, fortines, castillos y campamentos de frontera. De esta manera se facilitaba mucho la defensa de los *limes* por parte de los *limitanei,* soldados poco experimentados que así podían desempeñar sus funciones de forma más sencilla. Su soldada era, como afirma Crouzet, menos elevada que la de los *comitatenses.* A estos soldados de frontera, instalados de forma permanente en los *limes* con sus familias, se les concedía además parcelas de tierra para facilitar su mantenimiento.

En el ejército bajoimperial se aplicó de forma muy rigurosa la costumbre romana de la herencia de la profesión paterna, por lo que los hijos de los *limitanei* heredaban, a su vez, de sus padres el usufructo de las tierras que ocupaban.

Sin embargo, y a pesar de todos los cambios sufridos, como indica Crouzet, «con esa separación entre soldados de las fronteras y soldados de reserva, las dificultades experimentadas por el Alto Imperio para llevar una guerra importante no se encuentran resueltas». Esto quedará demostrado en el momento en que el Imperio sufrirá un ataque generalizado en todos sus frentes, como veremos en los siguientes apartados.

Pero no solo las líneas fronterizas se fortificaron, las ciudades también experimentaron los mismos cambios. Los recintos urbanos amurallados llegaban a constituir auténticos baluartes a los cuales, los rudimentarios guerreros bárbaros no podían acceder. ¿Es preciso señalar nuevamente que estamos ante elementos característicos que podríamos calificar como premedievales? Invasiones, inseguridad, aumento del número de fortificaciones, aparición de ciudades amuralladas.

Al otro lado de las fronteras, los cada vez más frecuentes tratados con los bárbaros, comenzaron a adquirir también una gran importancia estratégica en la defensa del Imperio. Desde los inicios del Alto Imperio se aceptaba el alistamiento individual de bárbaros, pero a partir del siglo III se permitía la instalación de un número cada vez más creciente de estos grupos de extranjeros en las regiones que se encontraban despobladas como consecuencia de la gran crisis y de las invasiones. Ladero nos indica que comenzaron a firmarse acuerdos con determinadas tribus bárbaras, tratados que con el tiempo derivarán en el llamado régimen de *foedus*. El primer pueblo bárbaro en alcanzar el estatus de aliado o *foederati* será el visigodo, que hacia el año 376 firmará su *foedus* con Roma. De esta manera, los germanos pasarán a instalarse en territorio imperial de forma permanente, con sus propios líderes, costumbres y leyes, siendo reconocido todo ello por los emperadores romanos.

Esto no hace más que poner de manifiesto aun más la barbarización a la que se estaba viendo sometido el ejército imperial. Roma entendió que la mejor defensa contra los, a sus ojos, incivilizados bárbaros, era utilizar sus propios soldados, así como su equipamiento, armas y tácticas, adaptados, eso sí, al sistema organizativo romano. El ejército romano encuentra entre los bárbaros a los mejores soldados para combatir la amenaza exterior, es decir para luchar contra otros bárbaros, y para evitar revueltas internas. Estos extranjeros, siempre y cuando fueran bien pagados, eran mucho menos susceptibles de conspirar contra el emperador, por lo que cuerpos de germanos pasarán a formar parte de su guardia personal. Las históricas cohortes pretorianas, cuerpo de élite creado en tiempos de Octavio Augusto (27-14 a. C.), guardia imperial ya desfasada en época de Constantino, desaparecieron tras el triunfo de este emperador sobre Magencio en la batalla del puente Milvio (312). A partir de ese momento, la seguridad de los augustos quedará en manos de mercenarios germanos, en primer término, a lo que deberemos sumar la presencia de un buen número de *palatini* estacionados en las proximidades de la corte.

Crouzet lleva a cabo esta cita en referencia a los ejércitos del Bajo Imperio: «la legión tradicional ha pasado a la historia». Era demasiado pesada y gozaba de poca movilidad. Será reemplazada por un ejército en el que se diferencian las tropas de defensa fronteriza y las fuerzas de choque. En ellos tendrá cabida el reclutamiento

Dos bárbaros presos son llevados a la presencia del emperador Marco Aurelio (escena en el Arco de Constantino). Instalados en territorio imperial como aliados o *foederati* desde el año 376, los germanos pasaron a constituir el principal contingente armado de los ejércitos romanos.

de germanos, los bárbaros llegarán también a copar los rangos más elevados, incluso se combatirá con ejércitos formados completamente por *foederati*. Todo ello le dará al nuevo ejército romano una excelente agilidad y capacidad de adaptación, características afines a las tropas germanas.

Como es lógico pensar, la presencia de germanos en las filas romanas provocó profundos cambios en el equipamiento y la forma de combatir. Crouzet hace mención a esta mutación. Las armas tradicionales de la legión, tales como el *pilum* (jabalina), el *gladium* (espada corta), el escudo rectangular de gran tamaño y la coraza metálica son abandonadas y reemplazadas por la lanza, la espada, el puñal, el arco, el pequeño escudo ovalado y la coraza de cuero, todos ellos de uso común entre los germanos.

No será el único modelo utilizado. Roma crea también algunos cuerpos de caballería pesada a imagen y semejanza de los *catafractos* persas. Estos cuerpos de élite del ejército tardorromano irán aumentando en número y se convertirán en la principal fuerza de choque de los ejércitos del Imperio oriental una vez caída Roma. Los germanos también empleaban en buena medida la caballería, lo que daba a sus soldados una elevada agilidad. Las cargas a caballo pronto vendrán a demostrar su valía en el campo de batalla y prepararán a Europa para acoger esta táctica de combate que fue la predominante a lo largo de todo el Medievo. La derrota romana de Adrianópolis (378) a manos de la caballería goda solo venía a confirmar esta tesis.

De esta forma, el Imperio logró sobrevivir, eso sí, a duras penas, a las invasiones de los siglos III a V. La estrategia adoptada por Roma fue útil en su momento, pero definitivamente fue la causa última que acabó por precipitar la caída de Occidente. Como indica Crouzet, sería un grave error pensar que recurrir a los bárbaros no reservó más que disgustos al Imperio: sin su ayuda Roma se hubiera hundido mucho más pronto. Es más, la presencia de huestes germanas en la corte imperial evitaba que se produjeran intrigas similares a las que tuvieron lugar en el siglo III. Estos soldados bárbaros, a diferencia de los romanos, si eran bien pagados permanecían fieles a su emperador. No obstante, este recurso representaba una solución demasiado fácil y acabará tornándose en un vicio: el ejército romano continuará con su imparable barbarización.

Otro problema a tratar era el del mando militar. En el Alto Imperio los miembros de la nobleza eran los únicos que tenían acceso al Senado y a los altos cargos militares. Los rangos más elevados del ejército eran alcanzados con facilidad por la clase alta romana, sin tener que pasar por ello por los grados inferiores. Mientras, los soldados más experimentados y mejor dotados para el mando, raramente alcanzaban más que el grado de centurión.

La corrupción de los generales estaba a la orden del día, siempre dispuestos a conspirar contra el emperador. Tras el elevado grado de desconfianza política sufrido a raíz de la gran crisis del siglo III, se quiso poner freno a esta ambición de los patricios por el mando militar. En consecuencia, a partir de Diocleciano, por lo tanto, se excluyó del ejército al patriciado y se nombró para los puestos militares elevados a los hombres de la clase media que eran recomendables no por su nacimiento o por su riqueza, sino por su capacidad.

También tuvo lugar la separación completa de las obligaciones del jefe militar (*dux*) y el gobernador civil (*praeses*), y esto se combinó con una disminución general del tamaño de las provincias. Como nos indica Baynes, de esta forma ni *duces* ni *praeses* podían gozar de una autoridad susceptible de convertirlos en rivales peligrosos para el trono.

Con la eliminación de los privilegios de la nobleza se permitió que los hombres mejor dotados para el mando, con independencia de su alcurnia o nivel económico, coparan los más altos rangos del ejército. En consecuencia, el mando mejoró mucho.

Un soldado raso, con tenacidad y mucho oficio, puede ahora llegar a ser general. Es más, incluso es posible el ascenso de los bárbaros a los más altos cargos militares. Lo importante no es el origen ni la procedencia del individuo, lo que interesa es su valía en el campo de batalla y su capacidad de liderazgo.

Los ejércitos romanos están listos para repeler las agresiones externas e internas. Se han nutrido con lo mejor de las fuerzas locales y extranjeras. Ha sido precisa su barbarización, ¿será suficiente para poder afrontar futuras invasiones?

La sucesión de Constantino
y las invasiones del siglo IV

En sus años finales, Constantino dividió el gobierno de las provincias del Imperio entre cinco hombres: las tres mayores secciones fueron entregadas a sus tres hijos, el resto a sus dos sobrinos. Tras haber observado el catastrófico resultado de la tetrarquía creada por Diocleciano no se auguraba un futuro mejor para una delegación del gobierno imperial en la figura de cinco personas. Sin embargo, parece ser que la pretensión última del gran Constantino era poner a prueba a los candidatos a sentarse en el trono. Presumiblemente, el fundador de Constantinopla se decidiría por el sucesor más digno. No obstante, la muerte le ganó la batalla al emperador antes de hacer su elección definitiva.

En 337, el Imperio romano se quedaba nuevamente sin la presencia de un líder sólido que manejara sus riendas.

Por estos mismos años se agudizaba también el distanciamiento entre las partes oriental y occidental. Constantinopla crecía al mismo ritmo con que Roma se hundía.

De los tres hijos de Constantino solo quedo Constancio II, que además hubo de enfrentarse al general Magnencio, quien también había sido aclamado emperador. Constancio II, finalmente, logrará derrotar al usurpador en 351, pero a lo largo de este enfrentamiento cometió el error de aliarse con un caudillo alamán que llegaría incluso a cruzar con sus hordas la frontera del Rin.

El desorden causado por los invasores germanos solo será reestablecido por Juliano en 357, que derrotará a los alamanes en las proximidades de Estrasburgo. Juliano, el protector de Roma, pronto será aclamado emperador, lo que le llevará a un enfrentamiento con Constancio II, que nuevamente no dudará en llamar a los germanos. Podemos observar que la anarquía estaba otra vez servida y esto posibilitaba la fácil ruptura de las fronteras por parte de los bárbaros, que, en ocasiones, y como hemos podido contemplar, incluso eran invitados a hacerlo por los propios augustos.

Finalmente, Constancio fallecía en 361 y dejaba vía libre a Juliano. A pesar de todo, el orden no fue reestablecido totalmente y, como afirma Crouzet, a mediados del siglo IV, la labor del ejército se hacía más pesada, ya que, por todos lados, el enemigo reanudaba el asalto y no daba tregua alguna al Imperio hasta conseguir su hundimiento.

En las provincias asiáticas nos encontramos al enemigo persa. Imperio muy guerrero y altamente civilizado, no será, sin embargo, el rival más peligroso. Los persas poseían un ejército bien armado y altamente organizado, contaban con numerosos ingenios bélicos e incluso con elefantes indios. El Imperio persa sería el primero en acabar con la *Pax Romana* de Constantino el Grande y el conflicto permaneció abierto hasta la muerte del joven rey Sapor II, en 379. Sin embargo, Sapor tendrá sucesores menos dignos que darán cierta tranquilidad a Roma en el frente asiático, por lo que podemos llegar a entender que Persia no suponía un grave problema para el Imperio.

Los germanos, en cambio, menos civilizados y sin una organización estatal sólida, pronto volverán a la carga y esta vez constituirán una seria amenaza, de la cual el Imperio ya no se librará, y que llevará incluso a la caída de Roma y sus provincias occidentales.

El punto de partida de las nuevas invasiones germanas tendrá lugar con la irrupción de los hunos en la historia. Este pueblo nómada de Asia central comenzó a penetrar en las regiones en las que estaban instaladas tribus godas, principalmente, y empezará a empujar a estas etnias hacia territorio imperial.

Los godos habían llegado a las costas del mar Negro y al bajo Danubio hacia mediados del siglo III, procedentes de su tierra de origen,

Gotland, al sur de Suecia, de la que habían salido hacia el año 50 a. C. En el siglo IV estos pueblos nómadas se habían establecido más allá de las fronteras imperiales y los contemporáneos distinguían entre ellos a dos grupos. Como nos informa Ladero, los godos orientales, denominados ostrogodos, habían llegado a formar en esta época un Estado bastante bien organizado en las estepas rusas, que acogía a pueblos vasallos iranios (sármatas y alanos), eslavos y fineses. En consecuencia, sus incursiones en suelo imperial en busca de botín parecían haberse acabado ya. El grupo occidental, instalado en Dacia, el de los denominados visigodos, era en cambio el más agitado, pero a su vez el menos organizado, ya que incluso carecían de monarquía permanente. Eran, de entre los godos, los más romanizados e incluso, a lo largo del siglo IV, llegaron a abrazar la variante arriana del cristianismo. En consecuencia, podríamos decir que hacia la segunda mitad del siglo IV los godos, por sí mismos, no constituían un riesgo para el Imperio.

Sin embargo, la migración de los hunos hacia el oeste tuvo graves consecuencias para estos pueblos y los romanos. Los hunos derrotaron a los alanos en 370 y, hacia 375, cruzaban los ríos Volga y Dniéster, destruyendo el reino ostrogodo y expulsando de la región a los visigodos, que tras ser derrotados, eran empujados hacia el *limes* danubiano. Como afirma Ladero, desde entonces los hunos dominaron las estepas del Don y el delta del Danubio, encabezando una confederación de pueblos entre la que se incluían parte de los alanos y ostrogodos

Pilar del siglo IV perteneciente a un arco del triunfo de la antigua Constantinopla. Hacia finales de este siglo los hunos, pueblo nómada euroasiático, habían transmitido ya el uso del estribo a los visigodos, algo que acabaría resultando fatal para el Imperio romano. El empleo de este artilugio permitía a los jinetes bárbaros dominar de forma más eficaz sus cabalgaduras y así disparar flechas con una endiablada precisión. En la batalla de Adrianópolis (378) se vino a demostrar la superioridad que daba en el combate la utilización de estribos.

derrotados. Los germanos, en contacto con los hunos, comenzaron a hacer uso de su tecnología. La utilización, en concreto, de estribos metálicos por sus jinetes, tendría una consecuencia fatal para el Imperio romano.

Los visigodos, acompañados de pequeños grupos de ostrogodos, solicitaron en 376 al emperador de Oriente, Valente, permiso para cruzar el Danubio. Valente cometía el histórico error de alojarlos en territorio imperial y permitir el mantenimiento de estos germanos con cargo a la *annona*, el fondo de los graneros públicos romanos. En 377 se producía una revuelta de los visigodos, que saquearon los Balcanes, y la ruptura de los acuerdos signados.

El enfrentamiento armado se hizo inevitable por lo tanto y, el 9 de agosto del año 378, la infantería romana, a pesar de contar con un número de efectivos mucho mayor, fue totalmente aniquilada por la caballería visigoda en Adrianópolis. Los estribos permitían que los jinetes visigodos se sentaran firmemente sobre sus monturas y cargaran mortalmente contra su enemigo sin apenas riesgo de caída.

De la muerte de Constantino (337) a la de Juliano (363), el Imperio se vio amenazado por incursiones libias, ataques piráticos en el Egeo, agitaciones de los bárbaros en la frontera del Danubio y, sobre todo, invasiones en la Galia y guerra permanente contra Persia. Pero nunca revistieron el peligro ni la gravedad que tendrían después de 363.

Durante los reinados de Valentiniano (364-375) y Valente (364-378) el peligro procedente de las fronteras exteriores aumentó, sobre todo, después del desastre de Adrianópolis. Tras esta derrota se temió por la existencia de la porción oriental del Imperio, la primera que había recibido el azote de los pueblos bárbaros. Sin embargo, y como afirma Claramunt, «la Nueva Roma (Constantinopla), por su admirable situación y sus fuertes defensas, resistió la primera etapa de las invasiones; visigodos, hunos y ostrogodos fueron desviados diplomáticamente hacia Occidente, ocasionando el hundimiento del gobierno de esa parte». A partir de entonces esta sería la estrategia a seguir por el Imperio oriental: negociar con los bárbaros y dirigir sus ataques hacia Occidente.

Tras Adrianópolis, los visigodos pusieron sitio a Constantinopla. No obstante, la capital oriental resultaba un bastión inexpugnable ante un ejército visigodo no preparado para asediar fortalezas, por lo que las opulentas ciudades amuralladas del este de Europa se libraron del azote bárbaro. En cambio, los campos eran devastados por las hordas germanas algo que, indirectamente, ponía en grave peligro a las ciudades romanas. Fue entonces cuando el general Teodosio se alzaría como defensor del Imperio y lograría librarlo momentáneamente del azote bárbaro. Roma no se encontraba por aquel entonces en condiciones de derrotar militarmente a los visigodos, pero el ingenio de Teodosio recurrió a una estrategia que se convertiría en la pauta dominante para los romanos en los siguientes años. Hizo honor a la máxima: «si no puedes con tu enemigo únete a él», y para ello firmó alianzas con los godos. Como nos indica Ladero, Teodosio permitió la instalación permanente de los visigodos en Mesia inferior y de los ostrogodos en Panonia, bajo sendos regímenes de *foedus* que los convertía en mercenarios al servicio de Roma. Como contraprestación, los godos recibirían su sustento de la *annona*, y continuarían manteniendo su propia organización y gobierno.

De esta forma, constituyendo un Estado dentro de otro, estos grupos de germanos continuaron su imparable proceso de romanización y fueron suponiendo un problema mayor para el Imperio, a medida que iban ganando poder. Las hordas visigodas no dejaban de llevar a cabo saqueos en las proximidades de sus asentamientos, algunas veces, eso sí, como consecuencia del incumplimiento, por parte de los romanos, del aprovisionamiento regular de trigo; otras, con el único objetivo de conseguir nuevos reconocimientos por parte del emperador.

Teodosio fue finalmente nombrado emperador y logró, aunque solo fuera de forma efímera, unificar las dos porciones del Imperio. No obstante, a su muerte, la división entre Oriente y Occidente se convertirá en un hecho irreversible. Finalmente, la idea de la colegiación del poder imperial arraigó y acabó imponiéndose. Honorio, el hijo menor, heredaría Occidente; Arcadio, el primogénito, recibiría el gobierno de las ricas provincias orientales. La gran importancia de la mitad este del Imperio se ve claramente en el hecho de que Teodosio dejara esta parte a su hijo mayor.

Hasta la muerte de Teodosio, en 395, la situación se mantuvo estable y los bárbaros fueron contenidos, pero tras esto, sus sucesores dejaron el gobierno en manos de generales germanos, las dos cortes acabarán siendo hostiles e incluso conspirarán entre sí. Mientras existieran dos emperadores en capitales muy distantes, Rávena y Constantinopla, era probable que sus políticas fueran distintas, y que intrigaran el uno contra el otro, como ya se demostró con el enfrentamiento entre Constantino y Licinio en el siglo anterior. Esta desunión, sin duda, ayudó a que se produjeran las catástrofes del siglo v.

Mantener un ejército tan numeroso planteaba serios problemas a una sociedad agrícola de limitados recursos económicos y tecnológicos como era la romana. Como nos indica Gómez, los problemas de reclutamiento se agudizaron tras el fracaso de la campaña persa del emperador Juliano (361-363) y, sobre todo, con la tremenda derrota a manos de los visigodos en Adrianópolis (378). Teodosio I no encontró otra solución al problema que aceptar a los visigodos como *foederati* que, a cambio de tierras y subvenciones, prestaban servicio militar bajo el mando de sus propios jefes tribales. A partir de entonces los contingentes bárbaros pasaron a constituir el grueso de los ejércitos romanos. El Imperio parecía condenado a su fin.

El asalto general del siglo V

Tras el desastre de Adrianópolis (378) y la obtención de la condición de *foederati* por parte de los godos, como nos indica Mitre, «la instalación masiva de germanos en el Imperio se convirtió en un proceso irreversible».

En palabras de Crouzet, «los golpes asestados a la fuerza y al prestigio del Imperio no pueden hacer más que confirmar a sus demás enemigos en la audacia de sus codicias y de sus tentativas: por todas partes atacan con una energía creciente y sus éxitos van en aumento». Incluso los pueblos más pequeños se lanzan a la ofensiva; es decir, isaurios en Asia, árabes en Mesopotamia, blemmyes del Alto Egipto, nómadas del desierto del Sahara, pictos, escotos e irlandeses en Britania, provincia, esta última, que es definitivamente abandonada cuando además resulta invadida, a principios del siglo v, por los sajones.

Los desórdenes que tienen lugar en África cortan el suministro de cereales a la metrópolis. Los bárbaros asaltan las fronteras del Danubio, los Alpes y la Galia. El caos se generaliza.

Desde el año 396, otro movimiento migratorio de los hunos hacia el oeste provocará nuevos empujes sobre los germanos instalados en las proximidades del *limes* oriental romano. Hacia 405, grupos de ostrogodos, vándalos y alanos penetraron en la península itálica hasta que fueron detenidos por Estilicón. El emperador Honorio había dejado la defensa de Occidente en manos de este militar de origen vándalo, que fue nombrado *Magister Militium* en Occidente, y por lo tanto actuaba como general en jefe de los ejércitos de las provincias del oeste. Las tropas romanas, comandadas por Estilicón, derrotaron hacia agosto de 406 a las hordas bárbaras invasoras. Sin embargo, a finales de diciembre de ese mismo año, suevos, vándalos y alanos vencían a los *foederati* francos, encargados de la defensa de la frontera del Rin, y entraban en territorio imperial. Este hecho, junto con el asesinato de Estilicón en 408, dejaba Roma a merced de los bárbaros.

Arcadio vendría a demostrar también una personalidad tan débil como la de su hermano Honorio y pronto dejaba los asuntos de Estado en manos de los bárbaros. El germano Rufino ejercía las funciones de primer ministro, hecho que irritaba sobremanera al visigodo Alarico, que había servido fielmente al emperador Teodosio como caudillo de los *foederati* de su etnia. A juicio de Alarico él merecía el cargo de Rufino tanto o más que este, por lo que el líder visigodo montó en cólera y puso sitio a Constantinopla. Sin embargo, pronto fue el primero en descubrir que las murallas de la capital bizantina resultaban inexpugnables. Pero la codicia de Alarico no podía permitir que sus hordas se quedaran sin botín y que la osadía del emperador no recibiera castigo. En consecuencia, como nos informa Asimov, el contingente visigodo se marchó de la capital y se dedicó a devastar sus alrededores.

Esta ola de violencia era el primer ejemplo de lo que se produciría con frecuencia posteriormente: hordas de bárbaros arrasaban las provincias romanas sin que nadie les hiciera frente. Pero las dos mitades del Imperio ni siquiera se unían para combatir a un enemigo común como eran los invasores germánicos. Preferían seguir disputándose territorios fronterizos mientras estos bárbaros saqueaban sus ciudades.

En 396, el Imperio oriental encontró la solución al problema que representaban los germanos. Descubrió con Alarico cuál era el arma más eficaz para frenar a estos bárbaros movidos únicamente por sus ansias de botín: el soborno. Fue fácil ofrecerle títulos y dinero en secreto, así como encaminarle hacia el oeste. Oriente era rico y, en palabras de Asimov, no vaciló *a la hora de sobornar y señalar hacia otro lado*. Los visigodos pronto serán desviados hacia Tracia y Macedonia, cuando el Imperio oriental inste a ello a su caudillo, Alarico. Estas regiones, a pesar de hallarse muy próximas a la *Nueva*

Roma, pertenecían al emperador Honorio. El empleo de esta estrategia por parte de las provincias orientales permitió que estas resistieran mejor que Occidente el empuje bárbaro, a pesar de haber sido las primeras en sufrir el azote godo. El Imperio romano de Oriente poseía una mayor riqueza que su rival del oeste, además de contar con la solidez estratégica de su capital, Constantinopla.

Como hemos podido comprobar con Alarico, para las hordas germanas resultaba mucho más fácil dirigirse hacia otras ciudades del Imperio que hartarse poniendo sitio a la inaccesible Constantinopla, sin conseguir ningún resultado. Si además recibían dinero por parte del emperador oriental, podían incluso respetar sus ciudades y dirigirse al oeste. Con esta táctica el Imperio de Constantinopla mataba dos pájaros de un tiro. Por una módica suma se libraba de la amenaza germana y, a la vez, perjudicaba a su rival en Occidente. El soborno también permitió en parte que el Imperio de Oriente continuara relativamente entero, mientras el Imperio occidental se deshacía.

Las invasiones bárbaras y la falta de suficientes recursos económicos y militares propios llevaron al colapso al Imperio de Occidente. Inicialmente admitidos en territorio imperial como aliados militares o *foederati*, francos, burgundios, visigodos y vándalos terminaron por formar reinos independientes en Galia, Hispania y África del Norte, como veremos próximamente.

Por contra, el Imperio oriental disfrutaba de una economía más saneada, una estructura social más equilibrada, una menor presión bárbara, una capital cuasi inexpugnable y una hábil diplomacia, en la que, como hemos visto, no dudaban de incluir el soborno. Su imperio no solo sobrevivió, sino que pronto se sintió con fuerzas suficientes para lanzarse a la reconquista de las provincias occidentales perdidas, como podremos comprobar en la segunda parte del libro.

Con el camino despejado hacia Occidente, el 24 de agosto del año 410, Alarico y sus visigodos alcanzaron Roma, que fue saqueada durante tres días. La antigua capital se libraría momentáneamente de su caída, ya que los visigodos no deseaban acabar con la mano que les podía dar de comer, solo iban en busca de botín. Sin embargo, este hecho venía a demostrar la abrumadora fragilidad del Imperio occidental.

A continuación, las hordas visigodas dirigidas por Ataulfo (410-415), sucesor de Alarico, se instalarán en la Galia, donde, ante el incumplimiento por parte de Roma de concederles tierras y sustento, fundarán un asentamiento estable en el sudeste de esta región, con capital en Toulouse.

Suevos, vándalos y alanos campaban a sus anchas por toda la Galia y en torno al año 409 invadían Hispania. A pesar de tratarse de grupos reducidos, cuyo número, en opinión de Ladero, debía rondar tan solo los cincuenta y seis mil guerreros, estas hordas bárbaras no encontraron oposición alguna por parte de un Imperio occidental en claro proceso de desmembramiento. En consecuencia, solamente la provincia de la *Tarraconense* podrá ser retenida por los romanos. Las diferentes etnias invasoras se asentarán en el resto de las antiguas provincias romanas de la península ibérica: suevos y el subgrupo asdingo de los vándalos se instalarán en *Gallaecia*, vándalos silingos tomarán la *Baetica* y los alanos se harán fuertes en la *Lusitania* y la *Cartaginense*. Dado el bajo nivel de organización política de estos pueblos las provincias conquistadas constituyeron, más que estados reales, asentamientos en los que los bárbaros podían disfrutar de los bienes que en ellos se producían. La debilidad de los nuevos pseudo-estados bárbaros pronto se pondrá de manifiesto cuando sean destruidos por un pueblo germánico mucho más poderoso: el visigodo.

Los visigodos de Ataulfo, ante nuevos incumplimientos del suministro de alimentos pactado con Roma, pronto quedarían instalados a ambos lados de los Pirineos. Roma acabó viendo con buenos ojos esta ocupación, ya que tenía lugar en tierras que escapaban a su control y, además, los poderosos visigodos podían actuar como aliados y defender de las acometidas de suevos, vándalos y alanos, lo poco que quedaba del Imperio. Hacia el año 416, los visigodos, al servicio de Roma, habían reducido el dominio de estos bárbaros a *Gallaecia*. En 418, romanos y visigodos firmaban un nuevo *foedus* que reconocía su establecimiento en el sur de la Galia, naciendo de esta forma el primer reino bárbaro dentro del Imperio. Sin embargo, pronto se descubrió que la apuesta de Roma era demasiado arriesgada: el empuje godo no hizo otra cosa que conducir a la mayor parte de los grupos vándalos al norte de África, donde hacia 429 tomaron Cartago. De esta forma

Fresco de la iglesia de Santa Pudenziana en la ciudad de Roma. Este edificio religioso fue la primera basílica cristiana construida. Fue levantada a principios del siglo v, una época turbulenta en la que a medida que la nueva religión iba cobrando más poder la parte occidental del Imperio romano se marchitaba más y más.

Occidente perdía su granero y un nuevo territorio imperial, ya que se vio forzado a reconocer este segundo reino germano.

Con Britania abandonada, Hispania y el sur de la Galia bajo dominio visigodo, África en poder de los vándalos, tribus burgundias asentadas en el valle del Ródano y francos en la Galia del norte, la autoridad del teórico emperador romano de Occidente apenas se extendía sobre la península itálica.

Caída de Roma: supervivencia de Constantinopla

Tras sobornar a Alarico, y conseguir que sus visigodos se desviaran hacia Roma, Constantinopla y su Imperio disfrutarían de un periodo largo de calma, al mismo tiempo que Occidente se deshacía en manos de los invasores. Como nos informa Ladero, esta tranquilidad permitió a Oriente reorganizar su ejército y reducir en buena medida la presencia germanos en sus filas. No obstante, el peligro llegó de nuevo a la región cuando los hunos volvieron a cobrar protagonismo e invadieron sus provincias.

Arcadio tenía un único hijo varón que ascendió al trono con el nombre de Teodosio II (408-450). No demostró mayor capacidad que su padre, cuyo gobierno, como hemos podido observar en el punto anterior, estuvo en manos de sus favoritos germanos, pero tuvo la suerte de tener una hermana mayor, Pulqueria, que tenía todas las cualidades necesarias para dominar la situación y fue la verdadera soberana del Imperio romano de Oriente.

Durante el reinado de Teodosio II, se organizó la Universidad de Constantinopla en 425, se redactó y publicó una nueva recopilación de leyes en 438, denominada Código de Teodosio, y se construyeron las triples murallas de la capital. Este último fue el principal proyecto que se desarrolló durante este periodo. El objetivo era construir una triple muralla desde el Cuerno de Oro hasta el mar de Mármara, cerrando así el paso hacia el lado de Constantinopla que daba a tierra con una barrera mucho más fuerte que cualquiera de las anteriores.

Fue la captura de Roma por Alarico, en 410, la que inspiró el proyecto, porque demostró con que facilidad se podían tomar incluso las ciudades más importantes. Pero la realidad era que Constantinopla necesitaba un sistema nuevo de murallas no solo por motivos defensivos, sino también por cuestiones urbanísticas. Las murallas construidas por Constantino impedían el crecimiento de la cada vez más populosa Constantinopla, por lo que el nuevo entramado defensivo se construyó rodeando un recinto bastante más amplio.

Levantar la nueva muralla llevó a los bizantinos desde el año 413 hasta el 447. Este complejo entramado defensivo aguantó todos los intentos de ser penetrado durante mil años, y aún hoy en día sus ruinas continúan siendo impresionantes. La triple muralla que defendía la parte terrestre de Constantinopla, quedo finalmente complementada por una muralla simple que recorría toda la costa desde el mar de Mármara hasta el Cuerno de Oro.

Las murallas teodosianas supusieron toda una revolución en su tiempo. Hasta ese momento, la fortificación romana típica estaba compuesta por un foso y un muro. Como afirma Gómez, la inclusión de una muralla intermedia entre el foso y el muro principal, junto a la existencia de amplios corredores a ambos lados de aquella, denominados *peribolos* y *parateicon*, permitía una defensa en profundidad y convertía en casi inexpugnable a la ciudad.

Durante el reinado de Teodosio II, las bandas germánicas invasoras hacían pedazos las provincias occidentales y el emperador del oeste tenía poco poder fuera de Italia. Pero Oriente tampoco quedaba libre del azote bárbaro y puede que incluso se enfrentara al peor enemigo de los romanos hasta la fecha: los hunos.

En 433, Atila tomó el poder del pueblo huno y hacia el año 441 atravesó el Danubio. Los hunos se enfrentaron a los romanos en una serie de batallas, derrotándolos una y otra vez, y haciéndolos retroceder hacia Constantinopla.

Por lo tanto, las nuevas murallas no tardaron demasiado tiempo en ser probadas. Atila, impotente ante aquel bastión inexpugnable, no podía hacer otra cosa que arrasar Grecia, al igual que unos años antes hiciera Alarico. Ladero nos informa que durante diez años, el Imperio de Constantinopla se vio sujeto al peligro de sus saqueos o a la humillación de treguas que era preciso comprar. Se tuvo incluso que pagar un tributo anual de veintiuna mil libras hasta el año 451. Puesto que todas las jaurías bárbaras perseguían el mismo botín, es decir, el más cuantioso y a la vez el menos difícil de conseguir, las hordas de Atila aceptaron de buen grado el dinero ofrecido por el gobierno de Teodosio, acompañado, por supuesto, de la propuesta para encaminarse hacia otro lugar. En consecuencia, los hunos se dirigieron a Occidente, dispuestos a arrasarlo.

Paralelamente, en Rávena, la corte del oeste, Valentiniano III (423-455) había heredado la corona de Honorio y, al igual que su antecesor en el trono, cedía todo el protagonismo a un general, Aecio, de origen panonio en esta ocasión, que se alzó en el último defensor del Imperio romano de Occidente frente a las incesantes acometidas bárbaras.

En torno al año 451, Atila dirigía sus hordas de hunos y aliados germanos hacia la Galia. Pero afortunadamente, Aecio, al frente de una coalición integrada por romanos, burgundios, francos y visigodos, finalmente obtenía un importante triunfo en la batalla de los Campos Cataláunicos (*Campus Mauricus*), en las cercanías de Troyes. El peligro huno era conjurado, aunque solo fuera momentáneamente, ya que Atila no halló la muerte y su ejército no fue totalmente aniquilado. En consecuencia, al año siguiente el rey huno saqueaba Aquilea, Padua, Verona y Milán. Solamente se detuvo cuando una embajada del papa León I le ofreció en matrimonio a Honoria, hermana de Valentiniano III, a cambio de la paz. Este hecho junto con la noticia de que las tropas del nuevo emperador de Oriente, Marciano, atacaban sus cuarteles de invierno en Panonia, hicieron que los hunos se retiraran. Al poco, en 453, se producía la muerte de Atila y la alianza de los diferentes pueblos que este caudillo gobernaba se rompió, con lo que la desaparición de los hunos del escenario histórico fue definitiva.

Aecio, tal vez demasiado poderoso y molesto para algunos, finalmente fue ejecutado en 454 por orden de Valentiniano III. El emperador sería asesinado al año siguiente. Después de la muerte de Valentiniano y tras la fugaz estancia, sin pena ni gloria, de una serie de emperadores en la corte occidental, se sentaba en su trono Rómulo Augusto, llamado *Rómulo Augústulo* por ser tan solo un adolescente cuando fue coronado en 475. En esos años hasta incluso el control de Italia escapaba de las manos de su teórico dueño, un joven inexperto, ya que Odoacro, líder de los *foederati* hérulos, era el general en jefe de los ejércitos romanos asentados en la región transalpina. Odoacro, protector de Rómulo Augusto, depuso finalmente a este último emperador romano en 476. El caudillo hérulo no se molestó en nombrar a un nuevo emperador títere, ni tampoco se le pasó por la cabeza la osadía de proclamarse a sí mismo Augusto. En su lugar, tomó el título de rey de Italia y remitió las insignias imperiales a Constantinopla. Odoacro daba por finalizada la farsa que se daba en Occidente, donde hacía años que el teórico emperador había perdido el control sobre sus dominios. De esta forma reconocía, además, que el único emperador digno de este título tenía su corte en Constantinopla. Se iniciaba así el interregno que sería definitivo y que produjo la reunificación teórica del poder imperial en manos de Zenón, señor de Constantinopla.

En palabras de Ladero, Zenón (474-491) hubo de aceptar el envío de las insignias imperiales por Odoacro y disimular la usurpación nombrándole *magister militium per Italiam*.

Al mismo tiempo que Roma caía, Constantinopla se acabaría librando del yugo bárbaro y sobreviviría.

En 450 había muerto Teodosio. Su hermana Pulqueria, la verdadera soberana, necesitaba a un hombre para poder gobernar, por lo que eligió a un general de sesenta años, llamado Marciano, para ser su emperador. Pulqueria murió en el 453 y Marciano le sobrevivió cuatro años. Cuando falleció Marciano, el hombre más poderoso de

Constantinopla era Aspar, el jefe de los *foederati* germánicos. Puesto que el ascenso al trono imperial provenía de Dios, quedaba abierto a todos, sin importar la procedencia, rango social o nivel cultural. Por lo tanto, Aspar hubiera podido proclamarse emperador sin dificultades, pero existía un inconveniente: era cristiano arriano. La única condición para poder ser el elegido de Dios era que el candidato fuese católico, requisito que Aspar no cumplía. En consecuencia, el mercenario germánico se puso a buscar desesperadamente a un católico que se prestara a ser su títere. Eligió a uno de sus oficiales, un tracio, que se convirtió en el emperador León I.

Pero León resultó ser mucho más enérgico e independiente de lo que Aspar esperaba. El nuevo monarca quería unir a todo el Imperio romano y destruir a las hordas germánicas que ocupaban Occidente. Para ello preparó una formidable flota que se dirigió a Cartago. Pero la expedición fue rechazada por los vándalos.

En Occidente, como ya hemos visto, los germanos se habían infiltrado como mercenarios al servicio del emperador y después se habían apoderado de una provincia tras otra. Todo el oeste se había dividido en un marasmo de reinos germánicos que solo reconocían la autoridad romana nominalmente. En Oriente, lo germanos también formaban y dirigían el grueso de los ejércitos romanos, aunque todavía no tenían el control absoluto del gobierno. Pero a pesar de que Constantinopla resultara inexpugnable, los *foederati* que había dentro de la ciudad podían dar un golpe y hacerse con el poder.

Ante esta amenaza, León decidió dejar de depender de los mercenarios bárbaros. Para ello resolvió sustituirlos por una guardia personal formada por un grupo de resistentes montañeses, procedentes de la región de Isauria, en Asia Menor, el denominado cuerpo de los *excubitores*. Para alentar la fidelidad de la guardia isauria el emperador concertó el matrimonio de su líder, Tarasicodissa, con su hija Ariadna. Tarasicodissa acabó adoptando a partir de entonces el nombre de Zenón.

En el 471, León se sintió preparado para acabar definitivamente con los *foederati* germánicos. Un general de origen bárbaro, Odoacro, acabaría destronando unos años después al último emperador de Occidente. La corte de Constantinopla seguramente habría corrido la misma suerte de no haberse propuesto su emperador deshacerse de los mercenarios extranjeros. Aspar u otro líder podría haber hecho lo mismo que Odoacro y tomar el poder de forma directa. Debido a esto, León se adelantó al golde de Odoacro y Aspar fue ejecutado. Las tropas germanas fueron desarmadas y más tarde destruidas o exiliadas. Con la guardia isauria ya no había necesidad de mercenarios en Oriente.

A la muerte de León I, en 474, reinó el hijo de Zenón durante algunos meses, con el nombre de León II, y al poco murió. Zenón (474-491) pese a ser un soldado procedente de una familia humilde, era yerno de un emperador y el padre de otro, por lo que reclamó el trono para sí. Tras una débil oposición resultó triunfante hacia 476. Ese mismo año Odoacro daba el

Columna de Marciano (450-457), en la ciudad de Estambul.
Se piensa que esta columna estaba coronada por una estatua
de bronce del emperador Marciano y que esta fue robada por
los cruzados durante el saqueo de Constantinopla del año
1204. Es posible que la conocida como estatua de Barletta,
localizada en la ciudad italiana de Bari, se corresponda con la
pieza robada.

golpe de gracia al Imperio occidental y justificaba la acción de León I de dar muerte a Aspar. Zenón se convirtió entonces en el único emperador legítimo. Desde el punto de vista de los emperadores orientales, las provincias occidentales, seguían siendo territorios romanos en los que la soberanía imperial había sido temporalmente usurpada por los bárbaros, pero que en su momento volverían a estar bajo el cetro de Constantinopla.

En opinión de Asimov, Odoacro nunca se refirió a sí mismo como rey de Italia, se limitó a declararse gobernante de los hérulos en la región transalpina. En consecuencia, cuando Zenón le elevó a patricio y general del Imperio para continuar la ficción de que solo estaba en Italia como un representante del emperador, Odoacro aceptó encantado los títulos. Esta iba a ser un arma poderosa de los emperadores de Constantinopla durante siglos. Un líder bárbaro, que ejercía un verdadero poder, se dejaba comprar con un título imperial rimbombante. Pero es que estos cargos aumentaban su prestigio ante sus propios ojos y los de sus súbditos, y contribuían a hacer su gobierno más sólido.

Hacia el año 474, otro pueblo germánico, los ostrogodos, estaba despedazando el este de Europa. Zenón optó de nuevo por la táctica de sobornar y señalar hacia otro lado. Para ello nombró general al líder ostrogodo Teodorico y le envió a Italia a luchar contra los hérulos de Odoacro. De esta manera, Constantinopla acababa con la amenaza ostrogoda y hérula al mismo tiempo, los dos pueblos germánicos estarían demasiado ocupados enfrentándose entre sí como para causar problemas al Imperio.

Pero el plan maquinado por Zenón no salió como él esperaba. Los ostrogodos resultaron muy superiores a los hérulos, a los cuales derrotaron fácilmente. Además de esto, Teodorico estableció un reino ostrogodo mucho más fuerte de lo que había sido el reino de Odoacro, por lo que ahora Zenón tenía un rival más peligroso en Occidente.

Pero a pesar de todo, la amenaza no se consumó. Una vez que Teodorico consiguió su reino demostró ser un hombre capaz y pacífico que no causó ningún problema a Bizancio.

Zenón vivió hasta 491. Durante su reinado defendió al Imperio contra árabes, búlgaros y vándalos que por aquel entonces aún lo acosaban. En ausencia de un sucesor, su viuda Ariadna se casó con un funcionario de la corte, un anciano que subió al trono con el nombre de Anastasio I (491-518). Este soberano hizo uso de unas excelentes dotes de gobierno y, manteniendo una política defensiva frente a las agresiones exteriores y haciendo uso de una hábil administración financiera, consiguió la recuperación económica del Imperio. Al finalizar su reinado, las arcas imperiales alcanzaron un superávit que permitió la posterior política expansiva de Justiniano, tema que estudiaremos en profundidad más adelante.

El Imperio romano de Oriente no sucumbió como su vecino occidental, sobrevivió y, además, pronto se lanzaría a la reconquista de las tierras bañadas por el *Mare Nostrum*.

No obstante, paralelamente en Occidente se daba un cambio de orden provocado por la sustitución del poder romano por un enjambre de pseudoestados germánicos. La Edad Media rompía con la antigüedad clásica y ya nada volvería a ser como antaño. Para finalizar la primera parte de este trabajo, veamos pues en los dos puntos siguientes qué ocurrió en el oeste de Europa mientras el Imperio romano de Oriente no solo sobrevivía a este cambio de Edad sino que alcanzaba su cénit casi al mismo tiempo que el Occidente germánico se hundía en el abismo feudal.

EL NUEVO ORDEN

La sustitución del poder estatal romano en Occidente por un sinfín de reinos germánicos, que culminó con la toma de Italia por los hérulos de Odoacro en 476, marcó también el reemplazamiento de una sociedad muy desarrollada por otra mucho más primitiva.

Como afirma Ladero, tras la caída del Imperio romano occidental, continuó modificándose el reparto territorial de poderes en los últimos años del siglo v hasta llegar a un nuevo punto de «equilibrio inestable» que será alterado, en la primera mitad de la siguiente centuria, por la expansión de los francos, la ocupación visigoda de Hispania y la «reconquista bizantina».

Sin embargo, a pesar de las mencionadas invasiones gérmánicas, es preciso destacar que el número de individuos, perteneciente a estas etnias, instalados en Occidente fue muy reducido. Las investigaciones arqueológicas aportan datos en este sentido. Se estima que los visigodos asentados en la península ibérica no superarían los cien mil, a pesar de que en este caso se trataría de uno de los pueblos germánicos más poderosos. Del mismo modo, fueron solo unos doce mil guerreros ostrogodos los que se instalaron en Italia.

Los bárbaros no disponían de medios ni de conocimientos para asediar fortificaciones, por lo que únicamente podían dedicarse a sitiar ciudades amuralladas manteniendo la esperanza de que estas se rindieran ante la falta de provisiones o, en la mayoría de los casos, simplemente se conformaban con devastar y saquear las áreas rurales y poblaciones circundantes. En consecuencia, el pillaje y las oleadas de muerte y destrucción derivadas del azote bárbaro no podrían explicar por sí solos la caída del Imperio. Por lo tanto, podemos afirmar que la capacidad bélica de los invasores no parecía suficiente, en principio, para hacer desaparecer un Estado tan bien organizado en apariencia como el romano. La fuerza de estos guerreros germánicos no se debía tanto a su número de efectivos, como al hecho de haber acabado suplantando la estructura política y militar del Imperio occidental. En principio, se permitió la entrada en territorio imperial de grupos de germanos, la única forma que encontraron las autoridades romanas para contener y asimilar los vastos fenómenos migratorios de estos pueblos bárbaros. A estos germanos se les dejó asentarse más allá de las fronteras imperiales en calidad de *foederati* o aliados, al tiempo que pasaron a formar parte de los ejércitos romanos y, con el tiempo, sus contingentes acabaron siendo el tipo de tropas predominante en el Imperio. El siguiente paso fue que los caudillos de estos *foederati* bárbaros recibieran títulos por parte de los romanos, que les convertían en representantes de la autoridad imperial.

La sustitución del poder militar y político romano ya era un hecho, solamente quedaba acabar con aquella farsa y deshacerse de los últimos reductos imperiales. Sin embargo, no hubo un sistemático despojo de los vencidos, si no que de manera progresiva se produjo la fusión entre ambas sociedades. Cuando los ocupantes germanos se convirtieron al catolicismo, abandonando el paganismo o arrianismo, se dio un paso importante hacia la mezcla étnica. Al diluirse las diferencias entre razas, se fue difuminando también la dualidad de legislaciones.

Tras la gran crisis del siglo III se hicieron necesarios una serie de cambios que permitieran garantizar la defensa y el mantenimiento del poder romano. Para ello Diocleciano sometió al Estado a una profunda reforma administrativa y hacendística que se mostró efectiva en su cometido de asegurar la existencia del Imperio durante doscientos años más pero, como contrapartida, resultó ser opresiva e injusta para los ciudadanos.

Paralelamente, las invasiones bárbaras del siglo V estimularon las revueltas internas y acabaron por hacer ver a la sociedad romana que, ante la ausencia de un poder central firme que garantizara su seguridad, la autodefensa a escala regional, bajo la protección de la aristocracia rural, era la única solución posible para combatir el pillaje y el bandolerismo. En consecuencia, se desarrolló una tendencia protofeudal en la que la nobleza local comenzó a agruparse en torno a los núcleos rurales más fuertes, bajo la protección de un aristócrata más poderoso. Además, tuvo lugar también el pacto de estos romanos con los invasores para conservar privilegios y poder. De esta forma se acababa a la vez con el problema germánico y con la presión del sistema fiscal romano.

El vacío de poder y la inseguridad reinante tras la caída del Imperio en Occidente, la creación de estados bárbaros inestables y las sucesivas invasiones, posibilitaron la aparición de un sistema protofeudal, caracterizado por la acumulación de tierras en manos de unos pocos, aumento de poder de la gran aristocracia y la creación de séquitos militares privados.

En el complejo fenómeno de las migraciones e invasiones bárbaras, unos pueblos empujaban a otros y estos últimos se veían obligados a ocupar nuevos territorios. Sirva de ejemplo la presión ejercida por los visigodos sobre los vándalos, pueblo germánico este último que, en consecuencia, se vio obligado a instalarse en el norte de África y acabó expulsando de allí al poder romano. Algo similar ya se había producido también unos años antes de la caída del Imperio de Occidente, cuando el empuje que los hunos ejercieron sobre algunos pueblos germanos hizo que estos acabaran rompiendo el *limes* danubiano.

Como nos indica Mitre, los nuevos estados germánicos fueron siempre extremadamente vulnerables. Algunos, como suevos o burgundios, fueron absorbidos por visigodos y francos, respectivamente, vecinos más poderosos en definitiva. Otros, tales como vándalos y ostrogodos, desaparecieron tras la reconquista perpetrada por el emperador de Oriente, Justiniano; tras la invasión islámica, caso de los visigodos; o, sirva también de ejemplo, la destrucción del reino anglosajón de *Britania* después de la conquista normanda. A la postre, solo uno de estos reinos germánicos, el de los francos, superó el umbral del feudalismo, y se alzó, a partir del siglo XIII, en la poderosa monarquía absoluta del reino de Francia.

Tras un periodo de cierta estabilidad, coincidiendo con el auge de la dinastía carolingia, a partir del siglo IX se inició otra época de invasiones, conocida como «Edad Vikinga», que generará de nuevo vacío de poder e inseguridad en Occidente. Este último periodo inestable, junto con la crisis de los sucesores de Carlomagno, dará como resultado la implantación definitiva en la Europa del oeste del feudalismo, la única fórmula que garantizaba la protección del pueblo llano por un miembro de la pequeña nobleza y de este por un señor feudal de mayor rango y así sucesivamente hasta formar los entramados característicos del sistema.

Por otro lado, Ladero nos informa de que los bárbaros introdujeron un concepto nuevo, el de la realeza. El rey germano era, ante todo, un jefe guerrero dotado de *ban* para mandar a su pueblo, *munt* que le permite proteger y hacer justicia, y *gratia*, como fuente voluntaria de beneficios. Sobre aquellos dos fundamentos de poder, jefe guerrero y juez, se constituía el poder regio de los bárbaros, a través de tres elementos que se combinan para justificar el acceso a la realeza: la sangre, la sucesión y la electividad. El rey, elegido del seno de la estirpe, o que ha heredado el trono, es un personaje carismático.

La sucesión, aunque se basa en el derecho de sangre, no atiende a reglas hereditarias estrictas. Por un lado, se amplían a la sucesión principios de derecho privado en algunos países, como es el caso de los francos, donde se considera al reino no como un Estado sino como patrimonio de la realeza, de modo que pueden heredar porciones del mismo diversos miembros del linaje real sin que esto signifique una escisión definitiva. En otros casos, como el visigodo, el acceso al trono tiene carácter electivo, recuerdo este del carácter militar y extraordinario que a veces tuvo la primitiva realeza, aunque, sin lugar a dudas, esto convertía al rey en un títere en manos de las distintas facciones nobiliarias con derecho a voto. En cualquiera de estos casos nos encontramos ante la negación del principio romano de Estado que los emperadores de Constantinopla habían conseguido preservar en su trono de Oriente.

En los siglos VI y VII, caído el Imperio en Occidente, el clero trataba de dar a los pueblos germánicos la consciencia de unidad de la cual carecían. No obstante, lo hacía pensando en el beneficio propio, para conseguir el respaldo de las autoridades seculares de los nuevos reinos y, de esta forma, permitirse mantener el prestigio moral que confería a la Iglesia su función religiosa directora en un tiempo de evangelizaciones y aceptación general de la fe cristiana.

Las cortes de los reyes germanos, además, se asentaban en localidades de escasa tradición urbanística o en franca regresión. En torno a otros núcleos rurales se instalaron también poderosos nobles, que contaban con ejércitos privados y que, incluso, acogían bajo su protección a aristócratas de inferior rango. Las investigaciones arqueológicas realizadas especialmente en la antigua Galia, demuestran que la decadencia de los grupos urbanos se inició durante la gran crisis del siglo III, cuando muchas ciudades redujeron su superficie y procedieron a ser amuralladas. Ante la ausencia de medios y conocimientos para atacar fortificaciones, los invasores germanos produjeron, lógicamente, menos daño en las ciudades que en las tierras de cultivo, pero, no obstante, agravaron la decadencia de la vida urbana, ya que favorecieron la ruralización de la alta nobleza que acogía en el seno de sus propiedades a ciudadanos de inferior rango.

Se da también en estos reinos una tendencia hacia la migración de ciertas funciones públicas, en principio regias, que acabarán por llegar a manos de la aristocracia, lo que producirá una fuerte descentralización del poder.

La mencionada crisis de la noción de Estado junto con las tendencias comentadas hacia la ruralización y la privatización de funciones constituyen manifestaciones, en definitiva, del hecho social y político que va a caracterizar al Occidente medieval: el feudalismo.

LA MUTACIÓN FEUDAL

La graves desórdenes internos del siglo III sufridos por el Imperio romano, se caracterizaron especialmente por una serie de rasgos distintivos: decadencia de los núcleos urbanos acompañada de ruralización y crecimiento de las propiedades agrícolas, caída del modo de producción esclavista, aumento de la presión fiscal estatal, crisis social e inestabilidad del poder imperial.

En esta época de transición, entre el modo de producción esclavista y el feudal, se experimentó una crisis urbana sin precedentes. El predominio económico casi absoluto del ámbito rural eclipsó el protagonismo de la participación en este aspecto de las ciudades y el comercio. Aquellos años, ante la inseguridad aportada por los desórdenes civiles y las invasiones bárbaras, también como consecuencia de la decadencia del poder central, las ciudades romanas se van despoblando y los propietarios de pequeñas parcelas rurales buscarán la protección de los terratenientes. Es lo que se conoce como *encomendación*, mediante la cual un patrón quedaba obligado a dar protección o *patrocinium* a su cliente o vasallo, a la vez que este último entraba al servicio del primero y juraba respetarlo y obedecer sus órdenes. El contrato era de carácter personal y temporal, y no entrañaba obligación alguna de tipo militar por parte del vasallo. A la fórmula se podían acoger tanto los campesinos dueños de pequeñas propiedades agrícolas, como las clases acomodadas que, ante el peligro reinante, buscaban el amparo de alguien más poderoso.

Del mismo modo, el *comitatus* era, entre los germanos, una forma de clientela personal de carácter esencialmente militar. Grupos de guerreros libres se acogían voluntariamente a este tipo de contrato, por el que entraban al servicio de un líder poderoso que los guiaba en el combate, gracias al cual recibían parte del botín obtenido como pago por los servicios prestados.

Con el tiempo, el contacto entre la sociedad romana y germánica hizo que ambas comenzaran a fusionarse. Tras la caída del Imperio en Occidente y el establecimiento en su lugar de los reinos germánicos, se produjo una nueva situación que resultó adecuada para que se desarrollaran estos tipos de relaciones personales de carácter protofeudal. La encomendación romana y el *comitatus* germano se entremezclaron entonces y acabaron evolucionando para dar lugar a la sociedad feudal.

Durante la época de la gran crisis del siglo III, la debilidad del poder central era manifiesta y esto hizo que el Imperio corriera siempre el riesgo de que cualquier ambicioso militar diera un golpe de Estado y ocupara el gobierno. La sociedad caminaba en esos momentos hacia una configuración en torno a dos estratos bien diferenciados. La riqueza estaba en manos de una minoría de la población, sobre todo en forma de propiedades rurales, y este tipo de ciudadano era el único que llevaba a cabo tareas políticas. Eran los llamados *potentiores*. En el extremo opuesto se encontraban los *humiliores*, la gran mayoría de los ciudadanos romanos, constituida por el populacho excluido de las labores de gobierno.

Por otro lado, el modo de producción romano, basado en la utilización de esclavos, se encontraba también en situación de profundo retroceso, como consecuencia de la escasez de mano de obra. Los cambios producidos en la política exterior imperial, como ya pudimos ver en puntos anteriores, hicieron que se acabaran abandonando las campañas militares de conquista y se tendiera a desarrollar únicamente acciones de guerra de tipo defensivo, por lo que la escasez de esclavos comenzó a ponerse de manifiesto. La práctica frecuente de manumisiones, mediante las cuales se daba la libertad a los esclavos, acabó también mermando el aporte de este tipo de mano de obra. Finalmente, la conversión oficial del Imperio al cristianismo hizo que la Iglesia rechazara rotundamente la idea de que un fiel hiciera esclavo a otro. La única posible solución para acabar con esta crisis agrícola fue la de utilizar colonos en el trabajo de la tierra.

Del mismo modo, tras el establecimiento de los reinos germanos, diversos factores agudizaron aun más el retroceso de la esclavitud. Tras la primera época de invasiones y finalizada la conquista carolingia a principios del siglo IX, la guerra defensiva pasó a ser la principal ocupación militar del Occidente bárbaro. De esta forma, al igual que en época imperial, la principal fuente de esclavos quedaba cerrada. No obstante, sin lugar a dudas, fueron cuestiones económicas las que acabaron definitivamente con el esclavismo en la

Europa del oeste. Durante la transición entre los dos modos de producción ya mencionados, la utilización de colonos como mano de obra rural, los cuales se sustentaban mediante la tenencia en usufructo de pequeñas parcelas, resultaba mucho menos costosa que el mantenimiento de grupos de esclavos con los mismos fines. Estos trabajadores agrícolas de condición jurídica libre, que acabaron constituyendo el grupo principal del campesinado medieval, tenían su origen en los colonos de época romana. Estos últimos, a su vez, eran descendientes de libertos o de pequeños propietarios libres que habían perdido su independencia al verse obligados a vender sus tierras, como consecuencia de la presión fiscal sufrida.

El insoportable peso que ejercía el sistema recaudador de impuestos imperial sobre los propietarios agrícolas, necesario para llevar a cabo la defensa de las fronteras romanas, hizo que la propiedad de la tierra se fuera acumulando en manos de los ciudadanos con mayor poder adquisitivo. En consecuencia, la estructura agraria predominante pasó a ser la del dominio o gran propiedad territorial. La práctica frecuente de la donación de tierras a la Iglesia únicamente sirvió para agravar aun más la situación. La mencionada fusión de las sociedades romana y germánica abarcó también a las clases dominantes de ambos pueblos, por lo que los grandes dominios rurales creados durante el Bajo Imperio sobrevivieron al nacimiento del Occidente bárbaro.

Los dominios se dividían en dos partes: la reserva y los mansos. La reserva era la tierra explotada directamente por el señor, mientras que los mansos eran parcelas que el propietario concedía a los labriegos para su manutención. Ambas partes salían en teoría favorecidas. Los colonos recibían en usufructo tierras que les permitían mantener a sus familias. El señor cobraba en especie y en trabajos la cesión de estas tierras. De esta forma, ante la escasez de mano de obra esclava, el patrón se beneficiaba también de la utilización de los campesinos para cultivar la reserva.

La mayor parte del campesinado era, desde el punto de vista jurídico, de condición libre. No obstante, estos colonos se hallaban sometidos al señor de su dominio, ya que dependían de este económicamente. Con el paso del tiempo el asunto derivó en una subordinación no solo de carácter económico, como veremos en el siguiente párrafo.

Los grandes dominios territoriales fueron convirtiéndose a lo largo de este periodo de transición, entre los siglos VI y X, en señoríos rurales, cuyos propietarios acumularon en sus manos poderes diversos de mando sobre los campesinos, el conjunto de los cuales se llamó *bannus* o *ban*. Esas *banalidades* eran ya no solo de naturaleza económica, sino que pasaron también a tener carácter militar, fiscal, judicial, e incluso monetario, poderes todos estos que tradicionalmente habían sido monopolio del gobierno central, en cualquier caso, competencia real o imperial. El señor tiene potestad para acuñar moneda, organiza mercados y ferias, cobra derechos de tránsito, controla pesos y medidas, todas ellos tradicionalmente competencias regias. Regula y cobra, además, por la utilización de determinados servicios e instrumentos, tales como hornos, molinos, lagares, sobre los cuales disfruta de monopolio.

Los reyes son, y se comportan de hecho, como señores en sus dominios, al conjunto de los cuales se le denomina «señorío real», por lo que en la práctica no se observan diferencias entre la forma de realizar el ejercicio del poder real y el de otros señores banales.

El señorío jurisdiccional apoyado en el ejercicio del *ban*, fue a lo largo de los siglos x a xv una forma básica de organización política de la sociedad occidental.

Conforme los señores iban adquiriendo estas banalidades las condiciones de libertad de las que disfrutaban los colonos fueron desapareciendo. Los esclavos subsistían aún, aunque eran minoritarios. Había esclavos que realizaban trabajos domésticos para los señores y esclavos instalados en los mansos, a los que se denominaba *servi*. El perfil socioeconómico de los colonos poco a poco se fue asimilando al de los *servi*, por más que los primeros conservaran, en teoría su condición jurídica de personas libres. Los colonos, al igual que los esclavos de los mansos, podían ser explotados al máximo por los propietarios de la tierra, al mismo tiempo que estaban sometidos a numerosas y abusivas cargas. Las cargas serviles se referían a varios aspectos, entre los cuales destaca, principalmente, la ausencia de libertad de movimiento para el labriego. En algunas regiones el campesino sujeto a esta condición podía abandonar la tierra que trabajaba, dejando en ella a otro hombre de su misma condición. También existía la obligación de prestar servicios domésticos, así como trabajar en la reserva del patrón y pagar en especie por explotar la tierra. Incluso había obligaciones que implicaban a la descendencia del campesino, ya que los hijos heredaban de los padres sus cargas. Cuando el labriego fallecía, el señor tenía derecho para hacerse con la mitad de sus bienes. Las hijas incluso debían solicitar permiso al patrón para poderse casar fuera del territorio bajo su jurisdicción y, en caso de que este le fuera concedido, se debía pagar una compensación, ya que los hijos de esta mujer trabajarían otras tierras que no serían las suyas.

Otro grupo jurídico era el constituido por los pequeños propietarios libres o *pagenses*, si bien su número no solo debía ser reducido, sino que además tendía a retroceder. Estos campesinos eran dueños de alodios, tierras de su patrimonio personal que estaban libres de cargas señoriales. Podían disponer libremente de sus bienes pero, sin embargo, se hallaban sometidos a la creciente presión de los grandes propietarios. Debido a ello muchos de estos *pagenses* terminaron por entregar sus alodios a un señor. El patrón, paradójicamente, volvía a ceder la misma tierra al campesino, ahora en calidad de usufructo, con lo que el antiguo *pagense* acababa convertido en colono.

Como consecuencia de todo lo anterior, hacia el siglo x el campesinado estaba constituido por un grupo de personas jurídicas con un perfil homogéneo.

Los germanos asentados en antiguo territorio imperial crearon allí reinos caracterizados todos ellos por ser enormemente frágiles. En Occidente nacieron monarquías en las que la noción de Estado no estaba lo suficientemente desarrollada como para dar estabilidad a las autoridades de gobierno, por lo tanto el poder real se encontraba descentralizado y las competencias regias frecuentemente repartidas entre los grandes nobles. Este deterioro sufrido por el poder público favoreció la inseguridad e indujo a la multiplicación de los lazos de carácter personal, similares a la encomienda y el *comitatus* descritos anteriormente.

La segunda oleada de invasiones bárbaras, en especial la protagonizada por los vikingos entre finales del siglo VIII y principios del siglo X, fortaleció aun más esa tendencia mediante la cual las capas más débiles de la población, ante la ausencia de medidas de defensa eficaces empleadas por la monarquía, buscarán la protección que podían otorgarles los más poderosos. La fórmula, al igual que la encomendación romana, podía aplicarse también a las clases acomodadas, las cuales se amparaban en los aristócratas de mayor rango.

El acto jurídico para establecer este tipo de relaciones personales continuó siendo la encomendación. El contrato tenía, al igual que en tiempos romanos, carácter obligatorio para las dos partes y era, a diferencia del anterior, indisoluble hasta que se producía la muerte de uno de los firmantes. El cliente se ponía al servicio de su señor para lo que este dispusiera, a cambio recibía protección y frecuentemente también era

Castillo de San Jorge en la ciudad de Lisboa. En tiempos de la *Pax Romana* la mayoría de las ciudades imperiales no precisaba de la existencia de fortificaciones defensivas. En cambio, en la Edad Media, la inseguridad imperaba y esto hacía que cualquier urbe necesitara de la presencia de castillos que la defendiera de posibles ataques. Sirva de ejemplo este entramado amurallado que resguardaba Lisboa de los ataques musulmanes tras la conquista cristiana de la ciudad en 1147.

agraciado con la concesión de un *beneficium*. El *beneficium* o beneficio era una cesión de tierra que una persona jurídicamente libre podía entregar a otra como gratificación por ser su vasallo, o también incluso como pago por la prestación de determinados servicios políticos o militares.

El primitivo contrato de encomendación experimentó una importante evolución hacia el sistema feudal cuando la dinastía carolingia se hizo con el trono franco. Pipino el Breve (751-768), el primero de sus monarcas, se hizo con el cetro de los Merovingios gracias al respaldo recibido por parte del clero y la nobleza. Una vez que Pipino disfrutaba ya del título real era preciso no perder estos apoyos, e incluso se hacía necesario reforzarlos, por lo que los monarcas francos empezaron a otorgar beneficios y cargos de gobierno a muchos de los nobles que se les habían encomendado como vasallos. En un principio el señor se reservaba la propiedad de las tierras entregadas en beneficio, mientras que el vasallo únicamente disfrutaba de su tenencia en calidad de usufructo. Con el tiempo, para facilitar la administración del Estado, estos cargos se hicieron perpetuos y hereditarios. La necesidad de transmitir los nuevos poderes adquiridos, manteniendo además la concentración de la propiedad agrícola en manos de unos pocos, hará que se produzcan profundos cambios en la transmisión hereditaria. Anteriormente el traspaso del patrimonio familiar tenía lugar mediante el reparto igual entre los hijos pero, a partir de esta época, se dará una tendencia a heredar en función del orden de nacimiento y del sexo. De esta forma se verán favorecidos los varones sobre las mujeres y los hijos mayores sobre los menores. Los desfavorecidos deberán buscar otras salidas en sus vidas. Para ello las mujeres encontrarán vías de escape en los conventos y el matrimonio. Por su parte, los caballeros segundones también hallarán posibles soluciones en la ordenación sacerdotal y entrando al servicio de otros nobles de mayor rango.

La idea inicial era que los reyes carolingios salieran fortalecidos mediante el vasallaje prestado por la nobleza, ya que, de esta forma, la fidelidad de los aristócratas quedaba garantizada, al mismo tiempo que se conseguía personal competente para llevar a cabo la administración del extenso Imperio de Carlomagno (768-814). Sin embargo, pronto se demostraría que lo que se estaba consiguiendo era justamente lo contrario: la descentralización del poder, como consecuencia de su reparto entre la nobleza.

Tras la muerte de Carlomagno y en época de las invasiones vikingas, la monarquía franca experimentó una profunda crisis, por lo que sus sucesores vieron necesario, ahora más que nunca, el respaldo de la aristocracia. Finalmente, el asunto de las encomendaciones acabó convirtiéndose en un círculo vicioso, ya que los reyes francos continuaron aplicando esta política para no perder los apoyos de la nobleza, lo que hacía que aumentara de forma exponencial el número de vasallos, y como consecuencia de ello, el rey perdía cada vez más poder.

Incluso se produjeron también ciertos cambios en el concepto inicial de beneficio durante esta época de decadencia, ya que este dejó de ser propiedad del patrón original en tiempos de Luis el Piadoso (814-840), hijo y sucesor de Carlomagno, para pasar a convertirse en propiedad alodial del vasallo.

En consecuencia, se había dado completamente la vuelta al sistema y el beneficio terminó por ser la causa de vasallaje ¿Paradójico, no? El beneficio había comenzado siendo la consecuencia del vasallaje, es decir, el pago realizado por los servicios prestados por el vasallo, y acabó convertido en la causa y la razón de ser de un sistema feudal ahora ya, a mediados del siglo x, maduro. La fusión entre vasallaje y beneficio era ya indisoluble.

La sociedad feudal empezó a ordenarse bajo tres estamentos distintos, los denominados *oratores*, *bellatores* y *laboratores*. Cada uno de ellos estaba especializado en su función. Los *oratores* eran los que desempeñan las labores religiosas, es decir, el clero. Por otra parte, encontramos a los *bellatores*, grupo al que pertenece la élite militar. La guerra se había convertido en un arte que únicamente podía ser desempeñado por un pequeño porcentaje de la población, es decir, la nobleza. La participación en contiendas bélicas era monopolio de este estamento social, por lo que la guerra se llegó a convertir en una industria nobiliaria por excelencia. La misión de la aristocracia, en consecuencia, era velar por la seguridad de los otros dos estratos sociales. Esta función de la nobleza le reportaba sustanciosas ventajas, de índole social, ya que podía servir para adquirir fama y prestigio, así como de carácter económico, ya que habitualmente proporcionaba al vencedor un suculento botín. Finalmente encontramos a los *laboratores*, la inmensa mayoría de la población. Estos eran los productores primarios, es decir, los que trabajaban para los otros dos estratos sociales. Los *laboratores* no podían llevar armas, realizar actividades militares, participar en juicios, ni ser ordenados sacerdote.

El feudalismo se gestó, por lo tanto, durante un largo periodo de transición entre la antigüedad clásica y el Medievo, entre los siglos IV y X dando paso, desde un tipo de producción esclavista, a un modo de producción feudal. El inicio de la citada época de transición coincide con los años de crisis del Imperio romano y las invasiones germánicas. Como resultado de este proceso se acabaría gestando, en los siglos IX-X, en buena parte de Occidente, en especial en tierras del antiguo Imperio carolingio, el sistema feudal.

En palabras de García de Valdeavellano, «el feudalismo es el resultado del choque de la sociedad romana y de la sociedad germánica en medio de los trastornos creados por las invasiones».

Hemos podido estudiar que es lo que ocurrió en Europa occidental tras la caída del Imperio romano y la usurpación de su poder por parte de los pueblos germánicos. Un periodo de tiempo que abarcó desde el siglo V al XV, la denominada Edad Media. Pero, ¿qué sucedió durante esos mismos años en Oriente, donde la autoridad romana seguía gobernando un vasto Imperio? Esto lo veremos en los dos capítulos siguientes.

Teatro romano de la ciudad de Sagunto (Valencia).
El sudeste de la península ibérica fue fuertemente romanizado,
lo que hizo que la influencia latina persistiera a pesar de la
invasión visigoda. Entre las ciudades romanas de esta región de
Hispania destaca Sagunto, donde se encuentran importantes
vestigios de la presencia de esta civilización.

Vista panorámica del odeón romano de Herodes Ático (Atenas). La civilización romana no solamente ocupó las tierras de la antigua Grecia, sino que, además, tomó como modelo su cultura clásica, la perpetuó a lo largo de toda la Antigüedad en las tierras bañadas por el *Mare Nostrum* y, durante toda la Edad Media, en torno a Constantinopla y su Imperio. De esta forma, salvada del olvido, la cultura clásica del Imperio de Oriente pudo finalmente ser transmitida al Occidente bárbaro durante la segunda mitad del Medievo, siendo esto una de las causas para que tuviera lugar el Renacimiento.

Representación de un legionario romano del siglo II a.C.
(Museo de la Civiltà Romana, Roma). Con tropas de
infantería similares a la de la imagen y gracias al apoyo de
una poderosa flota, Roma dominó plenamente las aguas del
Mediterráneo desde la finalización de las guerras púnicas, en
el siglo II a.C., hasta la conquista de Cartago por parte de los
vándalos en el siglo V.

Fachada principal del Monasterio de los Jerónimos en Lisboa.
El Renacimiento produjo obras de arte y arquitectura
de belleza similar a este edificio. El Renacimiento marca el
renacer de la cultura clásica en Occidente, el fin de los *Años
Oscuros* y el nacimiento de la Edad Moderna. Este saber
de la Antigüedad se esfumó de la Europa del oeste tras la
caída de la autoridad imperial romana y estuvo ausente en la
región durante todo el Medievo. En cambio, el Imperio de
Oriente pudo conservar la cultura clásica a lo largo de toda su
existencia, que coincidió con la duración de la Edad Media.

Vista de la ciudad de Roma atravesada por el río Tíber. Según cuenta la leyenda, Roma fue fundada en el año 753 a.C. por los gemelos Rómulo y Remo sobre siete colinas, a orillas del río Tíber.

Detalle del *Ara Pacis Augustae*, en la ciudad de Roma.
El Altar de la Paz fue construido por el Senado romano
en época de Octavio Augusto (24 a.C.-14 d.C.), para
conmemorar sus victorias militares obtenidas en Hispania
y la Galia, constituyendo un claro exponente del arte de la
antigua Roma.

2

Constantinopla, siglos v al xi. El cénit de Bizancio

Concepto de Imperio bizantino

Si todo lo expuesto hasta ahora en este trabajo sobre la Edad Media ha resultado de interés, podríamos pensar que lo mejor que deberíamos hacer, si queremos estudiar Bizancio, es olvidarlo, ya que las cuestiones analizadas en esos puntos poco o nada tienen que ver con este Imperio. Lo único que tienen en común el Imperio romano de Oriente y la Edad Media clásica de Europa es que fueron contemporáneos. El mal llamado Imperio bizantino surge hacia finales del siglo v en la parte oriental del Mediterráneo, de las cenizas del denominado Bajo Imperio romano, y se extingue con la toma de Constantinopla por los otomanos a mediados del siglo xv. Paralelamente, la Edad Media comienza con la caída del Imperio de Occidente, a finales del siglo v, y finaliza con el renacimiento del siglo xv.

¿Por qué entonces malgastar el tiempo exponiendo lo que sucedió en la Europa del oeste tras las invasiones germánicas? Simplemente, para entender qué significó el Imperio romano oriental. Si el Imperio romano clásico es la antítesis de los bárbaros germánicos, entonces el llamado Bizancio lo es también de los estados europeos medievales. Los germanos invadieron Europa occidental al inicio de la Edad Media y dieron lugar a un nuevo orden. Al mismo tiempo, una parte del Imperio romano no moriría y prolongaría su existencia por mil años, a pesar de que, en ocasiones, la historia no le dé toda la importancia que debiera y, prácticamente, nos hayamos olvidado de ello. Mientras el resto de Europa vivía los llamados «años oscuros» del Medievo, a orillas del Bósforo una ciudad era, al igual que antaño lo fue Roma, la metrópoli de un vasto territorio en el que sobrevivió la cultura clásica. La luz de Constantinopla se oponía a la oscuridad del Occidente germánico medieval. Por lo tanto no podría entenderse lo que significó para la historia el Imperio romano de Oriente si no se estudiara, aunque solo fuera mínimamente, este Occidente bárbaro.

Tema a parte es el asunto de la denominación del Imperio en cuestión. Actualmente predominan las acepciones de *Bizancio* o *Imperio bizantino* para referirse a la parte oriental del Bajo Imperio que sobrevivió a la caída de las provincias romanas de Occidente. Destacar que los ciudadanos de dicho territorio nunca se llamaron a sí mismos *bizantinos*, ya que se autodenominaban y consideraban *romanos*. En palabras de Claramunt, «el Imperio romano de Oriente ha sido denominado por la historiografía moderna Imperio bizantino, si bien en realidad este concepto jamás existió en la época; el término fue aplicado por los eruditos franceses del siglo XVII, como los de Bizancio y bizantinos». Teniendo en cuenta la opinión de este autor, de que el mal llamado Imperio bizantino poseía estructura estatal romana, religión cristiana y cultura griega (cultura antigua clásica, en definitiva), y, dado que el Imperio romano de finales del siglo V del que desciende directamente el territorio en cuestión, presentaba también estas características, consideramos que la forma más correcta de referirse a este Estado debería ser simplemente Imperio romano. No obstante, para evitar confusiones con el Alto Imperio de la Edad Antigua podríamos referirnos a él como Imperio romano de Oriente. De todas formas, por mucho que nos pese, para evitar posibles confusiones y ser concordantes con el resto de la literatura que existe sobre el tema, a partir de este capítulo del libro nos referiremos a este Imperio romano medieval como *Imperio bizantino* o *Bizancio*.

Para concluir con este punto introductorio podríamos citar unas palabras de Maurice Crouzet: «la civilización del Bajo Imperio no murió con el propio Imperio más que en Occidente. Es bien sabido que sobrevivió en Oriente: Roma se prolonga en Bizancio. Esta no usurpa su denominación de Nueva Roma».

Justiniano y la reconquista de Occidente

Zenón, emperador de Oriente, murió en 491 y su viuda Ariadna, como ya comentamos en la primera parte, se casó con un anciano administrador gubernamental de finanzas, muy popular por su honradez, que reinó con el nombre de Anastasio I (491-518).

El nuevo soberano de Constantinopla llevó a cabo una buena gestión administrativa y financiera del Estado, basándose en una intensa política interior de estabilización monetaria y saneamiento fiscal, con un marcado descenso en los impuestos que afectaban principalmente a los habitantes de las ciudades. Debido a ello, al concluir su reinado, el tesoro imperial había logrado acumular la nada despreciable cifra de trescientas veinte mil libras. Otra de las medidas que adoptó fue la de disolver a la guardia isauria creada por León I, puesto que comenzaba a ser peligrosa al haber adquirido un poder considerable.

Anastasio murió en 518 sin haber designado un heredero. Legaba a su sucesor un Imperio saneado económicamente y con sus arcas repletas de oro. Justino (518-527), general de la guardia imperial, tenía a su cargo la única fuerza armada organizada a corta distancia del palacio, por lo que a falta de un heredero evidente y gozando de la aprobación por parte del Senado, se hizo con el cetro de Constantinopla. Se trataba de un anciano militar ilirio, de origen campesino, además de analfabeto. Pero, a pesar de esto, era inteligente y tenía un sobrino muy culto, llamado Justiniano, que compensaba todas sus carencias, y al que pronto se le encomendaron labores militares y de gobierno.

Hacia el año 527, cuando Justino sentía que la muerte se le acercaba, nombró a Justiniano emperador asociado. La sucesión resultó tranquila, puesto que Justiniano (527-565) ya había sido coronado cuando su tío aún estaba en vida. Desde el principio Justiniano compartió su título y poderes con su mujer Teodora.

Nada más acceder al trono, Justiniano, ferviente católico y firme defensor de la ortodoxia, promulgó una serie de estrictas leyes contra las minorías judías, paganas y heréticas en general (maniqueos, nestorianos, monofisistas y arrianos), lo que le llevó a ser muy impopular entre los seguidores de estos credos. En 529 incluso clausuró la academia filosófica de Atenas, debido a su carácter pagano, y sus profesores neoplatónicos tuvieron que emigrar a Persia. A partir de entonces, como nos explica Ladero, en las provincias asiáticas del Imperio se produjo la clericalización o cristianización del profesorado (retórica y filosofía), que integró a muchos monjes y fue en aumento durante todo el siglo, mientras que en Constantinopla esto ya se había logrado tiempo atrás. Todos estos cambios marcaron el fin de la cultura clásica pagana.

Ladero también afirma que la política antijudía de Justiniano se basó fundamentalmente en la imposición de ciertas prohibiciones, como las de ejercer el proselitismo, poseer cargos públicos, llevar a cabo matrimonios mixtos, tener la propiedad de esclavos cristianos e incluso el derecho a ejercer ciertas profesiones. Además, se obligó a los judíos a que utilizaran la lengua griega con el objetivo de atenuar su asilamiento cultural y degradar su sentido de identidad étnico-religiosa. Debido a todas estas restricciones impuestas muchos judíos emigraron a Persia o Arabia, donde gozaban de plena libertad para practicar su culto.

Otra de las obras realizadas por Justiniano fue la reorganización del sistema legal, el resultado final del cual fue el conocido *Código de Justiniano*. Como nos indica Claramunt, hacia el año 530 el emperador comenzó por ordenar la compilación de toda la obra jurídica clásica a una comisión de expertos que, al cabo de tres años, presentó el denominado *Digesto* o *Pandectae*, dividido en cincuenta libros. La obra fue complementada con la publicación del *Codees Justinianus repetitae praelectionis*, que corregía las imperfecciones del *Digesto* y recogía las leyes nuevas que iban saliendo. Triboniano, jurista de renombre, fue el motor de estas compilaciones. Este código jurídico fue la contribución más duradera de Justiniano a la historia. Continuó siendo la ley fundamental del Imperio durante novecientos años y con el tiempo llegó incluso a Occidente.

Pero de todas las hazañas de Justiniano la más importante, sin lugar a dudas, fue la reconquista de Occidente. Los tiempos eran propicios para llevar a cabo tal empresa: la tesorería se encontraba repleta, como consecuencia de la política económica de Anastasio I, y los reinos bárbaros se hallaban en crisis, sin sus grandes líderes de antaño.

Asimov nos comenta que para desarrollar este proyecto Justiniano necesitaba dos cosas: un general capaz y la paz en el este.

El Imperio se encontraba casi continuamente inmerso en una guerra con Persia, el histórico enemigo de Roma, y cuando Justiniano accedió al trono no fue la excepción. En 530, un general bizantino, de solo veinticinco años, consiguió una victoria asombrosa contra Persia en la batalla de Dara. Su nombre era Belisario y Justiniano decidió que este era el líder militar que necesitaba para su proyecto. En opinión de Asimov, los persas, escocidos por su derrota, se vieron obligados a aceptar la paz en 532. No obstante, para Claramunt, el emperador firmó un armisticio humillante, en el que ambos bandos procedieron a una devolución mutua de las conquistas territoriales.

Sin embargo, todavía tenían que producirse nuevos acontecimientos antes de que Justiniano pudiera lanzarse a la reconquista. El mismo año de alcanzar los acuerdos con Persia, Justiniano aumentó los impuestos, lo que le haría muy impopular. Esta medida del emperador, sin lugar a dudas, fue también una de las causas de los desórdenes que se produjeron a continuación. Dos sobrinos del antiguo emperador Anastasio, organizaron una revuelta en enero de 532, durante un gran festival en el hipódromo. El alzamiento producido, que pasó a la historia con el nombre de insurrección *Nika*, tuvo éxito y todo parecía perdido para Justiniano. El emperador se dio por vencido, pensando incluso en abandonar el trono y retirarse a un lugar seguro. Pero en ese momento, como nos informa

Asimov, apareció la emperatriz Teodora e hizo comprender a Justiniano que era mejor morir siendo emperador que vivir como un refugiado. Entonces Justiniano recurrió a Belisario, quien no le defraudó. A la cabeza de la guardia imperial, la única fuerza en la que se podía confiar en esos momentos, acabó con trescientos mil rebeldes, incluidos los sobrinos de Anastasio, auténticos responsables de la insurrección. Los motines habían destrozado Constantinopla, pero la ciudad fue reconstruida y renació más grande y hermosa que nunca.

Consecuencia inmediata de la revolución fue la reforma administrativa realizada por el prefecto del pretorio, título que recibía el gobernador civil, Juan de Capadocia, cambios que en líneas generales frenaban la autoridad despótica de los gobernadores y los altos funcionarios provinciales. Estas medidas, en definitiva, obstaculizaban la tendencia protofeudal que, como en el Occidente bárbaro, sirvan de ejemplo los casos franco y visigodo, se estaba empezando a dislumbrar en el Imperio. Como afirma Claramunt, una de las características de la política interior de Justiniano fue la lucha obstinada que mantuvo contra los grandes terratenientes por sus reiterados abusos de poder, así como las mejoras logradas en la recaudación de impuestos, cuya finalidad no era otra que la de permitir costear los cuantiosos gastos de las numerosas y largas campañas militares por emprender.

En estos momentos, Justiniano estaba ya preparado para llevar a cabo su gran ofensiva en Occidente.

El reino vándalo de África del Norte era el primer objetivo, puesto que Bizancio tenía en esos momentos la excusa perfecta para iniciar un ataque, debido a que sus buenas relaciones con estos germanos habían finalizado tras la coronación de Gelimier el usurpador. La operación era además propicia, puesto que Cartago estaba aislado por mar del resto de reinos germánicos y, de esta forma, no podría recibir socorros.

En 533, Belisario recibió el mando de una flota de unas quinientas naves, que transportaban treinta mil soldados y marineros, así como cinco mil caballos. Era una fuerza expedicionaria pequeña, pero Belisario derrotó en la batalla de Decimum a un ejército de once mil vándalos y su reino desapareció para siempre. El Imperio se anexionó, además, las islas de Córcega y Cerdeña, así como el archipiélago balear, por lo que pasaba a sustituir a los vándalos como potencia hegemónica del Mediterráneo occidental. El *Mare Nostrum* volvía a ser de nuevo un «lago» romano.

Belisario regresó triunfante a Constantinopla. Justiniano contaba con el éxito del general pero no esperaba que este fuera tan grande. Asimov nos informa cómo un líder militar así podía ser proclamado emperador con mucha facilidad, al igual que ocurrió con Justino. Un general muy popular difícilmente podía evitar esta tentación. El emperador obró en consecuencia y sacó rápidamente a Belisario de la capital. En 535, Justiniano le envió a Italia, donde Belisario estaría lo suficientemente ocupado combatiendo con los ostrogodos como para intrigar contra él. El objetivo de Justiniano, además de lo ya mencionado, era aprovechar la anarquía reinante en el reino ostrogodo tras el asesinato de Amalasunta, hijo de Teodorico, y de esta forma poder anexionarse su territorio.

Belisario marchaba ya contra Roma, pero Justiniano dejó de ayudarle. Deseaba la victoria de Belisario, pero no con tanta facilidad, para evitar así el incremento de su fama. Por consiguiente, se propuso no enviarle refuerzos. A pesar de todo existían razones para ello. En toda su historia, el ejército bizantino no tuvo más de ciento cincuenta mil hombres y estos tenían muchas fronteras que defender. Precisamente, el secreto del éxito de los ejércitos bizantinos era su profesionalidad. Primaba la calidad a la cantidad. Por todo esto Belisario debería de apañárselas como pudiera con las tropas que disponía. La victoria tardaría más en llegar pero con un general de sus características, seguro que tarde o temprano se produciría.

Finalmente Belisario conquistó Italia. Justiniano le hizo volver a Constantinopla en 540 y nada más dejar la región transalpina las fuerzas imperiales empezaron a sufrir varias derrotas, pareciendo que los ostrogodos volverían a recomponer su reino. El emperador actuó en consecuencia y envió a la región transalpina a otro general eficaz, Narsés. Dicho hombre era un eunuco de setenta y cuatro años de edad. Debido a ello, Narsés nunca podía aspirar a alcanzar el trono, por lo que disfrutó de plena confianza por parte de Justiniano y se convirtió en su favorito. El anciano general, en consecuencia, recibió muchos más recursos que Belisario, apoyo militar que incluso superaba con creces lo necesario para llevar a cabo su cometido. En 552 infligió la derrota final a los ostrogodos y destruyó su reino tras una campaña larga y costosa, a diferencia de la relativamente sencilla conquista del territorio vándalo.

Las conquistas de Justiniano en Occidente concluyeron cuando en 554 un cuerpo expedicionario de apenas seis mil doscientos hombres fue enviado a Hispania, donde el reino visigodo se encontraba en guerra civil, con el rey Agila y el pretendiente al trono, Atanagildo, enfrentados. El tercio meridional de la península ibérica, la mayor parte de la antigua provincia romana de la *Baetica*, volvió a estar bajo dominio romano y así permaneció hasta el año 618. Únicamente las regiones de la *Tarraconense*, la Galia y Britania quedaban fuera del control de Justiniano para completar lo que antaño fue el Alto Imperio.

No obstante, a pesar de las campañas ofensivas de los generales constantinopolitanos, el peligro bárbaro continuaba acechando sobre el Imperio bizantino. La causa de las invasiones que sufrió Bizancio en los siglos IV y VI la encontramos en la irrupción de pueblos nómadas procedentes de Asia central que ocuparon las tierras habitadas por otros grupos bárbaros asentados en las fronteras romanas. Los virulentos ataques de los hunos en el siglo IV empujaron a los germanos hacia territorio romano y dos siglos más tarde, la presión de otro pueblo asiático, el de los ávaros, hizo lo propio con los eslavos.

Hacia el final del reinado de Justiniano, en 559, numerosas hordas de bárbaros, en su mayoría

eslavos y ávaros, cruzaron el Danubio aprovechando una ola de frío que lo había helado. De la misma forma que con la última incursión de hunos, tropas imperiales salieron a su paso, pero fueron rechazadas y se vieron obligadas a retroceder hacia el fortín que constituía Constantinopla. En esta ocasión, el grueso de los ejércitos bizantinos estaba haciendo campaña en Occidente, por lo que la capital se hallaba en grave peligro.

No le quedaba más remedio a Justiniano que llamar de nuevo a Belisario. Asimov nos muestra como el general empleó a los trescientos guardias del palacio imperial como su principal contingente, organizó a los civiles de Constantinopla y requisó los caballos de toda la ciudad. Cavó una zanja delante de las murallas e hizo creer que disponía de más hombres de los que tenía realmente. Después, prediciendo un ataque frontal directo, esperó con sus mejores hombres la carga de los bárbaros, mientras desplegaba a las demás tropas para poder golpear por los flancos. El enemigo se desconcertó con este golpe y huyó.

LAS CLAVES DEL ÉXITO DE JUSTINIANO

En opinión de Claramunt, la gran labor de Justiniano no se puede entender sin tener en cuenta a una serie de colaboradores: Teodora, esposa ambiciosa e inteligente; Triboniano, jurista de renombre; Juan de Capadocia, prefecto del pretorio y reformador de la administración central; Narsés y Belisario, sus bravos generales.

La reconquista de Occidente realizada durante el reinado de Justiniano pudo llevarse

Mosaico de Teodora en la iglesia de San Vital, Rávena (Italia). Esta bellísima muestra de arte bizantino nos presenta una imagen de la emperatriz Teodora, esposa de Justiniano I (527-565), y su corte. La figura de la ambiciosa e inteligente Teodora resultó fundamental durante el reinado de su marido ya que se alzó como su más fiel colaboradora e impidió que Justiniano abandonara el trono en 532 cuando la insurrección Nika parecía que acabaría triunfando.

a cabo como consecuencia de la coincidencia de varios factores, como veremos a continuación.

En primer lugar, cabe destacar el aspecto militar. Justiniano dispuso de dos generales excepcionales: Belisario y Narsés. Las victorias del primero frente a los reinos germánicos se produjeron como resultado de su habilidad en el trato con sus hombres y por el hecho de ser un gran estratega. El éxito de Narsés se debió principalmente a su fidelidad hacia la figura del emperador. A pesar de contar con la total confianza de Justiniano, lo que supuso que dispusiera de un mayor número de efectivos, siempre los empleó en beneficio de este y no en su contra, como la mayoría hubiera hecho.

Por otro lado, en el siglo VI se produjeron nuevos adelantos en las técnicas de guerra por parte de los bizantinos. El ejército imperial había adoptado los estribos metálicos procedentes de los hunos y esto hizo que su caballería fuera una fuerza de choque muy eficaz. Además utilizaron el *catafracto* de los persas, es decir la caballería pesada. Asimov nos explica que los *catafractos* eran además arqueros y formaban la espina dorsal del ejército bizantino. Hacían los primeros asaltos desde lejos, al tiempo que cargaban. Puesto que estaban acorazados y fuera del alcance de los disparos enemigos, eran prácticamente invulnerables. Pero el *catafracto* era algo más que un jinete, un caballo, un arco y una armadura. Hacían falta años de entrenamiento para que un hombre pudiera dominar su caballo con las rodillas y apuntar el arco con precisión en cualquier dirección mientras cabalgaba a todo galope. Baynes nos informa que el soldado de caballería pesada llevaba un casco de acero, una cota de malla que le cubría desde el cuello hasta los muslos, guanteletes y zapatos de acero. Como armas portaba una espada ancha, una daga, una larga lanza, un arco y un carcaj de jinete, y si cabalgaba en las filas primeras, a su caballo se le ponía un antepecho y unas vendas de acero en la frente.

También existían otras diferencias con respecto a los tiempos precedentes. Así, la naturaleza de los *foederati* bárbaros cambió por completo. Ya no se trataba de simples contingentes tribales que obedecían a sus propios jefes, sino que ahora eran unidades de regulares integradas por voluntarios bárbaros, que se alistaban a título individual a cambio de una paga, y que estaban bajo el mando de oficiales romanos.

Los ejércitos de campaña tenían carácter mercenario y estaban formados en buena parte por unidades de *catafractos*. No eran ejércitos excesivamente numerosos. El total de las fuerzas armadas bizantinas en tiempos de Justiniano rondaba los ciento cincuenta mil hombres, aunque los cuerpos empleados en campaña no superaban los quince mil a treinta mil. Tropas con un número de efectivos no demasiado elevado pero que atesoraban una excelente profesionalidad. En opinión de Ladero, el sistema militar puesto a punto en el Bajo Imperio apenas fue modificado por Justiniano, pero el emperador le imprimió eficacia.

En cuando al resto del ejército, seguían existiendo las tropas de frontera o *limitanei*, como una milicia de soldados-campesinos vinculados a la tierra y sometidos a frecuentes ejercicios militares. Fueron precisamente estas tropas las que se enfrentaron a los bárbaros que cruzaron el Danubio en 559, antes de que estos llegaran a Constantinopla.

Gómez nos comenta que el ejército bizantino del siglo VI, como fuerza profesional que era, estaba formado por voluntarios y, además, admitía reclutas de cualquier procedencia.

Como afirma Baynes, el ejército bizantino fue perfeccionándose hasta llegar a disfrutar de una organización extraordinariamente eficaz, que incluía su propio servicio médico, además de un equipo de ingenieros que estudiaban detalladamente todas las dificultades naturales que habían de ser vencidas en la campaña. En la Europa de la Edad Media, solo en Bizancio se trató el negocio de la guerra con sentido científico. Una batalla no consistía en una escaramuza desordenada, sino en la disciplinada cooperación de varias unidades. Las huidas simuladas, los ataques nocturnos, las emboscadas, las negociaciones, solamente tenían por objeto ganar tiempo. Fueran cuales fueren los medios, en la guerra todo estaba admitido.

En segundo lugar cabe destacar el factor económico, como responsable de los éxitos de Justiniano. Anastasio I (491-518), el emperador que precedió a Justino y Justiniano, como hemos podido ver anteriormente, llevó a cabo un eficaz gobierno que posibilitó la recuperación económica del Imperio. Los frutos de esta política fiscal fueron aprovechados posteriormente por Justiniano para organizar un ejército profesional pequeño pero bien entrenado y equipado, con el que pudo lanzarse a la reconquista de Occidente.

En tercer lugar comentaremos los aspectos políticos. Los reinos vándalo, ostrogodo y visigodo, se encontraban sumidos en profundas crisis internas. Los líderes germánicos de antaño, como el vándalo Genserico, el ostrogodo Teodorico o el visigodo Alarico, habían dado paso en cada uno de esos reinos, a un sinfín de pretendientes al trono que luchaban constantemente entre sí. Justiniano aprovechó el momento y con tropas que por su número, no así por su calidad, podrían calificarse de expedicionarias en lugar de invasoras, conquistó Occidente.

Y, en último lugar, mencionaremos el factor religioso, aspecto que para Asimov y Parker fue muy importante durante el transcurso de la reconquista. La población de los territorios occidentales recuperados por Justiniano era en su mayoría de religión católica. Estos cristianos fueron despreciados e incluso perseguidos por los invasores germánicos de religión arriana. Que duda cabe que cuando los ejércitos imperiales ocuparon estos territorios la población local no supuso ningún obstáculo, sino que más bien los recibió como sus libertadores.

BALANCE DEL REINADO DE JUSTINIANO

A la muerte de Justiniano, en 565, el Imperio había sido restaurado casi en la misma extensión que tenía con Teodosio I, el último soberano de Oriente y Occidente. África del Norte, Italia, el sudeste de Hispania y todas las islas mediterráneas estaban de nuevo bajo la égida de Constantinopla. Únicamente, la Galia y la isla de Britania se libraron de la invasión bizantina. No obstante podemos encontrar una pequeña justificación a lo anterior. Los francos, dueños de la Galia, eran católicos, a diferencia de los reinos germánicos conquistados, puesto que vándalos, ostrogodos y visigodos eran arrianos. Debido a esto la población galorromana seguramente no hubiera prestado el mismo apoyo a la ocupación bizantina que el aportado por los súbditos católicos de Cartago, Italia e Hispania. Con respecto a Britania decir que lo más probable fuera también que quedara al margen de los objetivos de Bizancio, puesto que no se encontraba en el Mediterráneo. No obstante, y a pesar de las matizaciones anteriores, sí que podemos llegar a afirmar una cosa, en el siglo VI el *Mare Nostrum* tenía de nuevo un único dueño y era otra vez romano.

Sin embargo, la reconquista de Occidente no resultó del todo positiva para Bizancio. La restauración del Imperio romano costó a Constantinopla un precio excesivamente elevado. El Imperio bizantino, a pesar de la gran extensión territorial que ocupaba, se encontraba en bancarrota. Además tampoco podía extraerse beneficios económicos de estas conquistas, porque las provincias occidentales estaban arruinadas tras dos siglos de dominio bárbaro. En palabras de Claramunt, «las reservas de oro fueron dilapidadas en estas campañas y la brecha abierta entre Occidente y Oriente llegó a ser tal en el siglo VI, que los sueños reunificadores de Justiniano resultaban un anacronismo imposible de mantener si no era por la fuerza».

En opinión de Ladero, la restauración del poder romano en el Mediterráneo occidental fue una empresa costosísima y seguramente desmesurada para los recursos financieros de Constantinopla. La reconquista de Occidente arruinó las reservas del tesoro, provocó fuertes gastos y el incremento de la presión fiscal.

Este autor hace especial hincapié en el radical y rápido cambio que experimentó el mundo que circundaba Bizancio en los decenios que siguieron al fallecimiento de Justiniano. Los recursos

Entrada de la cisterna de Justiniano en Constantinopla, actual
Estambul. Durante el siglo VI, bajo el reinado de Justiniano I
(527-565), el Imperio de Oriente recuperó buena parte de los
territorios perdidos del Mediterráneo occidental que antaño
habían constituido el Alto Imperio romano. Los ejércitos
bizantinos contaban con un número de efectivos que no
era demasiado elevado, pero gozaban de una excelente
profesionalidad, el auténtico secreto de su poderío.

del Imperio se mostraron totalmente insuficientes
para poder mantener las conquistas, al tiempo que
se generalizaba la guerra con Persia, los lombardos invadían Italia y eslavos y ávaros ocupaban los
Balcanes. Todo esto contribuyó a que a principios

del siglo VII se produjera un periodo de anarquía entre las dinastías de Justiniano y Heraclio, el cual fue aprovechado por los persas para invadir las provincias no europeas del Imperio, como veremos en el siguiente punto. Por último, esta guerra de desgaste, a la que se vieron sometidos Bizancio y Persia, condujo a su vez, y en buena medida, a la pérdida de las regiones asiáticas y africanas del primero, así como a la desaparición definitiva del segundo.

Los sucesores de Justiniano, Justino II (565-578), Tiberio II (578-582), Mauricio (582-602), Focas (602-610) y Heraclio (610-641), todos ellos muy hábiles militarmente, pagaron las consecuencias de esta ambiciosa política expansionista. No obstante, estas desgracias venideras no podían ser previsibles en época de Justiniano.

En definitiva, y a pesar del aspecto estético que produjeron las gloriosas hazañas bélicas de Justiniano, la reconquista de Occidente podría calificarse de suicidio. Pero cabe destacar que la crisis económica derivada de la política expansionista de este emperador era ignorada en la época por el resto de estados, por lo que a los ojos del mundo, Bizancio era la primera potencia europea no solo por su extensión territorial, sino también por todos los demás aspectos. Mientras, por esos mismos años, los restos de Occidente que no estaban en manos bizantinas se encontraban repartidos en poder de efímeros reinos bárbaros como el visigodo.

Por lo tanto, debemos considerar que el reinado de Justiniano (527-565) marca el primer gran apogeo de Bizancio y el último intento

Catedral de *Hagia Sofia*, Constantinopla (actual Estambul).
Constituye el principal edificio religioso del Imperio romano
de Oriente y fue sede de su patriarcado. Fue construida en
tiempos de Justiniano I (527-565) y tras la conquista otomana
de 1453 fue reconvertida en mezquita.

de reconstruir el Alto Imperio romano. Es de
destacar que, a pesar del aparente fracaso de los
sucesores de Justiniano, los cuales rápidamente
perdieron todos los territorios conquistados, la
parte más importante de estos, es decir Italia, se
mantuvo durante bastantes siglos. La conquista
lombarda del norte de la región transalpina
no evitó que Constantinopla mantuviera el
Exarcado de Rávena hasta mediados del siglo VIII.
Del mismo modo, la presencia bizantina en el
sur de Italia no desapareció hasta el siglo XI, con
la ocupación normanda.

Tras la conquista árabe del resto de territorios que habían sido recuperados por Justiniano,
pronto quedó demostrado que el Imperio bizantino tendía a ser una potencia helénica. Solo hubo
que esperar unos años más para entender que, el
hecho de que su opulenta capital se encontrara

en el este, hizo que el mundo bizantino se orientalizara y acabara asemejándose en buena medida al Imperio de Alejandro Magno, no solo en cuanto a territorios ocupados se refiere, sino también en relación a su cultura. Bizancio acabó helenizándose y derivó en un Imperio griego.

LOS SUCESORES DE JUSTINIANO: JUSTINO II, TIBERIO II, MAURICIO Y FOCAS

El sucesor de Justiniano, su sobrino Justino II, heredó un extenso Imperio arruinado económicamente. La situación de Bizancio tras la coronación del nuevo emperador podría compararse a lo que acontecería nueve siglos más tarde en España, donde Felipe III recibió de su padre Felipe II un vasto imperio donde «nunca se ponía el sol». La más cruda realidad solo venía a demostrar, en ambos casos, la bancarrota en la que se encontraba el Estado.

Justino II era consciente de que Bizancio estaba agotado tanto militar como financieramente, por lo cual tomó la decisión de adoptar una política defensiva frente al enemigo exterior, lo que a su vez le permitió centrarse en reforzar la maltrecha economía imperial. No obstante, una nueva amenaza pronto haría acto de presencia.

Los ávaros, pueblo de raíz turca, emigraron entre los años 552 y 555 desde su lugar de origen, en Asia central, tras la destrucción de los hunos heftalitas por los turcos Tu-Kiu de la cordillera del Altai. En 565, los ávaros se instalaron en Panonia, produciendo el empuje de sus anteriores ocupantes, los germanos lombardos, que a partir de 568 pasaron al norte de la Italia bizantina.

La sagacidad de Justino II fue puesta a prueba con la invasión lombarda. Si hubiera sido más ambicioso podía haber enviado al grueso de sus tropas hacia el oeste, pero inteligentemente se dio cuenta de que en el este estaba la peligrosa Persia. El acierto de Justino se puso de manifiesto cuando Cosroes I (531-579), uno de los reyes persas más importantes, atacó Bizancio. Justino hizo retroceder a Cosroes y en 576 ambas potencias firmaron la paz.

Pero no solamente la presencia de ávaros y lombardos resultaba molesta para Constantinopla. Otro pueblo bárbaro, el eslavo, acabó resultando a la larga mucho más peligroso que los anteriores. Como nos informa Ladero, los eslavos se extendieron desde los siglos IV a VIII hacia el este, entre el alto Dnieper y el alto Volga, entre el Don y el Oka, en medio de los bosques de la taiga. Su desplazamiento hacia el oeste se produjo en dirección a la llanura centroeuropea, aprovechando regiones que habían quedado semidesérticas tras los movimientos migratorios de pueblos germanos. Llegaron a alcanzar el mar Báltico y el curso del río Elba e incluso, bajo la presión ávara, las regiones de Eslovaquia y Panonia. No se conoce a ciencia cierta cuando se inició su migración hacia el sur de Europa, es muy probable que se diera la presencia de eslavos entre las filas de Atila, pero lo que sí podemos asegurar es que, en torno al año 500, se encontraban ya en el curso inferior del Danubio. A mediados del siglo VI ya existían asentamientos de este pueblo en los Balcanes. No

obstante, fue la presión de los ávaros lo que precipitó la entrada masiva de eslavos en esta región
en torno a 581-582, algo similar a lo que se había
producido unos años antes con los lombardos.

Es de destacar el hecho que los eslavos,
a diferencia de los pueblos germánicos o de
las etnias centroasiáticas, no presentaban una
estructura social basada en la guerra, por lo que
emigraron por una necesidad vital, consecuencia
de su crecimiento poblacional, más que movidos
por el afán de botín o de conquista militar.

Cuando el problema eslavo aún no estaba
bien definido, sucedió a Justino II su hijo adop-
tivo, que subió al trono en 578 con el nombre de
Tiberio II. Tiberio intentó dar continuidad a la
política de su antecesor, por lo que nuevamente
se optó por tratar de mantener la paz en las fronteras e intentar mejorar las rentas imperiales. Sin
embargo, estas dos vertientes de la política bizantina resultaban prácticamente antagónicas en esos
momentos. Para evitar las incursiones de los ávaros
en los Balcanes fue necesario pagar un tributo. Si
bien es cierto que esto puso fin a las sangrientas
correrías bárbaras, también lo es que dejó aún
más vacías las maltrechas arcas imperiales.

Tiberio reinó solo durante cuatro años.
Carecía de un hijo que pudiera heredar su cetro,
pero en esa época había un general capaz llamado
Mauricio. Tiberio hizo que se casara con su
hija, Constantina, y al morir pudo sucederle sin
dificultades.

Durante la época en la que Mauricio ascendió al trono, en 582, la Persia sasánida se encontraba sumida en una guerra civil, por la cual,

Cosroes II (590-628), nieto de Cosroes I, se veía obligado a abandonar el trono del *rey de reyes*. Cosroes pidió asilo al Imperio y, aunque parezca sorprendente, el soberano bizantino acogió en su tierra a este candidato al trono del eterno enemigo persa. Mauricio era consciente que la principal amenaza para su Imperio la constituía Persia, por lo que no dudó en arriesgarse e ir a la guerra a favor de Cosroes II, con la esperanza de que este se mostrara agradecido y le concediera una paz duradera, o incluso se convirtiera en su aliado. Por lo tanto, Mauricio envió su ejército a Asia y junto con las fuerzas nativas fieles a Cosroes, el rey sasánida recuperó el trono. El monarca persa, agradecido, accedió a firmar en 591 una paz con el Imperio bizantino que resultaba muy ventajosa para este último. Los acuerdos alcanzados permitían a Mauricio recuperar las fortalezas fronterizas que había perdido e incluso se anexionó Armenia.

Tras haberse alcanzado la ansiada paz con Persia, Mauricio pudo centrarse en el problema lombardo y en el asunto de la ocupación eslava de los Balcanes.

La rica región centroitaliana era un territorio que se encontraba particularmente expuesto al ataque enemigo, por lo que el emperador se dedicó a reorganizar estas posesiones. Para ello Mauricio creo una nueva forma de gobierno, que pasó de ser civil a ser militar, a cuyo resultado se le conoce como *Exarcado de Rávena*. Esta nueva forma de administración provincial bizantina sirvió como modelo para crear el *Exarcado de Cartago* y, posteriormente, también

Reproducción del mosaico de Justiniano I (527-565) en la iglesia de San Vital, Rávena (Museo de la Civiltà Romana, Roma). La pieza en cuestión constituye un claro ejemplo de la presencia bizantina en el norte de Italia, región donde se fundó el llamado Exarcado de Rávena, división administrativa de carácter militar que fue precursora del sistema de *themas* instaurado por Heraclio (610-641).

para modificar la división territorial de todo el Estado con el denominado régimen de *themas*, que veremos en el siguiente punto.

Por otro lado, Mauricio tenía que tratar de solucionar el problema eslavo. Para ello, el emperador atravesó el Danubio e inició una campaña en 601 contra los eslavos instalados en la región balcánica. No obstante, la ofensiva derivó en un rotundo fracaso ya que era demasiado tarde para expulsar a la totalidad de los bárbaros asentados en aquellas tierras. En consecuencia, la frontera danubiana fue abandonada y en los años siguientes la presencia de eslavos en el sudeste de Europa prosperó. La situación acabó degenerando en anarquía y llegó incluso a provocar la caída de Mauricio. Aunque este pueblo reconocía teóricamente la soberanía imperial, hacia el año 626 dominaba por completo los Balcanes y Macedonia, así como partes de Épiro, Tesalia, Grecia central y el Peloponeso. Incluso tuvieron lugar asedios a las grandes ciudades bizantinas, como son los casos de Tesalónica, en 617 y 619, y Constantinopla, en 626.

Se podría decir que Mauricio estaba llevando a cabo una política defensiva que resultaba muy provechosa para el Imperio, ya que permitía además su recuperación económica. No obstante, a pesar de esto, el soberano se hacía cada vez más impopular. Su prudente política produjo el recelo de muchos miembros de la autoridad civil que de otro modo podían haberse beneficiado a expensas de un gobierno de corrupción. La gota que colmó el vaso fue un hecho aislado, ocurrido en el año 602, que puso también al ejército en contra de Mauricio. Los ávaros ofrecieron liberar a doce mil prisioneros a cambio de seis mil monedas de oro, pero el emperador no cedió a este chantaje.

Una rebelión militar encabezada por un oficial inferior llamado Focas marchó hacia la capital. Si Constantinopla hubiera sido fiel, los amotinados se hubieran detenido ante las murallas, como a tantos otros enemigos del Imperio les había ocurrido, pero desgraciadamente estallaron motines en toda la ciudad que recordaron a la insurrección *Nika*. Mauricio no tuvo más remedio que hacer lo que anteriormente hizo su colega Cosroes II: huyó y demandó la ayuda de su aliado.

Focas fue proclamado emperador y uno de sus primeros actos fue enviar a sus soldados a la captura de Mauricio y sus hijos. Una vez apresados fueron todos ejecutados. Entonces Cosroes II declaró la guerra al Imperio bizantino, jurando no cesar hasta que el asesino de su amigo fuera ajusticiado. Como podemos apreciar, la alianza entre Persia y Bizancio dio la excusa perfecta a Cosroes II para invadir el Imperio cuando el usurpador Focas se hizo con el poder, aun a pesar de la mala situación interna del Estado sasánida tras largos años de guerras civiles.

Cosroes comenzó a obtener una victoria tras otra. Focas, aterrado, hizo la paz con los ávaros al precio de un tributo exorbitante y esto le ganó el desprecio del ejército. También intentó ganarse el apoyo militar del Occidente católico adoptando severas medidas contra los *monofisistas*, una secta cristiana herética cuyos miembros se asentaban en las provincias más orientales del Imperio, pero no le sirvió de nada.

La doctrina teológica cristiana *monofisista* abogaba por la existencia de una única naturaleza en la persona de Jesucristo, la divina, no reconociendo su lado humano. En oposición al *monofisismo* encontramos al *monotelismo*, el cual reconocía que el Mesías integraba las dos naturalezas descritas. En los tiempos del emperador Zenón (474-491) existía una nueva controversia en el seno de la Iglesia, por lo que se hizo necesaria la convocatoria de un nuevo concilio. En el Concilio Ecuménico de Calcedonia se trató de resolver las desavenencias existentes entre los teólogos que mantenían que Jesucristo poseía una naturaleza totalmente divina, por lo que no era un hombre, sino el propio Dios, y los partidarios de la postura que abogaba por la dualidad de naturalezas que poseía el Nazareno. La sentencia dictada en el concilio hizo que la creencia de los primeros, los llamados *monofisistas* fuese rechazada. Sin embargo, la doctrina había arraigado muy fuerte en las provincias imperiales de Egipto y Siria, regiones que acogían a las poderosas sedes patriarcales de Alejandría y Antioquía, respectivamente. Los patriarcas de estas capitales, haciendo gala de una feroz rivalidad contra la sede eclesiástica constantinopolitana y, al mismo tiempo, dando su apoyo al nacionalismo egipcio y sirio frente al dominio imperial, mostraron un firme apoyo al *monofisismo*.

Por lo tanto, los sirios, y más tarde también los egipcios, que eran en su mayoría *monofisistas*, no entendían por qué tenían que dar sus vidas por un soberano que les perseguía. El resultado fue que no se opusieron al avance persa, sino que acogieron a los invasores como sus liberadores. Antes del año 608, Cosroes II ocupó en una campaña relámpago la mayor parte de Siria y Asia Menor.

Heraclio y la conquista de Persia

En los tiempos del emperador Mauricio el norte de África estaba gobernado por un general llamado Heraclio. Heraclio continuó siendo fiel a Mauricio tras la muerte de este y esperó su oportunidad para vengarse. Hacia el año 610 preparó una flota que partió desde Cartago, al mando de su hijo, también llamado Heraclio. Cuando las naves se aproximaban a Constantinopla, la plebe, segura del apoyo militar, se alzó y apresó a Focas, que llevaba gobernando ocho desastrosos años, torturándole hasta la muerte. Después proclamaron emperador al joven Heraclio (610-641).

A pesar de que con la muerte de Focas, Mauricio había sido vengado, Cosroes II pensó que ya había ido demasiado lejos como para detenerse. El rey persa no podía ordenar a sus ejércitos que se retiraran cuando resultaba muy fácil continuar avanzando hacia el oeste. Cosroes el Victorioso, sobrenombre con el que le aclamaba ya su pueblo, parecía que rozaba con los dedos la victoria definitiva sobre su enemigo. Por lo tanto, la guerra continuó.

El panorama para Bizancio se presentaba más sombrío que nunca, los persas, aprovechando los desórdenes internos y el secesionismo de las provincias *monofisistas* de Siria y Egipto, habían invadido el Imperio por la frontera mesopotámica, llegando a apoderarse de las importantes ciudades de Antioquía (611), Damasco (613), Jerusalén (614) y Alejandría (618). Todas estas urbes presentaron una escasa resistencia por parte de su población, mayoritariamente *monofisista* o judía. Bizancio era expulsado por completo de Asia y Egipto.

Fuera de Europa, el Imperio solamente conservaba Cartago, pero incluso en el viejo continente encontraba problemas. Los últimos reductos bizantinos en Hispania caían en manos de los visigodos y, por si fuera poco, en las proximidades de Constantinopla se encontraban los ávaros y los eslavos. El Imperio bizantino parecía por lo tanto condenado a su fin.

No obstante, completada la ocupación de Egipto el avance persa se detuvo. Una serie de obstáculos impedían que Cosroes II continuara sus conquistas. Por una parte era inviable la ocupación del norte de África, ya que la provincia católica de Cartago no parecía dispuesta a recibir a los invasores persas como sus libertadores, al igual que había sucedido con los *monofisistas* sirios y egipcios. Además, si se ocupaba Cartago, las líneas de comunicación de un Imperio persa cuyo corazón estaba situado en Asia central comenzarían a ser demasiado grandes. Por otro lado, el ataque persa a las provincias europeas de Bizancio era imposible ante la ausencia de una flota. Por estas razones, aunque Cosroes había conquistado la mayor parte del Imperio bizantino, no pudo darle la puntilla final.

Aproximadamente en esos momentos, Heraclio parecía estar preparado para un contraataque. Había pacificado el norte entregando un tributo a los ávaros, se olvidó de las posesiones hispanas en el oeste y, haciendo uso de los fondos requisados a la Iglesia lanzó su contraofensiva hacia el sur y el este.

En 622, la flota bizantina se dirigió a Asia Menor, donde los ejércitos obtuvieron una magnífica victoria en enero de 623. Durante los tres años siguientes Heraclio dirigió tres campañas exitosas en Armenia. La realidad pronto no hizo otra cosa que mostrar que Persia era incluso más débil que Bizancio, por lo que no pudo mantener demasiado tiempo sus recientes adquisiciones. De este modo, la recuperación de los territorios imperiales por parte de Heraclio se produjo en una serie de embestidas relámpago muy similar a las exitosas operaciones bélicas llevadas a cabo por los sasánidas en las provincias bizantinas.

Sin embargo, Cosroes no se daba por vencido y hacia 626 se alió con los ávaros. Ese mismo año unos ochenta mil ávaros y eslavos comenzaron el asalto de Constantinopla. Al mismo tiempo, los ejércitos persas marcharon hacia el oeste y esperaron en Calcedonia la caída de la ciudad imperial o que Heraclio se apresurara a acudir a salvarla. Pero Heraclio no se precipitó, con sangre fría permaneció en Asia Menor, confiando la defensa de Constantinopla al patriarca Sergio, amigo personal del emperador, y los ávaros no hicieron otra cosa que estrellarse contra la triple muralla de la capital bizantina, fuertemente defendida por sus ciudadanos y bien abastecida por la flota imperial.

Después del fracasado asedio de Constantinopla, Heraclio llevó a cabo sus campañas decisivas de recuperación de los territorios perdidos entre 627 y 629. Las largas hostilidades habían incrementado el autonomismo de Siria y Egipto pero, sin embargo, tras el fiasco de la alianza ávaro-persa, Heraclio consiguió la reconquista de estas provincias.

No obstante, como ocurrió anteriormente con Cosroes II, el emperador bizantino había llegado demasiado lejos como para detenerse ahí. En 626 se alió con un pueblo turcomano, los kházaros o jázaros, para que estos mantuvieran entretenidos a los ávaros en el frente norte de las estepas eurasiáticas y así poder centrar sus esfuerzos en la invasión de Persia. Quería dar una lección a los sasánidas, que a lo largo de la historia tantos quebraderos de cabeza habían causado al Imperio romano. Heraclio, además, ansiaba aplicar a Persia este correctivo en su propio terreno. En consecuencia, hacia el año 627, tuvo lugar la gran batalla de Nínive, que finalizó con una aplastante victoria para Bizancio.

Como nos dice Asimov, durante dieciséis años, Cosroes II había luchado contra el Imperio bizantino. En los primeros ocho años lo había conseguido casi todo, y en los ocho últimos lo perdió. Los señores persas acabaron ejecutando a Cosroes II en el año 628 y firmaron el armisticio con el Imperio. Ya antes de la muerte del rey persa el poder de la dinastía sasánida se desintegraba rápidamente, a falta, únicamente, del golpe final, que fue, como veremos próximamente, asestado por otro enemigo: los árabes.

Heraclio consiguió llegar en 627 hasta donde nadie, excepto Alejandro Magno, había llegado. Prácticamente conquistó toda Persia. Como nos indica Claramunt, el emperador sacó a Bizancio del estado de decrepitud en que se hallaba, no solo por sus victorias, sino también por ser el iniciador de una serie de reformas que afectaron a la administración y, sobre todo, a la organización militar.

Durante los primeros años de derrotas a manos de los sasánidas, Heraclio se había esforzado desesperadamente por reorganizar y fortalecer los asuntos interiores. La innovación de mayor alcance fue comenzar la reestructuración de las provincias del Imperio, creando para ello nuevas divisiones territoriales con un marcado carácter militar, hechas a imagen y semejanza del precedente establecido en el Exarcado de Rávena. Como nos informa Ladero, ya anteriormente se había extendido en la frontera persa una red de fortalezas o *castella*, enlazadas por vías de comunicación y defendidas por soldados-colonos, dueños de tierras, y bajo el mando unificado, militar, hacendístico y civil de un general o *dux*.

Después de la invasión lombarda, Mauricio extendió el sistema a Italia, creando el Exarcado de Rávena y, más tarde, el de Cartago. Heraclio amplió este sistema a Anatolia e islas próximas, a las que dividió en fragmentos territoriales llamados *themas*, denominación derivada del término griego aplicado a una división de tropas. Esta nueva organización administrativa y militar de Bizancio supuso, en palabras de Claramunt, «la ruptura definitiva del sistema heredado de las épocas de Diocleciano y Constantino».

El *thema* era una nueva circunscripción, militar y administrativa, a cuyo frente estaba un *estratega* o general con plenos poderes tanto militares como civiles y hacendísticos. Como nos informa Ladero, el ejército operacional de *comitatenses* mercenarios había desaparecido prácticamente, aunque aún subsistían algunos cuerpos de élite o unidades *tagmata* acantonadas en la capital, como guardia personal del emperador, cada una de las cuales contaba con entre mil quinientos y cuatro mil hombres.

En estas nuevas divisiones territoriales la base del sistema defensivo estaba constituida por los *estratiotes* o soldados-campesino, que además recibían tierras para su manutención en el *thema* de residencia, bajo forma de usufructo hereditario, y con un valor de al menos cuatro libras áureas. Cada *thema* contaba con un contingente fijo de seis mil a doce mil hombres de a caballo, los cuales gozaban de una elevada movilidad y estaban muy bien preparados para labores de defensa, aunque, como contrapartida, resultaban poco aptos para la guerra ofensiva. Se estima que a mediados del siglo IX el ejército bizantino contaría con unos ciento veinte mil combatientes equipados con armamento ligero o medio.

Esta era la forma de entender la guerra para el Imperio bizantino, su fuerza se basaba en el contingente de soldados-campesinos, de forma que no era preciso recurrir al poderío militar de la aristocracia, cuya fuerza era ridícula en comparación a la del emperador. Mientras, como vimos en los puntos finales del primer capítulo, en el Occidente bárbaro la labor guerrera estaba en manos de los contingentes privados que los nobles ponían a disposición de sus señores en el sistema feudal, a la vez que las diferentes monarquías habían repartido el ejercicio del poder entre los terratenientes. En consecuencia, emperador bizantino y rey bárbaro disfrutaban allá por el siglo IX de una fuerza política muy desigual.

En palabras de Asimov, con el sistema de «*themas* se garantizaba la tierra para la familia con tal de que cada generación fuera educada para servir en el ejército». El intento tenía como fin crear una población de sólidos campesinos-soldados y en cierta medida prosperó. Estos colonos defendían al Imperio y, dado que su paga era la tierra, se reforzaba además la pequeña propiedad libre, con lo cual se rompía la tendencia protofeudalizadora como la que se estaba dando en los estados germánicos de Europa por aquella época. Esta reforma hacía al Imperio militarmente más eficaz sin tener la necesidad de feudalizarlo y, por lo tanto, evitaba la descentralización del poder, al fomentar la pequeña propiedad de la tierra en detrimento de su acumulación en manos de la nobleza terrateniente.

Como nos indica Claramunt, Heraclio también llevó a cabo reformas en la administración central. Suprimió el cargo de prefecto del pretorio y creó nuevos servicios financieros. Todos estos cambios fueron acompañados por una tendencia a la helenización. Sirva de ejemplo el abandono que tuvo lugar del uso de los títulos imperiales romanos (*Imperator, Caesar, Augustus*) y su sustitución por el título griego de *Basileus*.

Mosaico de la iglesia de San Vital en Rávena. Heraclio (610-641) fue el artífice de la reestructuración de las provincias imperiales. Para ello, otorgó un marcado caracter militar a las nuevas divisiones territoriales, basándose en el precedente establecido por el Exarcado de Rávena.

Heraclio también trató de solucionar el conflicto cristiano interno en el que se encontraba inmerso el Imperio pero, sin embargo, a pesar de todos sus empeños por alcanzar el consenso entre *monotelistas* y *monofisistas*, nunca se logró la uniformidad religiosa. El emperador llegó incluso a promulgar un edicto en 638, redactado por el patriarca Sergio pero, no obstante, todos los intentos fracasaron. La ansiada paz religiosa se logró al fin cuando, como veremos a continuación, los árabes conquistaron las provincias *monofisistas* de Siria y Egipto. Como resultado de estas pérdidas territoriales surgió un Bizancio uniforme en cuanto a religión y cultura, un imperio cristiano ortodoxo de cultura helena. Bizancio estaba constituido entonces únicamente por sus posesiones europeas en Italia y Grecia, así como las provincias de Asia Menor.

Si bien es cierto que solo la decidida acción de Heraclio fue lo que salvó al Imperio del colapso, también lo es el hecho de que como consecuencia de las acciones militares emprendidas para ello, Bizancio quedó de nuevo económicamente agotado. Como veremos próximamente, Heraclio no pudo hacer mucho para evitar que las provincias reconquistadas a los persas cayeran en manos del nuevo enemigo islámico. Las consecuencias de las campañas llevadas a cabo por Justiniano I se hicieron notar de nuevo. El Imperio quedó extenuado económicamente con Justiniano, de lo que Persia sacó tajada para invadir Siria y Egipto, más tarde Bizancio recuperó estas provincias pero de nuevo quedo agotado, lo que fue aprovechado esta vez por los árabes para conquistar estos mismos territorios, que entonces se perdieron definitivamente.

El Islam y el primer sitio árabe de Constantinopla

Como hemos podido observar la larga guerra iranio bizantina había debilitado económica y militarmente a las dos potencias en liza. Mientras el Imperio y Persia se enfrentaban hasta la extenuación en un estéril conflicto, en la península arábiga las tribus beduinas comenzaban a despertar.

En 622, el mismo año que la flota bizantina se dirigía a Asia Menor para atacar Persia, se producía un hecho crucial en la historia de la humanidad: *La Hégira* o huida de Mahoma desde la Meca a Medina. Este acontecimiento marca para los musulmanes el nacimiento del Islam y lo cierto es que la afirmación parece ser válida. Mahoma creó una religión y a la vez un imperio como nunca antes había existido. Mientras persas y bizantinos malgastaban sus recursos financieros y militares en un largo enfrentamiento, el profeta predicaba una nueva doctrina con la que estaba logrando unificar a las diversas tribus de Arabia.

La crisis de las, hasta entonces, potencias persa y bizantina no era solamente de carácter financiero y militar. Los dos estados compartían también el descontento de la población de las regiones en conflicto. Por un lado sus ciudadanos estaban hartos del asfixiante yugo que les imponía el sistema recaudatorio de impuestos de ambos imperios. De otra parte, encontramos también un paralelismo entre el problema *monofisista* bizantino y el culto monoteísta del profeta Zoroastro que practicaban los persas. Ante un panorama de este tipo, donde encontramos a una población persa y bizantina en disconformidad con la política fiscal y religiosa de sus respectivas metrópolis, no tardaremos demasiado en entender a qué se debió en buena medida el éxito de la expansión árabe.

Otro aspecto a destacar es el carácter proselitista de la religión islámica. Según cuenta la tradición, hacia 610 Mahoma tuvo una revelación del arcángel san Gabriel, a partir de la cual se alzó como el eslabón final de una cadena de profetas judeocristianos. La nueva fe rendía culto a un único dios, el del profeta Abraham, que era el mismo que para la religión judía y cristiana. La sencillez y ritualismo de su práctica podía además sugestionar a mentalidades religiosas primitivas, tales como los árabes preislámicos. La declaración expresa de la radical igualdad de todos los creyentes en el seno de la comunidad permitió también la conversión en masa del pueblo llano. Otra de sus características, el rechazo a la adoración de ídolos, culto que había sido tan tradicional en la Arabia preislámica, fue fundamental en el desarrollo del conflicto *iconoclasta* que tuvo lugar con la dinastía isáurica, como estudiaremos próximamente.

Ante el carácter monoteísta y proselitista de la nueva religión no dudaremos en lo atractiva que esta podía llegar a ser tanto para los herejes *monofisistas* bizantinos como para los disidentes religiosos iranios.

Estos territorios bizantinos y persas, en fuerte disconformidad con sus soberanos, pronto decidieron no seguir combatiendo cuando se vieron envueltos en otra guerra y encontraron en la capitulación negociada y la conversión al Islam la mejor solución para acabar con los largos años sin paz.

La superioridad militar árabe, debida a su elevado número de efectivos, la alta moral de la tropa, su gran movilidad, así como las buenas dotes de mando de los primeros califas, solo tuvo que hacer el resto. Fue entonces cuando Persia y Bizancio se desplomaron ante el azote árabe.

Ladero nos informa de las primeras muestras de esta, en sus palabras, *energía bélica y a la vez religiosa de los árabes*, en forma de cabalgadas o razias iniciadas en torno al año 629 y que, cuando Mahoma murió en 632, amenazaban ya la Siria bizantina y la Mesopotamia sasánida.

El gran profeta dejó tras de sí una Arabia unificada. Nunca hasta entonces las innumerables tribus árabes, tradicionalmente enfrentadas, se habían aliado por una causa común. Pero dado el hecho de que el pueblo árabe jamás había protagonizado ningún episodio histórico, precisamente como consecuencia de su desunión, Bizancio y Persia lo subestimaron. Lo cierto es que si los dos imperios hubieran sido más racionales se habrían puesto a temblar.

La expansión islámica inicial ocurrió bajo los cuatro primeros califas: Abu Bakr (632-634), Umar (634-644), Utman (644-656) y Ali (656-660), en especial en época de su segundo líder, cuya capacidad militar y organizativa era sobresaliente. Hacia el año 633, los ejércitos árabes estaban preparados para asestar el golpe final a sus malheridos vecinos del norte, es decir, el Imperio bizantino y Persia.

Como nos indica Ladero, la defensa de la frontera siria dependía principalmente de los subsidios económicos que sus nativos recibían de Constantinopla, como pago a los servicios militares ofrecidos. Pero finalizadas las guerras sasánidas la tesorería imperial estaba agotada, no pudiendo ni siquiera satisfacer estos pagos. Si a esto le sumamos la pasividad adoptada por la población *monofisista*, mayoritaria en Siria y Egipto, así como la de la población judía en Palestina, podemos llegar a la conclusión de que la conquista árabe no resultó demasiado difícil. Las derrotas bizantinas de Adinadeyn (634) y Yarmuk (636) produjeron la caída rápida de Jerusalén y Damasco, en 638, así como la conquista completa de Egipto hacia 646.

Los *monofisistas* de Siria y Egipto, que no se habían opuesto a los persas, tampoco hicieron frente a los árabes. Y es que los árabes resultaban peligrosamente diferentes de los persas en un aspecto esencial: el proselitismo de su credo. Los persas habían sido *zoroastrianos* o *mazdeístas* y su religión atraía poco al cristianismo. Tampoco el *zoroastrismo* era una religión que se preocupara mucho del proselitismo, ya que no se esforzaba en convertir a los que practicaban una religión diferente a la suya. El resultado era que los invasores persas se encontraban aislados en las provincias conquistadas y demasiado diseminados, por lo que cuando sus vías de comunicación comenzaban a romperse debían poner fin a sus campañas ofensivas. El hecho de no invadir Cartago cuando todo estaba a su favor, viene a confirmar lo comentado en la frase anterior. Esta provincia norteafricana se encontraba demasiado alejada del núcleo persa, localizado en Asia central.

Los conquistadores árabes respetaban a los «hermanos» cristianos y judíos que se rendían, lo que contribuye también a explicar la escasez de resistencia hallada por parte de la población local. Pero además, la enorme importancia que daba la religión musulmana al proselitismo, circunstancia por la cual rivalizaba incluso con el cristianismo, hizo que los conquistadores árabes no escatimaran esfuerzos a la hora de convertir a los no creyentes. Los cristianos *monofisistas* de Siria y Egipto adoptaron con facilidad el Islam debido a su odio hacia la ortodoxia de Constantinopla y a la alternativa menos ofensiva que este ofrecía. El Islam, al contrario que el catolicismo, era tolerante hacia las religiones monoteístas de las cuales derivaba, pero la atractiva nueva fe ganó rápidamente nuevos adeptos al tener sus practicantes ciertas ventajas, fiscales entre otras, frente a los infieles. Todo esto dio la puntilla al gobierno imperial en Siria, Palestina y Egipto.

En consecuencia, cada provincia conquistada por los musulmanes se convirtió en un nuevo aliado con el que invadir el siguiente territorio. Los árabes disfrutaban de una reserva de soldados cada vez mayor con la que ampliar sus ejércitos.

Hacia 636 tuvo lugar en Palestina el encuentro de los *catafractos* imperiales y la caballería ligera árabe. En esta batalla, acontecida a orillas del río Yarmuk, venció la agilidad de los jinetes musulmanes sobre la fuerza de la caballería pesada bizantina. La mayor parte del ejército imperial fue aniquilado y los árabes se encontraron con una decisiva victoria. Heraclio no reunió ningún ejército más contra los árabes y en consecuencia Siria y Egipto se perdieron para siempre.

El ejército musulmán avanzó también imparable hacia la conquista del Irán sasánida. No obstante, la lucha en Persia resultó más dura, a pesar de que el poder de la dinastía gobernante se encontraba en descomposición. Tras la ejecución de Cosroes II se había sucedido un número de hasta ocho reyes en apenas tres años. Los árabes vencieron a las tropas sasánidas en el Éufrates (635), Kadisiya (637), Ctesifón (642) y Nehavend (642). Las puertas del corazón de Persia quedaban por lo tanto abiertas a los musulmanes. El apoyo de la nobleza local, así como el buen recibimiento por parte de la población indígena, contribuyó a facilitar la anexión total del Imperio sasánida por parte de los árabes.

Tras la caída de Egipto el avance árabe se dirigió a Cartago, la última provincia bizantina de ultramar. No obstante, el asesinato del califa Umar en 644 dio lugar a una fuerte crisis política árabe y a modificaciones en los criterios de organización del poder, lo que en buena medida frenó momentáneamente el impulso conquistador musulmán.

Ladero nos explica como la elección del califa Utman produjo un profundo malestar en el yerno de Mahoma, Ali, y sus seguidores medineses. El triunfo de Utman era el del clan de los omeyas, que de esta forma obtuvieron grandes beneficios.

El nuevo califa relanzó las conquistas por lo que inició la invasión del norte de África, en manos de los bizantinos o de los indígenas bereberes, y con recursos sirios también armó la primera flota islámica, que se lanzó hacia Chipre en 649. Sin embargo, pronto se alcanzaron los primeros límites geográficos: las áridas y frías estepas de Asia central, las montañas del Cáucaso y el Taurus, así como el desierto libio. En consecuencia la expansión se detuvo. Pronto nuevas querellas internas entre los grupos dirigentes vinieron a frenar aun más el, hasta entonces, imparable avance árabe.

En 656 una conspiración de Ali y Aisa, hija del primer Califa, Abu Bakr, y esposa de Mahoma, ponía fin a la vida de Utman. Para aumentar aun más el embrollo, Ali no solo no fue reconocido califa por los omeyas, sino que tampoco resultó admitido por los seguidores de Aisa. De esta forma tuvo lugar la primera guerra civil entre los diferentes clanes árabes. Alí se alzó finalmente con el triunfo en 658, pero una sublevación

La Giralda de Sevilla. Tras el paso por el Califato islámico de sus cuatro primeros soberanos y con el asesinato de Alí (656-660), su último representante, se sentaba en el trono de Damasco la dinastía omeya. Los califas omeyas dieron de nuevo estabilidad al Estado árabe y relanzaron las conquistas, lo que incluso hizo posible preparar el asalto a Europa, en principio desde Oriente y, finalmente, tras el fracaso obtenido ante la firme defensa llevada a cabo por Constantinopla, desde Occidente, a través de Hispania. Uno de los ejemplos más representativos de la presencia islámica en la península ibérica lo constituye el alminar de la antigua mezquita de Sevilla, conocido actualmente como Giralda.

encabezada por el gobernador omeya de Siria, Muawiyya, asesinó al Califa en el año 660. Si bien es cierto que de esta forma el conflicto político quedaba zanjado y que el Califato unificado podía reemprender sus conquistas, también lo es que la herida producida por la disidencia religiosa de los fieles de Ali, permaneció abierta. En la actualidad, los descendientes de los seguidores de aquel profeta constituyen la rama minoritaria islámica del *siísmo*.

Para el Imperio bizantino, la irrupción del Islam y las conquistas árabes significaron, en definitiva, la reducción de su territorio a poco más de una tercera parte de lo que era tras la derrota de Cosroes II. En palabras de Ladero, «sobre la ruina de las antiguas civilizaciones surgían otras nuevas, la islámica sobre todo, pero también la bizantina griega que emergió a lo largo del siglo VII en medio de graves dificultades de supervivencia». Si bien es cierto que Bizancio había perdido la mayor parte de su extensión territorial, también lo es que se había hecho más fuerte, ya que en esos momentos el Imperio estaba más unificado que nunca. Lo que quedaba de Bizancio compartía la misma religión y cultura. Era ya completamente católico y griego, si exceptuamos las posesiones italianas. Con la pérdida de las regiones *monofisistas* se convirtió en el imperio ortodoxo. La histórica enemistad con Persia cedió su sitio a la hostilidad con el Islam, la cual se prolongó hasta el fin de los días de Bizancio. Es justo en este momento cuando, según Baynes, comienza la historia del Imperio bizantino clásico.

Todos los territorios ocupados por los musulmanes en el siglo VII, no pudieron nunca ser recuperados en su totalidad por ningún ejército cristiano. Es más, estas regiones continúan siendo hoy en día islámicas, ¿qué habría ocurrido si Constantinopla no hubiera impedido la entrada de los árabes en Europa? En opinión de Asimov, el destino de la cristiandad estuvo en esos momentos pendiente de un fino hilo. Si hubiera caído Constantinopla parece dudoso que cualquier parte del Imperio hubiese podido resistir mucho tiempo más, al igual que, una vez que las provincias bizantinas estuvieran en manos de los árabes, su población, probablemente, se habría acabado convirtiendo al Islam, como ocurrió en su momento con Siria, Palestina, Egipto y Cartago. Después de un tiempo, necesario para el asentamiento de la nueva civilización, los renovados ejércitos islámicos, contando ya en sus filas con antiguos ciudadanos del Imperio y con las riquezas y la experiencia militar de Constantinopla, podían haber invadido toda Europa. Por aquel entonces no existía nadie en Occidente que hubiera podido detener al Islam. Por lo que si Constantinopla hubiera sido conquistada posiblemente toda Europa hubiera caído también y, tanto la cultura occidental como el cristianismo habrían desaparecido de la faz de la Tierra.

Con el tiempo el Islam acabó por tomar la gran ciudad de Constantino. Ante su variante otomana también cayó buena parte de la Europa del este. No obstante, la conquista de Constantinopla se produjo en el siglo XV, momento en el cual los estados del Occidente bárbaro se habían constituido ya en sólidas monarquías y los tiempos del Medievo feudal quedaban atrás. En consecuencia, Europa, a pesar de la toma de Constantinopla por los otomanos, pudo hacer frente al nuevo enemigo islámico a lo largo de la Edad Moderna.

Si hoy en día nuestra civilización existe como tal se lo debemos a que Constantinopla resistió el sitio árabe que tuvo lugar entre abril y septiembre de 673. Hacia ese año, los árabes, tradicionalmente un pueblo nómada del desierto, disponían ya de una flota lo suficientemente poderosa como para iniciar un ataque contra la capital bizantina.

Esta vez las murallas de la ciudad no fueron suficientes para acabar con el embargo de la armada islámica. El Imperio hizo fama de su ciencia militar creando un nuevo ingenio bélico, que a la postre le salvaría tantas veces de la derrota. Parece ser que en concreto el autor fue el alquimista Calínico, ciudadano bizantino de Egipto o Siria, no se conoce a ciencia cierta. Calínico formuló una mezcla que ardía con llama candente y poseía la particular propiedad de encenderse al entrar en contacto con el agua. Este denominado «fuego griego» era lanzado a chorro por tubos emplazados en la proa de las naves bizantinas, mediante calderas o incluso a mano, en forma de una especie de granadas. Como nos indican Norman Baynes y H. Gómez, se sospecha que además tenía propiedades explosivas, algo increíble para el siglo VII, unos setecientos años antes de que la pólvora fuera introducida en Europa. El Imperio guardó celosamente el secreto de

Palacio árabe. Tras la irrupción en la historia de los árabes en el siglo VII, sus poderosos ejércitos acabaron arrebatando al Imperio la mayor parte de las provincias de ultramar por lo que, tras conseguir armar una flota naval, se lanzaron a continuación a la conquista de su área europea. No obstante, a pesar del poderío de las tropas musulmanas, la invasión de la parte oriental del viejo continente suponía irremediablemente pasar sobre la inexpugnable Constantinopla. La solidez de sus murallas, así como la excelente defensa llevada a cabo por sus soldados y la invención del «fuego griego», hicieron posible derrotar en varias ocasiones a los árabes entre los siglos VII y VIII, librando así al Occidente bárbaro del azote islámico.

la composición del fuego griego, de forma que aún hoy en día solo podemos especular sobre la naturaleza y la proporción de sus componentes. Su base era algún derivado del petróleo, tal vez contenía también cal viva, la cual al contacto con el agua reaccionaba de forma exotérmica aportando el calor necesario para prender fuego a la mezcla.

Las naves árabes que asediaban Constantinopla fueron destruidas por el fuego griego o huyeron como consecuencia de la superstición de sus tripulantes, al contemplar una llama que ardía en el agua. Antes de 677, la flota árabe fue perseguida y destruida al sur de Asia Menor. A partir de entonces, durante cuatro siglos, Constantinopla y su base militar en Asia Menor fueron el escudo de la Europa cristiana contra la amenaza islámica.

La Dinastía Heráclida

Con Heraclio y sus descendientes, el nombramiento en vida de un emperador asociado se convirtió en el procedimiento sucesorio predominante, el cual, a su vez, permitió el estableciendo de una verdadera dinastía imperial en Bizancio que perduraría hasta el año 715. A Heraclio (610-641) le siguieron en el trono su hijo Constantino III (641-641), su nieto Constante II (641-668), su bisnieto Constantino IV (668-685) y su tataranieto Justiniano II. A partir de este último emperador, que reinó en dos periodos diferentes, de 685 a 695 y de 705 a 715, diversas revueltas urbanas y militares elevaron al trono a usurpadores que se mantuvieron en el poder por breves periodos de tiempo y que acabaron por apartar a la dinastía de

Heraclio. Estos emperadores fueron Tiberio III (696-705), Bardanes (711-713), Artemio (713-715) y Teodosio III (715-717).

Como vimos en el punto anterior, la primera crisis interna del mundo islámico detuvo su imparable avance, lo que permitió a los sucesores de Heraclio emprender acciones ofensivas frente a los molestos eslavos que, desde el 581, invadían los Balcanes. De esta forma, hacia 658, Constante II llevó a cabo una campaña militar en Macedonia que se saldó con la deportación de numerosos grupos de eslavos a Anatolia.

En tiempos de Constantino IV, las incursiones árabes se sucedieron en Asia Menor y Constantinopla sufrió varios asedios navales entre 674 y 678. No obstante, la ciudad del Cuerno de Oro resistió, en buena medida gracias nuevamente al empleo del fuego griego. El aguante de Constantinopla permitió a su emperador pacificar al enemigo árabe y, de esta forma, dirigir los esfuerzos militares de Bizancio hacia los Balcanes.

Por esos mismos años tuvo lugar la puesta en escena de los búlgaros, pueblo de las estepas de Asia central, de etnia huna, los cuales, tras la expansión del reino jázaro, se vieron obligados a desplazarse hacia 670 al delta del Danubio, donde pasaron a constituir una nueva amenaza para el Imperio. Constantino IV fracasó en una campaña contra estos bárbaros desarrollada en 679-680, y a partir de ese momento los búlgaros cruzaron el río Danubio instalándose en Mesia, antigua provincia romana en la que actualmente se asienta la moderna Bulgaria.

Como nos informa Claramunt, allí se mezclaron con grupos de eslavos y este asentamiento acabó constituyendo un reino en territorio teóricamente bizantino, que a su vez fue reconocido por el emperador. Algo similar a lo que tuvo lugar en el Imperio romano de Occidente, cuando su titular reconoció hacia el año 418 el reino visigodo que se creó en la Galia del sur. Este primer Estado búlgaro perduraría hasta su destrucción en el siglo XI por parte del emperador Basilio II, como veremos más adelante.

Pero las concesiones del Imperio hacia sus nuevos vecinos no acababan aquí. Bizancio tuvo que comprar la paz con oro y, en 705, el kan Tervel recibía incluso el título de César, como pago al apoyo que prestaba a Justiniano II.

En cambio, las acciones de los emperadores romanos en el frente balcánico continuaron siendo mucho más represivas que las emprendidas contra los búlgaros. Justiniano II lanzó en 688-689 otra gran ofensiva contra los eslavos allí instalados, lo que permitió asentar la posición imperial en Tesalónica, al mismo tiempo que producía de nuevo la expulsión de un gran número de miembros de esta etnia, conducidos a Asia Menor.

Tras la deposición de Justiniano II y durante el periodo anárquico que tuvo lugar como consecuencia de ello, acabó alcanzando el trono imperial Teodosio III. Reinaba sobre un país totalmente desmoralizado por años de anarquía y golpes políticos. Era el titular de un Imperio bizantino que por aquellas fechas solo era la sombra de lo que había sido en épocas pasadas. Se veía acosado por búlgaros, eslavos y de nuevo por el enemigo más poderoso: el Islam. En el año 715, Solimán ascendía al califato árabe y una de sus primeras acciones fue organizar una gigantesca expedición para tomar Constantinopla. Teodosio III se veía incapaz de hacer frente a un nuevo asedio a la capital.

LEÓN III

Cuando el ataque árabe se hacía inminente y era necesario un golpe militar que sentará en el trono a un hombre más capaz que Teodosio, volvió a repetirse la historia y surgió nuevamente un general que resolvió la situación y devolvió a Bizancio al lugar que le correspondía.

León era un joven campesino, originario de la región isauria, que había luchado junto al emperador Artemio (713-715) para que este recuperase el trono, hecho que fue decisivo a la hora de ser nombrado *estratega* del *thema* de los anatólicos, una de las circunscripciones más grandes e importantes del Imperio. León se sublevó tras la usurpación del trono por Teodosio III (715-717) y, apoyado en las poderosas fuerzas militares de Asia Menor y en la fidelidad de sus hombres, venció a las tropas imperiales, entrando triunfal en Constantinopla el 25 de marzo de 717. El general fue coronado en la catedral de *Hagia Sofia* con el nombre de León III (717-741).

El primer acto de León III fue preparar a la capital para el inminente ataque árabe. Desde hacía seis meses los ejércitos del Islam sometían a Constantinopla a un duro bloqueo naval y terrestre. Sin embargo, el 15 de agosto de 718 los restos de las fuerzas árabes levantaron el sitio y partieron. El fuego griego, la crudeza inusitada del invierno, una epidemia surgida entre las filas islámicas y los búlgaros, que acudieron a la llamada de León III, fueron determinantes para que el sitio fuera levantado y, en consecuencia, fracasara otro asalto islámico contra la capital. Como nos indica Asimov, solo cinco barcos, de una flota original de ochocientos, consiguieron escapar.

Constantinopla había librado a Europa del azote arábigo y no haría falta salvarla de nuevo. Nunca más volverían los árabes a la capital imperial. Llegaría el día en el que la ciudad de Constantino caería por fin ante los musulmanes, pero no frente a los árabes, sino ante el empuje turco, y para cuando esto ocurrió Europa occidental era ya lo bastante fuerte como para salvarse a sí misma.

Claramunt nos informa que, tras la ruptura del cerco islámico en verano de 718, la lucha continuó. Tuvieron lugar enfrentamientos en Anatolia pero, además, la presencia árabe continuó en Capadocia y la ciudad asiática de Nicea, muy próxima a Constantinopla, continuó sometida a sitio. El equilibrio se rompió a favor de los bizantinos en 740, cuando se logró la fabulosa victoria sobre los árabes en la batalla de Akroinon. A ello contribuyó en buena medida la distracción de las tropas árabes que llevaron a cabo los kházaros, que atacaron por el Cáucaso y Armenia al califato omeya. La alianza kházaro-bizantina fue sellada por León III mediante el matrimonio de su primogénito, el futuro Constantino V, y la hija del kan turcomano.

León consiguió con estas acciones salvar a la cristiandad, pero además, reorganizó el Imperio, evitó la feudalización, reformó el derecho y dio estabilidad a Bizancio, tras veinte años de desórdenes internos, con el establecimiento de una nueva dinastía, denominada Isáurica o Isauria. Sus herederos remataron el trabajo devolviendo al Imperio al lugar hegemónico que le correspondía, llegando a ser la primera potencia de la cristiandad.

Una de las primeras medidas adoptadas por León III fue reorganizar el Estado. Con los tiempos que corrían era preciso una militarización total del mismo, acción que no pasaba por recurrir a la feudalización del Imperio, por lo que el nuevo emperador afianzó aun más el sistema de *themas* creado por Heraclio (610-641), incluyendo ciertas mejoras.

Diocleciano (284-305) y Constantino (306-337) con sus reformas separaron las obligaciones civiles y militares, con lo que consiguieron una mayor seguridad para sí al no existir autoridad alguna, civil o militar, que tuviera el poder suficiente para dar un golpe de Estado. Sin embargo, en la época de Heraclio estas dos figuras se volvieron a unir para formar una sola, el *estratega*. De esta manera se consiguió una militarización más completa. En esos tiempos el Imperio se veía presionado en todas sus fronteras y la defensa frente al enemigo exterior acabó siendo prioritaria, en detrimento de la propia seguridad del emperador. En consecuencia, como hemos podido ver en el punto anterior, durante los años finales de poder de la familia heráclida se produjo una elevada cantidad de rebeliones militares que acabaron por expulsar del trono a la dinastía.

La solución final la tuvo León III, quien además de conservar la unidad de la autoridad civil y militar hizo más pequeñas las provincias militares o *themas*. Los *themas* habían funcionado bien hasta la fecha en su cometido de defender las fronteras imperiales, pero presentaban un inconveniente: eran divisiones territoriales de gran tamaño, por lo que sus *estrategas* disponían de ejércitos muy numerosos, resultando esto muy peligroso para la seguridad del emperador. León III conocía el problema perfectamente, puesto que él mismo había conseguido acceder al trono cuando era gobernador de uno de estos *themas*. Su solución pasó por aumentar el número de divisiones territoriales militarizadas, con lo que el poder de los generales quedaba más repartido al disminuir el tamaño de la circunscripción que gobernaban.

Como pudimos ver también anteriormente, el nuevo ejército bizantino era en tiempos de Heraclio, y continuó siéndolo con León III y sus sucesores, más una milicia de soldados-campesino que un ejército mercenario. La forma de pago de estas huestes era la concesión de tierra, que a su vez les servía de sustento, de forma que los emperadores bizantinos, defendieron muy firmemente la existencia de estos minifundios contra la avaricia de la acaparadora nobleza terrateniente y la consecuente feudalización que podía acarrear su triunfo. De este modo, Bizancio permaneció al margen de la Europa occidental, optó por otro tipo de militarización, que se mostró más efectiva si cabe que la estrategia de la infeudación llevaba a cabo por los estados germánicos del continente. Si exceptuamos el lapso de protofeudalización sufrida entre 919-976, que estudiaremos a continuación, podemos decir que el sistema fue válido hasta la llegada al trono de la familia Comneno, a finales del siglo XI, perteneciente a la nobleza terrateniente bizantina, con la que, como veremos próximamente, el Imperio llegó a sufrir una cierta feudalización, aunque eso sí, en comparación con Occidente, incompleta y tardía.

Claramunt nos informa como León III y sus sucesores dieron también nuevos impulsos para la helenización y orientalización del Imperio y sus instituciones. El latín, en teoría lengua oficial, no era comprendido por la inmensa mayoría de la población de las provincias asiáticas y los Balcanes. Ello llevó a León a publicar en griego un compendio de las leyes justinianeas, así surgió la *Ekloga*, «selección abreviada de las leyes ordenadas por León III y Constantino V según las Institutas, el Digesto, el Código y las Novelas del gran Justiniano, y corregida con intenciones de más amplia humanidad».

A pesar de todos los logros alcanzados, León III nunca ha sido reconocido por la historia como merecería. Con este emperador apareció la *iconoclastia*, movimiento religioso que rechazaba el culto a las imágenes, tan popular en Bizancio. A los emperadores *iconoclastas* no les faltaban los enemigos tanto dentro, los llamados *iconódulos* o adoradores de imágenes, como fuera de las fronteras del Imperio, encontrándose entre estos últimos el poderoso papa, por lo que ante todas estas dificultades el movimiento fracasó. Si la *iconoclastia* finalmente hubiera triunfado no hay duda de que León III habría pasado a la historia como uno de sus héroes más importantes. Consecuencia del fiasco de este movimiento religioso ha sido que lo único que conocemos del mismo provenga de sus detractores. En opinión de Asimov, el resultado ha sido que León III sea un emperador que ha quedado injustamente oscurecido en la historia.

Sin lugar a dudas, el movimiento *iconoclasta* constituye la principal seña de identidad de la dinastía isáurica. El enfrentamiento tuvo lugar sobre todo en las regiones más orientales del Imperio, donde las influencias judías e islámicas, religiones que rechazaban la idolatría, eran más notables debido a su proximidad geográfica. León III tomó partido por los enemigos del culto a las imágenes en 726, seguramente influido por obispos de Asia Menor.

En un primer momento el emperador trató de acercar posturas mediante la negociación, pero a partir de 730 la evidencia de falta de consenso hizo que ordenara directamente la destrucción de las imágenes. Las medidas tomadas por León III fueron muy impopulares en las provincias europeas del Imperio, ya que la persecución de las imágenes era una actividad practicada tanto por los antiguos disidentes *monofisistas* como por los odiados musulmanes. De hecho, la *iconodulia,* o adoración de imágenes, fue ya en su momento una forma de reacción frente al *monofisismo.* También podemos llegar fácilmente a la conclusión de que los *iconoclastas* eran mayoritarios en Asia Menor, zona fronteriza con el Islam e influenciada por este y por los cultos *monofisistas*.

La disputa de las imágenes separó aun más a Roma, el principal apoyo de los *iconódulos*, de Constantinopla, sobre todo cuando León III depuso al patriarca de la capital Bizantina, Germanos, y colocó al frente de su Iglesia a Anastasio, otro perseguidor de los, a sus ojos, idólatras.

León III sentó con su actitud las bases de una incondicional subordinación de la Iglesia al Estado, además de producir un nuevo y más marcado alejamiento entre las Iglesias oriental y occidental. Las querellas religiosas protagonizadas por los destructores de imágenes y sus detractores tuvieron su continuidad con los sucesores de este emperador y, como veremos en el siguiente punto, se prolongaron por espacio superior a un siglo.

LAS DINASTÍAS ISÁURIA Y FRIGIA

Constantino V (741-775), hijo de León III, se alzó como un defensor de la *iconoclastia* mucho más duro incluso que su padre. Ladero nos habla de las severas medidas tomadas por el nuevo emperador a partir de 766, en las que incluso se llegó a ejecutar a altos funcionarios *iconódulos* del sur de Italia.

Nada más ser entronizado, Constantino hubo de enfrentarse a su cuñado, Artavasdos, *estratega* del *thema* de los armenios, que respaldaba la causa *iconódula*. Zanjado este problema inicial con la derrota de Artavasdos en 743, el emperador pudo centrarse en los asuntos exteriores. Constantino V llevó a cabo una política militar ofensiva mediante la cual no logró aumentar el territorio imperial pero sí mantuvo a raya a los búlgaros en el norte y los árabes en el sur, que a lo largo de tantos años habían amenazado muy seriamente al Imperio.

Por esa época, se produjo la usurpación del poder omeya en el Califato de Damasco, por parte de la familia abbasí, hecho que permitió a Constantino V lanzar un ataque en la región siria.

No obstante, en el frente occidental se producía la pérdida del Exarcado de Rávena, a manos de los lombardos hacia 751. Para dar aun más por concluida la presencia de Bizancio en el norte y centro de Italia, el papa Esteban II sellaba en 754 una alianza con Pipino el Breve, mayordomo real franco, que se alzaba como defensor de Roma frente a los invasores lombardos. Como contraprestación, el pontífice prestaba al líder franco los apoyos necesarios para que este sustituyera en el trono a la dinastía merovingia reinante. Todo lo anterior se tradujo en un nuevo distanciamiento entre papado e imperio.

Pero Bizancio tenía más frentes abiertos además de los anteriores. En la frontera norte, Constantino V debía frenar la amenaza búlgara. Para ello el emperador emprendió la mayor de todas las campañas militares organizadas bajo su mandato. La larga guerra con Bulgaria llevó incluso a Constantino a la muerte en 775. Con el fallecimiento de Constantino V se ponía también fin a la más dura represión *iconoclasta*, ya que su

Patios de los Reales Alcázares de Sevilla. La construcción de
este palacio fue iniciada por Abd al-Rahman III en el año
913. Su familia omeya, sentada en el trono de Damasco desde
660, acabó siendo sustituida por una nueva dinastía, la de los
Abbasidas, que trasladó la corte a Bagdad. Todos los Omeyas
fueron asesinados, a excepción de Abd al-Rahman I quien
huyó a al-Andalus fundando allí el Emirato de Córdoba.

sucesor, su hijo León IV (775-780) apenas tuvo
tiempo de llevar a cabo acción alguna durante su
corto reinado. Dejaba el trono en herencia a su
hijo de apenas diez años de edad, Constantino VI,
momento en el cual se alzó con el gobierno su madre,
Irene, bajo el cargo de regente.

Irene se propuso dar fin a la querella *iconoclasta*, para lo que ordenó restaurar el culto a las
imágenes y, en 787, convocó un concilio ecuménico, que se celebró en la ciudad de Nicea, con el
único propósito de unificar a las Iglesias oriental
y occidental.

Pasado el tiempo, Constantino alcanzó la edad adulta pero, sin embargo, su madre tenía bien agarradas las riendas del poder y no las quería soltar. En consecuencia, Irene intrigó para enemistar a Constantino con la Iglesia, el ejército y el pueblo, y acabó encarcelando y cegando a su hijo. Consiguiendo los apoyos necesarios en la Iglesia *iconódula*, por su restauración del culto a las imágenes, así como en la plebe, a través de rebajas de impuestos, Irene (780-802) se llegó a coronar emperador y esquivó casarse nuevamente para así evitar que un hombre se apropiara de su cetro.

El machismo de la época no reconocía la autoridad de gobierno de las mujeres, por lo que fuera del ámbito de Constantinopla se consideraba que el título imperial se encontraba vacante. El papa León III, ni corto ni perezoso, decidió que hubiera un nuevo emperador romano, por lo que el día de Navidad del año 800, Carlomagno, hijo de Pipino el Breve, era coronado en la Ciudad Eterna. En consecuencia dos emperadores se repartían el mundo conocido a comienzos del siglo noveno: Irene, dueña de Oriente, y Carlomagno, en Occidente.

Para Asimov, Carlomagno nunca vio con buenos ojos su entronización. El rey franco comprendía que el legítimo emperador romano se sentaba en el trono de Constantinopla y, para más inri, en esta ocasión se trataba de una mujer. El papa no tenía ningún derecho para coronar a un emperador, ya que esta actividad era en todo caso potestad del patriarca de Constantinopla. La principal diferencia entre el Imperio bizantino y el Occidente bárbaro estribaba en las relaciones de la Iglesia con el Estado. En Oriente, la Iglesia estaba sometida al Estado y el emperador disfrutaba incluso de potestad para deponer al patriarca. En cambio, en Occidente eran los Estados los que estaban sometidos a la Iglesia. Los papas excomulgaron y coronaron reyes a voluntad e incluso depusieron a los monarcas que no les satisfacían.

La entronización de Carlomagno en Roma, las desastrosas derrotas bizantinas frente a árabes, búlgaros y eslavos, así como los tributos que se tuvo que pagar para poder mantener la paz, se convirtieron en el germen necesario para que triunfara un golpe militar protagonizado por Nicéforo (802-811), que depuso a Irene y se coronó emperador.

Nicéforo emprendió una reforma económica necesaria para permitir la recuperación de las arcas imperiales tras el paso de Irene por el trono. Llevó a cabo también victoriosas acciones militares contra los búlgaros, en una de las cuales murió.

Fue sucedido por su yerno, Miguel I (811-813). El nuevo titular del trono continuó las campañas contra Bulgaria, pero sufrió una importante derrota que supuso la pérdida del apoyo del ejército. Un nuevo golpe de Estado protagonizado por el *estratega* anatólico León, acabó por destronarle y coronar a este último.

León V (813-820) derrotó a los búlgaros pero, sin embargo, se ganó un buen número de enemigos cuando destituyó al patriarca de Constantinopla y tomó partido por la *iclonoclastia*. Las medidas adoptadas contra el culto a las imágenes pronto desaparecieron cuando el emperador fue asesinado y sustituido por un general, que accedió al trono como Miguel II (820-829). El cisma religioso fue aplacado pero, no obstante, los desórdenes civiles comenzaron de nuevo. Tomás el Eslavo, antiguo conmilitón de Miguel, protagonizó una rebelión haciéndose pasar por Constantino VI, el emperador cegado por su propia madre, Irene. El pretendiente al trono bizantino llegó a sitiar Constantinopla con el apoyo del Califato Abbasí pero finalmente fue derrotado.

Miguel II originó una breve dinastía de tres emperadores, conocida como dinastía frigia. A su muerte le sucedió su hijo, Teófilo (829-842) y, a continuación, su nieto Miguel III (842-867).

La esposa de Teófilo, Teodora, y su hermano Bardas llevaron a cabo las labores de gobierno a partir de entonces, dada la minoría de edad de Miguel III. Una de sus primeras medidas fue la de restaurar de manera oficial y definitiva el culto a las imágenes, para lo cual tuvo lugar un concilio en 843. La buena labor política de Teodora y Bardas hizo que Miguel no se sintiera demasiado interesado por el poder e invirtiera la mayor parte de su tiempo en llevar una vida placentera dedicada únicamente al vicio y la diversión, por lo que se le dio el sobrenombre de el Borracho.

A pesar de la falta de criterio político, el emperador acabó apartando del poder a su madre y ordenando el asesinato de su tío, cometido por Basilio, un joven trabajador de los establos imperiales por el que se sentía profundamente atraído Miguel III. Asimov nos comenta como Basilio y Miguel se convirtieron en amigos inseparables, de forma que el mozo se casó con

Eudoxia Ingerina, la amante del emperador, y llegó incluso a ser asociado al trono hacia 866. Pero Basilio no tardó demasiado en darle las gracias a su mentor y en 867 ordenó el asesinato de Miguel III, que no resultó demasiado complicado, pues tuvo lugar cuando el emperador salía ebrio de su dormitorio. Ese fue el inicio de la dinastía macedónica.

El reinado de Miguel III se caracterizaría, además, por el surgimiento de nuevas querellas religiosas, por medio de las cuales los obispados de Roma y Constantinopla llevaban enfrentados cinco siglos con la única finalidad de resolver la cuestión de la primacía de una de las dos sedes. La disputa se tradujo en un nuevo cisma entre Oriente y Occidente, cuando Bardas sustituía al patriarca Ignacio por Focio en 858. En realidad apenas había en esta ocasión discusiones teológicas pero, sin embargo, el papa Nicolás I defendió la causa de Ignacio frente al ambicioso Focio. Entonces Focio sacó a relucir una cuestión que, aunque insignificante, diera mayor solidez a su enfrentamiento con el papa de Roma.

La Iglesia oriental sostenía que el Espíritu Santo procedía del Padre, idea obtenida a partir de las Sagradas Escrituras. Por el contrario, la Iglesia occidental, deseosa de aumentar la simetría y la belleza del concepto de la Trinidad, sostenía que procedía tanto del Padre como del Hijo. A esta disputa comenzó a llamársele la controversia *Filioque*. A pesar de la nimiedad de la diferencia teológica, esta llegó a convertirse en un obstáculo insuperable entre las dos ramas de la Iglesia. Ninguna de las dos partes estaba dispuesta a llegar a un compromiso sobre la cuestión y de ahí vino un problema más que separó a Oriente de Occidente.

No obstante, la muerte de Bardas y el ascenso al poder de Basilio I determinó la caída del líder de la Iglesia constantinopolitana, la vuelta de Ignacio y la reconciliación, al menos en lo aparente, con Roma.

El problema, sin embargo, no acabaría aquí. Las diferencias entre Oriente y Occidente eran cada vez mayores y nuevos enfrentamientos religiosos, cada vez más graves, tendrían lugar en los siguientes años y culminarían, como veremos, en la escisión definitiva de las dos Iglesias hacia 1054. De hecho, como afirma Asimov, nunca se ha resuelto la controversia *Filioque* y esta sigue siendo un punto de disputa entre las dos Iglesias todavía en nuestros días.

La Dinastía Macedonia

Un emperador inepto, Miguel III, había sido sustituido por un emperador de origen humilde, analfabeto y, además, un asesino. Todo parecía indicar que la situación para nada mejoraría. Sin embargo, Basilio I (866-886) demostró ser un soberano capaz y durante su gobierno se produjo la recuperación de Bizancio, en parte como consecuencia de la crisis en la que se encontraban sumidos los reinos rivales.

Claramunt nos informa de las buenas dotes de Basilio I como estadista y general. Durante este periodo el Imperio bizantino conoció un gran resurgimiento político, cultural, económico y militar;

reconquistó parte de los territorios perdidos, se adueñó del Mediterráneo oriental y se convirtió en la mayor potencia del mundo cristiano.

Basilio también fundó una nueva dinastía, llamada macedónica o macedonia, que fue además la segunda de mayor duración del Imperio, puesto que sus emperadores se sentaron en el trono de Constantinopla durante casi doscientos años, además de ser la familia reinante que llevó a Bizancio a alcanzar su máximo esplendor.

Cuando Basilio I murió en 886, le sucedió su hijo, León VI, sin ninguna dificultad. En Bizancio estaba imponiéndose la idea de la legitimidad, según la cual el trono debía pasar de padre a hijo, y si no había hijo, al pariente más cercano. Y es que el pueblo constantinopolitano se estaba acostumbrado a las dinastías. Era evidente que la prosperidad era mayor y el Imperio más fuerte cuando la sucesión pasaba de padre a hijo. Cuando el trono iba de mano en mano existían una cierta inestabilidad y anarquía, lo que producía el debilitamiento frente al enemigo exterior. Por lo tanto, el sistema de legitimidad acabó erradicando al sistema electivo popular de la tradición romana. La teoría se modificó: el emperador poseía el derecho de coronar en vida a su propio sucesor. Por lo tanto, en opinión de Asimov, este derecho de escoger, les fue arrebatado a los electores originales: senado, ejército y pueblo. Pero a pesar de todo, Ladero nos informa que subsistieron las formas de elección e investidura, e incluso se aceptaban cambios y usurpaciones, si contaban con un consenso suficiente como para que se les considerase toleradas por la Providencia. Los actos «electivos», de origen romano, como eran la aclamación por las tropas de la capital o por la población urbana en el hipódromo, y el acatamiento por el Senado o los palaciegos eran, en consecuencia, formalidades, pero indicaban, a la vez, el grado de adhesión de las fuerzas políticas al nuevo emperador. Para Asimov, el populacho nunca consintió que un emperador inepto se sentara en el trono, aunque una dinastía se hubiera establecido siempre cabía la posibilidad de que triunfara una revolución en el caso de que el titular del Imperio no fuera una persona capaz.

Constantino VII (912-959), nieto de Basilio I, ascendió al trono con tan solo doce años de edad. Hacia 919 el hombre más importante de Bizancio era Romano Lecapeno, general del *thema* de Armenia, quien aprovechando la juventud del emperador legítimo dio un golpe de Estado e hizo que este se casara con su hija Helena. Romano esperó un tiempo prudencial para que el pueblo se acostumbrara a su presencia en la corte, tras el cual se proclamó emperador asociado y llevaría las riendas del gobierno imperial hasta 944, ya que su yerno, Constantino VII, fue un personaje extremadamente culto que prefirió dedicar todo su tiempo al arte del saber y, en consecuencia, abandonó totalmente los asuntos políticos en manos de su suegro.

A partir del ascenso al poder de Romano I, tendría lugar un periodo de tiempo de cincuenta años de conjuras cortesanas y rebeliones contra el Estado organizadas por los terratenientes que aspiraban a controlar los altos cargos del ejército. Durante esta época los emperadores legítimos fueron títeres que permanecían en segundo término, mientras los generales convertidos en emperadores asociados eran quienes gobernaban realmente. Afortunadamente para el Imperio, estos militares fueron siempre hombres capaces que salvaguardaron la integridad de las fronteras de Bizancio frente a los enemigos exteriores.

La vida de Constantino VII finalizaría en una de estas intrigas palaciegas, cuando su hijo, el futuro Romano II (959-963) y la emperatriz, Teófano, tramaron el asesinato del erudito emperador. Bajo el reinado de Romano II, el general Nicéforo Focas dirigió en 960 a la flota bizantina contra Creta, isla que servía de base a los piratas islámicos que tantos problemas causaban a Bizancio. Nicéforo Focas consiguió expulsar a los musulmanes y esto elevó su popularidad.

Romano II murió en 963 dejando el trono a sus dos hijos, Basilio II y Constantino VIII. Pero ambos eran menores de edad, Basilio tenía cinco años y Constantino tres. Resultaba evidente que alguien debía encargarse de la regencia por lo que la historia del gobierno del Imperio en manos de un general volvía a repetirse. Nicéforo aprovechó el vacío de poder e hizo lo mismo que Romano Lecapeno casi medio siglo antes. Comenzó haciéndose tutor de los niños-emperador para, a continuación, eliminar una cierta oposición a su persona y contraer matrimonio con la emperatriz viuda, la ambiciosa Teófano. De esta forma quedaba vinculado a la familia imperial y se convirtió en emperador asociado.

Nicéforo II (963-969) continuó su ofensiva contra el Islam, de la que podemos destacar la

Fachada del antiguo convento de Myrelaion, construido por la viuda de Romano Lecapeno en el siglo x. En este periodo tuvo lugar en Bizancio una época de dominación militar durante la cual se sentaron en el trono los emperadores legítimos de la dinastía macedónica junto con generales-emperador que eran quienes realmente gobernaban el Estado.

toma de Chipre (965), Tarso (965), Antioquía (969) y Alepo (969). De nuevo el Imperio dominó el Mediterráneo oriental. También intervino en el frente del norte. Luchó junto a los rusos contra los búlgaros y sus aliados magiares. Los rusos se mostraron de lo más efectivos y tomaron la mayor parte de Bulgaria. Tan fuertes se manifestaron estos que los bizantinos se dieron cuenta que representaban un mayor peligro que los búlgaros, por lo cual Nicéforo se vio obligado a enfrentarse a sus antiguos aliados.

Las continuas guerras comenzaron a hacer efecto en la tesorería imperial, por lo que Nicéforo se vio obligado a aumentar los impuestos y a llevar a cabo diversas confiscaciones a los monasterios, así como llevar el control de las donaciones recibidas por la Iglesia. Esta medida le hizo bastante impopular y le enemistó con el clero. En consecuencia en 969, una conspiración de oficiales alentada por la propia emperatriz y capitaneada por el sobrino de Nicéforo, Juan Tzimiscés, le asesinó. Juan se vinculó a la familia real mediante su matrimonio con una hija de Constantino VII, y se convirtió en emperador, aunque, es conveniente recordar que, Basilio II y Constantino VIII continuaban siendo los emperadores legítimos.

Como nos explica Claramunt, la Iglesia bizantina puso condiciones para apoyar la coronación de Juan, que le fueron aceptadas: destierro de la ambiciosa y adúltera Teófano, y abolición de las leyes anticlericales dictadas por Nicéforo.

Juan I (969-976) comenzó su reinado enfrentándose a los rusos, los cuales fueron derrotados hacia 970, y entonces el territorio que estos habían arrebatado a Bulgaria fue incorporado al Imperio. Como nos informa Ladero, este general-emperador también avanzaría por la costa siria, hasta el norte de Palestina, a través de tierras que Bizancio había perdido tres siglos y medio antes, e incluso llegaría a entrar en Damasco. Su reinado fue popular y estuvo lleno de éxitos militares aunque, como contrapartida tuvo como rivales a los grandes terratenientes de Asia Menor.

A la muerte de Juan I, en 976, Basilio II tenía edad suficiente para reinar solo. Tanto él como su hermano llevaban en el trono unos trece años, pero, acostumbrados a que el gobierno estuviera en manos de generales usurpadores, siempre habían permanecido al margen de cualquier cometido que requiriera cierta responsabilidad.

Es cierto que, como nos cuenta Asimov, hasta aquellas fechas Basilio II había sido un alegre príncipe amante de la buena vida, pero tras la muerte de Juan Tzimicés se empezó a mostrar como un personaje austero y se entregó plenamente a las labores de gobierno. Desde que Basilio II adquirió la mayoría de edad la guerra se convirtió en su única ocupación, por la cual llegó incluso a renunciar al matrimonio y, como resultado, permaneció soltero durante toda su vida. En cambió, Constantino VIII continuó llevando una vida similar a la de Miguel III el Borracho, dejó el gobierno en manos de su hermano Basilio II y nunca intervino en las cuestiones de Estado.

Basilio estaba entonces preparado para llevar las riendas del Imperio. Pero los cincuenta años de dominación militar habían cambiado profundamente Bizancio. La repentina muerte de Juan I desencadenó las ambiciones de militares y terratenientes que aspiraban a controlar a los dos jóvenes emperadores, por lo que tuvo lugar una guerra civil de la que en 979 salió triunfante el general y noble asiático Bardas Focas.

Los generales usurpadores estaban destruyendo la labor de los anteriores emperadores que, desde Heraclio, habían impulsado la defensa de la pequeña propiedad de la tierra evitando así la feudalización. Durante el largo periodo que los militares se mantuvieron en el poder favorecieron el crecimiento de las propiedades rurales, por lo que las grandes familias terratenientes, principalmente las de Asia Menor, a las cuales pertenecían estos generales, resultaron muy beneficiadas. El riesgo de feudalización era inminente ya que la política que se había impulsado desde Constantinopla estaba conduciendo incluso a que la nobleza latifundista empezara a tener ejércitos propios y gozara de cierta independencia, con la consecuente descentralización del poder y la disminución de la autoridad imperial que todo ello acarreaba.

En 985, mediante un complot, Basilio II arrebató el poder a Bardas Focas, quien huyó a Capadocia, donde se proclamó emperador con el apoyo de sus fieles. Basilio, ayudado por la Iglesia y por Vladimir de Kiev, ganó las batallas de Crisópolis y Abidos; en este último enfrentamiento murió el propio Bardas Focas. Basilio II se adueñó entonces del Imperio de forma efectiva. En palabras de Claramunt, «no olvidó nunca el peligro que la aristocracia terrateniente representaba para el gobierno de Bizancio: ningún otro emperador libró una lucha tan radical contra las grandes familias propietarias, legislando el modo de conseguir la restitución completa a los campesinos de los bienes adquiridos después de la promulgación de las leyes de Romano Lecapeno».

Basilio II debía obrar en consecuencia si quería restablecer el antiguo orden, por lo que se dedicó a acabar con el poder de la nobleza. Promulgó una serie de leyes de reforma agraria cuyo fin era disgregar los latifundios creados durante el periodo de dominación militar. Pero los grandes señores no tardaron en reaccionar, y en 987 Asia Menor se sublevó. Finalmente, Basilio consiguió imponerse y acabó con la insurrección, aunque esto no era suficiente. Ejecutó a los cabecillas de la revuelta, dividió sus tierras y las distribuyó

Teatro bizantino. Estas ruinas bizantinas se encuentran en la ciudad de Éfeso, en Anatolia, una de las regiones imperiales más importantes. Anatolia surtió a Bizancio de excelentes soldados como los *estratiotes* de su *thema* y los miembros de la guardia isáurica, así como de importantes emperadores, tales como los pertenecientes a la dinastía de León III (717-741).

entre los campesinos. El emperador acabó con la amenaza del feudalismo, haciendo una redistribución de la propiedad rural y creando de nuevo con esto otra milicia de soldados-campesinos.

BASILIO II Y LA CONQUISTA DE BULGARIA: EL APOGEO DEL IMPERIO

Mientras Basilio II se dedicaba a acabar con los grandes terratenientes de Asia Menor, los búlgaros no dejaron pasar la oportunidad e iniciaron su recuperación. El nuevo monarca búlgaro era Samuel, el cual comenzó la reconquista desde las provincias donde los ejércitos bizantinos no habían penetrado. Basilio intentó detener la contraofensiva búlgara pero fue derrotado en el año 981.

Como nos indica Claramunt, Bulgaria desde el año 679 había hecho casi ininterrumpidamente la guerra al Imperio y hacia 990 era tan grande y poderosa como lo había sido antes de los tiempos de Juan I. Sin embargo, en torno a este año, Basilio II había conseguido restablecer el orden dentro de sus fronteras y podía ya dedicarse plenamente al problema búlgaro. En 991 decidió lanzarse a la ofensiva y enfrentarse a los búlgaros en su propio terreno, no sin antes haberlos expulsado de Grecia y firmar una tregua con el Califa fatimí de Egipto en 988, que sería renovada en el año 1000.

A lo largo de la campaña, los ejércitos imperiales tomaron una fortaleza búlgara tras otra, consiguiéndolas por la fuerza o el soborno. Sin embargo, la necesidad de defender las posiciones bizantinas de Antioquía y Alepo en Asia Menor posibilitó que Bulgaria resistiera hasta 1014, año en el que su ejército sufrió una derrota sin precedentes en Clidion, donde murió Samuel y, además, fueron capturados quince mil prisioneros.

Asimov nos cuenta como Basilio decidió acabar de raíz con la amenaza búlgara dando un castigo ejemplar a los prisioneros. Los hizo cegar a todos, menos a ciento cincuenta, a los que dejó un ojo. A cada cien ciegos les correspondía un guía tuerto para llevarles de vuelta a casa. Parece ser que los ánimos del ejército búlgaro se truncaron con esto y, hacia 1018, las fuerzas imperiales ocuparon toda Bulgaria, que fue dividida en *themas* e incorporada al Imperio, al que perteneció durante ciento setenta y ocho años. Cabe destacar que aunque este hecho parezca exagerado no debe de ponerse en duda que esté basado en alguna crónica de la época, dada la coincidencia de autores como Asimov, Baynes y Claramunt, los cuales describen el castigo de Basilio de forma similar. Tampoco debe de sorprendernos la crueldad del emperador, puesto que varios soberanos bizantinos y reyes bárbaros corrieron la misma suerte que los soldados búlgaros. Ejemplos no faltan: el emperador Isaac II fue cegado y encarcelado por Alejo el usurpador, y Boris de Bulgaria mandó cegar a su hijo Vladimiro por ser un pagano.

La campaña búlgara fue la victoria ofensiva bizantina más notable desde que Belisario reconquistara las provincias italianas, y su resultado, en opinión de Asimov, fue más que una simple anexión de tierra. Con los Balcanes ocupados y colonizados, y los búlgaros integrados en el Imperio y el ejército, Basilio dependía menos de los hombres de Asia Menor, la ciudadela del feudalismo.

En los últimos años de reinado de Basilio II, se lograron también hitos importantes en política exterior. En Italia se consiguió poner freno al empuje de Enrique II, titular del Sacro Imperio Germánico, y al sur de la región transalpina, Benevento y Capua fueron sometidos. El emperador bizantino intervino también en Armenia a la muerte de su rey, Gagik I, en el año 1020, donde acabó por anexionarse el oeste de la región. Al mismo tiempo, sobre la parte oriental de Armenia se creó un protectorado autónomo, el cual sería finalmente incorporado a Bizancio por Constantino IX en el año 1042.

De esta forma alcanzó el Imperio sus máximas dimensiones territoriales desde los tiempos de Justiniano. En opinión de Claramunt, la dinastía macedonia representó la adaptación de

La Puerta Dorada de la antigua Constantinopla. Siempre que el emperador entraba en la capital bizantina lo hacía con un pomposo ritual a través de la llamada Puerta Dorada, situada en el extremo sur de las murallas terrestres de Teodosio II, entrada a partir de la cual el soberano se adentraba en el corazón de la ciudad atravesando la llamada Avenida Triunfal.

Bizancio a su nueva realidad territorial, etapa de equilibrio y apogeo político, cultural e institucional. En palabras de Ladero, «siglos después de las catástrofes producidas por las migraciones eslavas y la conquista islámica, Bizancio recuperó el control de los mares Negro, Egeo y, en parte, Jónico y Adriático. Consiguió incluso el Imperio unos años de relativa paz exterior que hacen menos patente la rápida descomposición interna del poder imperial ocurrida en el medio siglo siguiente a Basilio II y de debilitación militar cuyas consecuencias se pondrían trágicamente de manifiesto en cuanto hubo que hacer frente a nuevos ataques externos».

A la muerte del brillante Basilio II, Constantino VIII, su hermano, continuó siendo emperador hasta que falleció en 1028.

La Avenida Triunfal nace desde la parte interior de la
Puerta Dorada. En esta imagen se aprecia el estado actual
del conocido camino recorrido por los emperadores
romano-orientales.

Fotografía de una iglesia ortodoxa. Esta curiosa imagen nos muestra dos símbolos del Imperio de Constantinopla: la multitud de iglesias de culto oriental que existen en antiguo territorio imperial, lo que confirma la ortodoxia religiosa de la que hizo gala Bizancio a lo largo de toda su existencia; y la luna creciente, emblema de la ciudad procedente de la época pagana que, en la actualidad, incluso conserva en su escudo la república de Turquía.

3

Constantinopla, siglos XI al XV. Ocaso y caída de Bizancio

SIGNIFICADO HISTÓRICO DE LA CAÍDA DE CONSTANTINOPLA

La caída definitiva del Imperio romano, aunque le llamemos Bizancio o Imperio bizantino, no se produjo hasta que su último reducto, es decir, Constantinopla, fue conquistado por los turcos otomanos en 1453.

La historia del asedio de Constantinopla, por el ambicioso sultán turco Mehmet II el Conquistador, constituye un hermoso drama sobre la ruina definitiva del imperio que fue la luz de la Europa medieval. En sus últimos días, Bizancio no fue más que una ciudad defendida tan solo por sus habitantes y sus viejas murallas y que, además, luchó desesperada y valientemente por su supervivencia contra un poderoso y moderno ejército invasor. Una villa que se resistía a que ocurriera lo irremediable: la caída definitiva del último bastión del Imperio romano y el fin de la cultura clásica original. ¿Inevitable? Lo acontecido se habría podido evitar si las potencias católicas hubieran puesto los medios y la asistencia militar necesarios. Solo una orden del papa, la máxima autoridad de Occidente, habría bastado para que la ayuda se hubiera puesto en marcha. Pero la Santa Sede no estaba dispuesta a mover ni un dedo para socorrer un Estado regido por una Iglesia cismática.

El papado ya organizó una serie de campañas militares en los siglos XII y XIII, denominadas cruzadas, para apoyar a Bizancio en su lucha contra los infieles. Ayuda que para nada pretendía ser gratuita. El precio que debería de pagar el Imperio sería el reconocimiento de la autoridad papal.

Sin embargo, la época de las cruzadas finalizó y el sumo pontífice no consiguió sus objetivos. El pueblo bizantino siempre se negó a que su emperador se sometiera a la autoridad del obispo de Roma. Por todo ello, cuando los turcos iniciaron el sitio de Constantinopla en 1453, esta se encontraba más sola que nunca.

Por otro lado, debemos también hacer mención al hecho de que la conquista otomana de Constantinopla marcara tan intensamente a la sociedad de la época. Este acontecimiento es considerado hoy en día como el acto que pone fin a la Edad Media en Europa, así como el punto de partida de la Edad Moderna. Nadie puede poner en duda que el paso de un periodo histórico a otro no puede tener lugar únicamente por que ocurra un simple hecho aislado, ya que todo acontecimiento de este tipo siempre debe de ir acompañado de un periodo de transición, a lo largo del cual se van produciendo las mutaciones necesarias hasta que, como resultado de las mismas, emerge ya una Edad totalmente nueva. Sin embargo, en el caso que nos contempla, es decir, la caída de Constantinopla, sí que podemos admitir que este acontecimiento puntual marcó un antes y un después en un aspecto concreto: el terreno militar. Como veremos más adelante, la batalla que se libró por conquistar esta ciudad puede considerarse como la primera contienda de la Edad Moderna y la última de la Edad Media. Es la primera batalla de la Edad Moderna puesto que fue el primer conflicto bélico en el que se empleó de forma efectiva la artillería pesada. Pero a la vez fue el último conflicto bélico de la Edad Media, ya que, también, en este enfrentamiento estuvo muy presente un elemento claramente medieval: el sistema de murallas de una ciudad. El asedio otomano a Constantinopla llevó a una conclusión: las urbes fortificadas, por sí solas, poco o nada tenían que hacer frente a un ejército bien equipado con modernas armas de fuego. En consecuencia, tras la caída del último bastión del Imperio romano el arte de la guerra cambió por completo.

CRISIS Y ABANDONO DEL SISTEMA DE *THEMAS*

En la segunda mitad del siglo X, tuvo lugar una reestructuración del ejército bizantino con el objetivo de poder llevar a cabo de manera efectiva campañas militares ofensivas. Como ya estudiamos anteriormente, el sistema militarizado de *themas* poseía carácter defensivo, por lo que se mostraba muy útil en este aspecto pero, a su vez, era totalmente inadecuado para llevar a cabo ataques en las fronteras exteriores, los cuales precisaban de una elevada movilidad y profesionalidad por parte de las tropas. En consecuencia la base del *thema*, es decir sus campesinos-soldado, se vio seriamente afectada.

Sin embargo, el perjuicio de la pequeña y mediana propiedad rural se había iniciado ya antes del gobierno militar al que se vio sometido el Imperio en el siglo X. Debemos situarnos al inicio de la dinastía macedónica, en concreto en el reinado de su segundo emperador, León VI (866-912), artífice de una serie de cambios, obligados, eso sí, por las mayores necesidades fiscales inmediatas de Bizancio en esa época. León levantó la tradicional prohibición de que los funcionaros adquirieran propiedades rurales en los *themas* donde desempeñaban sus cargos, además de reducir el periodo de prescripción para la venta de tierras recientemente adquiridas, de treinta años a seis meses. Con estas medidas se favorecía que aquellos con mayor poder adquisitivo reunieran más superficie de tierras de cultivo en sus manos, ya que podían poseerlas, además, en su lugar de residencia, y por lo tanto explotarlas de forma efectiva. A partir de entonces tampoco había ningún obstáculo para el negocio de la compra-venta y la especulación. La nobleza terrateniente podía invertir elevadas sumas de capital en la adquisición de todas las tierras que, en momentos de carestía, los pequeños campesinos ponían en venta, a muy bajo precio, al no poder satisfacer las cargas derivadas de la propiedad de las mismas. En definitiva, aumentaba la presión sobre los pequeños propietarios rurales, muchos de los cuales se veían incluso obligados a deshacerse de sus tierras y de esta forma quedar liberados de las cargas fiscales que estas les suponían.

La aparición de leyes imperiales para la defensa de la mediana y pequeña propiedad a lo largo del siglo x, no consiguió modificar el curso de los acontecimientos. El primero de los emperadores en desarrollar esta política fue Romano Lecapeno (919-944), quien, en 934, ordenó la devolución de las tierras compradas por los terratenientes, amparados por la ley de León VI, a menos de la mitad de su valor durante la crisis del 927. Romano se decidió a acabar con la legislación proaristocrática de León VI y para ello también reestableció el plazo de prescripción de treinta años para la venta de tierras de nueva adquisición. No obstante, como nos informa Ladero, era muy difícil conseguir que todo volviera a su estado original, ya que muchos antiguos pequeños propietarios rurales se habían empobrecido tanto con la situación que se había generado que no podían volver a recomprar sus tierras porque su posesión les acarreaba cargas fiscales que no podían asumir. En consecuencia, muchos de estos campesinos que habían sido dueños de pequeñas parcelas se vieron obligados a permanecer en sus antiguas tierras trabajando en calidad de colonos. Algunos campesinos que no podían satisfacer los impuestos de sus propiedades rurales preferían incluso abandonarlas, por lo que, transcurrido el plazo establecido de treinta años pasaban a ser propiedad del Estado que, en ese momento, las vendía a los grandes propietarios.

Hacia la segunda mitad del siglo X, los efectivos militares se reagruparon en grandes áreas territoriales, en especial las fronterizas, bajo el mando de duques y catepanes. Así surgieron, como nos informa Ladero, el catepano de Italia o los ducados de Adrianópolis, Tesalónica, Antioquía y Mesopotamia. El cargo de *estratega* perdió funcionalidad en muchas regiones y acabó siendo, ya en el siglo XI, una dignidad u honor. Hasta entonces, había el peligro latente de que el *estratega* abusara de su fuerza militar, en detrimento del poder central, de modo que, para evitarlo, se hacían nombramientos por cuatro años, que recaían siempre en forasteros al *thema* a los que se prohibía adquirir en él, al igual que en el caso del funcionariado, bienes raíces o casar allí a sus hijos, lo que les vincularía a la aristocracia territorial, enfrentada al emperador.

Por esta época, con Nicéforo Focas en el poder (963-969), se llevaron a cabo una serie de reformas por medio de las cuales se favorecía la acumulación de tierras en manos de los grandes terratenientes. Los cambios consistieron en elevar el nivel de bienes raíces preciso para ser campesino-soldado (*estratiota*), desde su valor inicial de cuatro libras hasta doce. Muchos pequeños propietarios de tierras no llegaban a alcanzar esta cifra mínima y por lo tanto no podían formar

Entrada de una Iglesia construida por Romano Lecapeno
(919-944). El siglo x se iniciaba con el ascenso al trono de
Constantino VII (912-959), soberano de apenas doce años
de edad, oportunidad que fue aprovechada por Romano
Lecapeno para hacerse coronar emperador asociado. De
esta forma se iniciaba el periodo de presencia en el trono
meramente nominal de los emperadores de la dinastía
macedonia, títeres en manos de generales que desempeñaban
las labores de gobierno. No obstante, estos militares
usurpadores fueron emperadores capaces que supieron adaptar
los ejércitos bizantinos a las necesidades del momento, que no
eran otras que emprender acciones de guerra ofensiva frente a
los decadentes enemigos exteriores de Bizancio.

parte del ejército. El Estado compensaba esta falta de efectivos con la contratación de mercenarios, empleando para ello la aportación dineraria, llamada *estrateia*, que pagaban estos campesinos que ya no podían ser reclutados. De esta forma muy pronto el número de soldados profesionales a sueldo volvió a aumentar, en detrimento de la cifra de *estraiotas*, como ya vimos al inicio de este punto.

A pesar de todo hemos de reconocer que desde que Heraclio ideara el sistema defensivo de *themas* en el siglo VII, los tiempos habían cambiado mucho, por lo que las reformas iniciadas por Nicéforo Focas fueron, en buena medida, necesarias. El tipo de guerra practicado por el Imperio en este momento, en el que los antiguos enemigos, árabes y búlgaros, se encontraban sumidos en profundas crisis, dejó de ser defensivo y el interés se centró en las campañas militares de carácter ofensivo. Bizancio, en esos tiempos de debilidad para los enemigos exteriores, debía pasar a la acción, hostigar a sus rivales, reconquistar sus antiguas posesiones o, simplemente, hacer del ataque la mejor defensa. Esta nueva concepción del arte de la guerra no podía ser llevado a cabo por tropas irregulares, se hacía preciso contratar soldados profesionales. Los ataques necesitaban de la presencia de *catafractos* entre sus filas que pudieran realizar los rápidos movimientos precisos en este tipo de operaciones militares.

Basilio II fue el último defensor de los intereses políticos relativos a la mediana y pequeña propiedad rural, para lo cual este emperador se enfrentó tanto militar como legislativamente a la nobleza latifundista. Basilio era muy consciente de que su fuerza como soberano residía en la protección de la pequeña propiedad rural y en el ataque a la expansión ilimitada de la aristocracia territorial, por lo que sus medidas siempre se centraron en perseguir estos objetivos. Los cambios en la propiedad de la tierra que tuvieron lugar entre los siglos VII a XI explican en buena medida la evolución de la centralización del poder imperial que tuvo lugar en este mismo periodo.

No obstante, las medidas adoptadas por este gran emperador perseguían también, de buen grado, un objetivo bien diferente: hacer más fluido el sistema de recaudación de impuestos, ya que si la tierra se encontraba muy dividida las sumas eran satisfechas de forma más rápida que si se concentraba en pocas manos que, de esta forma, debían de hacer frente a mayores pagos.

La defensa de la causa minifundista efectuada por Basilio II consistió en ordenar hacia 996 que las tierras compradas anteriormente de forma ilegal fueran devueltas a los herederos de sus antiguos propietarios, sin tener en cuenta el plazo de prescripción de treinta años. Sin embargo, nuevamente, al igual que lo ocurrido con las acciones adoptadas por Romano Lecapeno, esta medida resultaba de difícil cumplimiento y, en consecuencia, tuvo un efecto nulo.

CONSTANTINOPLA TRAS LA DINASTÍA MACEDONIA: DEL APOGEO A SU LENTA AGONÍA

Desde la caída de Roma y supervivencia de Constantinopla, a finales de la quinta centuria, hasta que Bizancio alcanzó su máximo apogeo con la dinastía macedonia en el siglo XI, transcurrieron quinientos largos años. El mismo tiempo que va desde esta última época hasta la conquista definitiva de la ciudad de Constantino por los otomanos. Cinco siglos para que, con altibajos, el Imperio alcanzara su máximo esplendor. Cinco siglos también para que iniciara su caída y desapareciera definitivamente. Mil años de vida para un grandioso imperio.

Como bien nos informa Ladero, a lo largo del extenso reinado de Basilio II (963-1025) no solo se logró la conquista de Bulgaria. Con su territorio bajo dominio imperial se acabó también con la terrible amenaza que este pueblo centroasiático había supuesto para Bizancio a lo largo de muchos años. El resto de bárbaros que ocupaban la frontera norte del Imperio, tales como magiares y pechenegos, no eran lo suficientemente poderosos como para amenazar la integridad bizantina, a pesar de sus constantes y molestas hostigaciones. Si a esto le sumamos las luchas internas en las que se encontraba sumido el Califato árabe y la debilidad de los reinos germánicos de Europa, hundidos en el régimen feudal tras la fragmentación del Imperio carolingio, podemos concluir con que Bizancio se encontraba en la cumbre del poder.

Asimov nos informa que cuando murió Basilio II, la extensión del Imperio bizantino era mayor de la que había tenido en los últimos trescientos años. Ocupaba todos los Balcanes hasta el Danubio, Asia Menor, el sur de Italia y las islas de Creta y Chipre, con lo que poseía la hegemonía sobre el Mediterráneo oriental. Era un imperio en su apogeo.

Cuando Justiniano terminó sus grandes conquistas hacia mediados del siglo vi, la práctica totalidad del Alto Imperio romano había sido restaurado. Sin embargo, como resultado de lo anterior las arcas bizantinas se encontraban vacías, el Estado estaba militarmente agotado y el Imperio constituido por numerosas y vastas regiones que, tras haber permanecido durante varios años bajo distinto yugo y, por lo tanto, compartir diferente destino, habían evolucionado de forma diferente y se hallaban profundamente enemistadas entre sí.

La situación se agravaría aún más tras la victoria de Heraclio conseguida sobre los persas en la primera mitad del siglo vii. A pesar del enorme tamaño del Imperio en aquellas fechas, este era estructuralmente poco firme y no tardó demasiado tiempo en derrumbarse cuando surgió un nuevo y poderoso rival: el enemigo árabe.

En cambio, a la muerte de Basilio II en 1025, la tesorería bizantina se encontraba repleta, a pesar de la intensa actividad militar desarrollada a lo largo de su reinado. Además, Bizancio estaba constituido por un Estado homogéneo y unido, un Imperio, ya en esos momentos, plenamente heleno y cristiano ortodoxo.

No obstante, los problemas para los descendientes de Basilio II, tendrían otro origen bien distinto. El emperador restauró la primitiva legislación, aquella que había regido en los tiempos de mayor auge del sistema de *themas*, y reanudó la política agraria contraria a los intereses expansivos de la aristocracia terrateniente. Sin embargo, a pesar de estas medidas, en opinión de Ladero, sin duda era demasiado tarde para frenar la protofeudalización a la que se estaba viendo sometido el Imperio. Los acontecimientos que tuvieron lugar desde 1025, tras el fallecimiento de Basilio II, a partir de los cuales Bizancio inició su lenta y agonizante caída de casi quinientos años de duración, parecen confirmar esta tesis. Ante la exención fiscal de la acumulación de propiedades rurales que tuvo lugar como resultado de lo anterior, la nobleza territorial ya no encontró entonces freno alguno para continuar acumulando en sus manos tierras y poder, en detrimento de los pequeños campesinos y la aristocracia civil de la capital, respectivamente. En esos momentos, el régimen de *themas* iniciado por Heraclio en el siglo VII, se vino abajo. Desaparecida la pequeña y mediana propiedad rural dejó de existir la base del ejército bizantino que había permitido a sus emperadores depender menos de la contratación de mercenarios y mantener íntegra la centralización del poder.

A Basilio II (963-1025) y su hermano Constantino VIII (963-1028), les sucedieron los yernos de este último: Romano III (1028-1034), Miguel IV (1034-1041), y Constantino IX (1042-1045). Finalmente, la extinción de la dinastía macedonia tendría lugar en 1056 con la muerte de Teodora, la última hija de Constantino VIII. Ninguno de ellos nada pudo hacer para evitar el desastre de la ocupación definitiva del poder por parte de la nobleza terrateniente, con el ascenso al trono de la familia de los Comneno.

En el periodo de tiempo que va entre la muerte de Basilio II y la coronación de Alejo I Comneno (1081-1118), tuvo lugar la disgregación del orden político en el enfrentamiento entre los partidos liderados por la nobleza de la capital y la aristocracia militar de los terratenientes.

El final de la dinastía macedónica coincidió con un deterioro considerable de la administración interior del Imperio. Ladero nos indica que durante el llamado «régimen civil», dominado por la aristocracia de la capital, hubo un incremento de la corrupción en el ejercicio de las funciones públicas y el mercenariado paso a ser la base del ejército. También es preciso destacar la gran crisis que experimentaron el comercio y la industria bizantinos, como consecuencia de las concesiones otorgadas por los emperadores a los mercaderes italianos.

Romano III, el primero de los emperadores que ocupó el trono durante este periodo de predominio de la nobleza civil, fue, en opinión de Claramunt, un hombre vanidoso e incompetente y, durante su reinado, el Imperio sufrió severos reveses en la frontera de Siria, así como los desastres provocados por epidemias, hambrunas y un terremoto que afectó seriamente a Constantinopla. Un complot organizado por su esposa Zoe, la hija mayor de Constantino VIII, acabó con la vida del soberano y elevó al trono al amante de la emperatriz, que reinó con el nombre de Miguel IV (1034-1041).

Tras la muerte de Miguel IV, su influyente hermano, Juan, obligó a Zoe a adoptar a su sobrino, que acabó reinando con el nombre de Miguel V

(1041-1042). No obstante, este acabó desterrando y encerrando a Juan y Zoe. Una revuelta popular, finalmente acabó con el gobierno de Miguel V, que fue cegado y su trono ocupado nuevamente por Zoe, junto a su hermana Teodora.

Zoe fue casada otra vez y su nuevo esposo, Constantino IX (1042-1055), ascendió entonces al poder. Se trataba de un personaje culto y con un profundo interés por las leyes. El hecho más destacable acontecido durante su reinado fue, sin lugar a dudas, el gran Cisma que separó definitivamente a las Iglesias oriental y occidental.

El mismo problema básico que había existido a lo largo de siete siglos era en estos momentos el que enfrentaba a las dos Iglesias: cuál de ellas poseía la primacía, quién era la verdadera cabeza del cristianismo, el papa de Roma o el patriarca de Constantinopla. Hubo que esperar solamente el tiempo necesario para que en las dos sedes se sentaran figuras con el suficiente carácter como para llevar el enfrentamiento tan lejos que llegara incluso a suponer la escisión definitiva de las dos ramas del cristianismo. El patriarca Miguel Cerulario era, al igual que Focio, antiguo líder de la Iglesia de Constantinopla, un ambicioso clérigo con una fuerte personalidad. Lo mismo ocurría con el papa León IX. Hasta entonces, las dos Iglesias, fuera cual fuera su disputa, habían evitado una ruptura total y seguían manteniendo una unidad teórica.

Como nos informa Asimov, Cerulario, ante la presión normanda, llevó a cabo severas medidas en relación con la cuestión de la jurisdicción eclesiástica en el sur de Italia. Hacia

1052 procedió al cierre de todas las iglesias que, bajo soberanía imperial, celebraran misa según los ritos occidentales. El resultado no fue otro que el de provocar la ruptura abierta con Roma. Para agudizar aún más el problema, en 1054, el papa León IX excomulgaba a Miguel Cerulario, por lo que Roma y Constantinopla se dieron la espalda ya definitivamente. La ruptura permanece abierta hoy día y hace que el mundo cristiano diferencie aún en la actualidad entre las Iglesias católica y ortodoxa.

El extremismo del patriarca recibió el beneplácito del pueblo bizantino, que había llegado a odiar a los occidentales, tan diferentes de ellos. El Cisma no hizo otra cosa que aumentar la popularidad de Miguel Cerulario y llegar a convertirle en el hombre más poderoso del Imperio.

Asimov nos indica que ni tan siquiera los más destacados eruditos bizantinos, como Miguel Psellos, mencionan el cisma final entre el cristianismo oriental y el occidental. Tal vez los bizantinos lo consideraban solo como otro episodio de la larga disputa con Roma y nunca se les pasó por la cabeza que este enfrentamiento pudiera llegar a ser el definitivo.

Como ya comentamos en su momento, originalmente había tres patriarcados en la Iglesia cristiana: Antioquía, Alejandría y Roma, a los que se sumó Constantinopla y más tarde Jerusalén, aunque este último no lo tendremos en cuenta debido a que carecía del poder de los otros, puesto que fue fundado únicamente por ser el lugar donde predicó y murió Cristo. Todos los patriarcados estaban enfrentados entre sí por

Frescos en el interior de una iglesia bizantina precismática localizada en las proximidades del ágora romana de la ciudad de Atenas. El cisma definitivo entre las Iglesias oriental y occidental no se produjo hasta el año 1054. No obstante, el enfrentamiento entre los patriarcados de Constantinopla y Roma había sido una constante desde el siglo VII, momento en que ambas ciudades pasaron a ser las sedes más importantes del cristianismo.

ver cual tenía la supremacía sobre los demás. Al caer Siria y Egipto en manos de los infieles musulmanes la disputa quedó reducida a Roma y Constantinopla. Pero Roma pronto dejó también de ser un dominio bizantino. La lucha por la primacía comenzó a carecer de sentido una vez que Roma y Constantinopla pertenecían a estados diferentes. El distanciamiento fue cada vez mayor hasta que se llegó al cisma de 1054, que sigue vivo hoy en día.

Por otro lado, a mediados del siglo XI también se inició la carrera por la independencia de los eslavos balcánicos. El primer territorio en adquirir el estatus de reino fue Zeta, la actual Montenegro, cuyo señor, Miguel Vojislav (1052-1081), fue coronado en 1077 por el papa Gregorio VII, tras el acercamiento a la política de Roma efectuado por este caudillo. Croacia consiguió también su independencia por esas fechas.

En aquellos años tuvieron lugar, además, las revueltas protagonizadas por los súbditos búlgaros y valacos, junto con alguna que otra incursión bárbara en Mesia, Macedonia, Tracia y los Balcanes, protagonizada por pechenegos, uzos y cumanos, todos ellos de etnia turcomana.

Los húngaros también ganaban terreno a Bizancio y tras la conquista de Belgrado ampliaban considerablemente sus fronteras.

Por si fuera poco los normandos iniciaron hacia 1059 una serie de campañas que les llevó a conquistar los últimos reductos bizantinos en el sur de Italia, como podremos ver más adelante.

No obstante, en opinión de Ladero, a pesar de la molesta presencia de todos estos bárbaros ninguno resultaba tan peligroso para el Imperio como el enemigo selyúcida.

Como se verá en el siguiente punto, los turcos selyúcidas, tras la conquista de Armenia oriental, amenazaban muy seriamente Anatolia. La decisiva derrota bizantina de Manzikiert, en 1071, dejaba a Asia Menor sin defensas y despejaba el camino a este pueblo musulmán. Los turcos jamás abandonarían ya Anatolia, el eje principal de la actual república de Turquía, y en los años siguientes avanzaron hasta llegar a orillas del Egeo. Sin embargo, la presencia bizantina en la región no desapareció por completo, incluso Alejo I reconquistó algunos territorios pero, a partir de 1071, Bizancio dejaría de ser un imperio y se transformaría, más bien, en un Estado griego.

No obstante, no debemos de olvidarnos de los problemas internos del Imperio, tan graves o, incluso más, que el peligro externo ya estudiado. Al morir Teodora, la última representante de la extirpe macedónica, los políticos civiles del gobierno sentaron en el trono a un hombre influenciable, Miguel VI (1056-1057), con lo que de nuevo se imponía el criterio del partido de la aristocracia civil. Sin embargo, la nobleza de la capital fue perdiendo poder y acabó siendo inevitable su sustitución por los grandes señores de la aristocracia rural y militar. Al poco de alcanzar el trono Miguel VI, un levantamiento acaudillado por Isaac Comneno, representante del partido nobiliario terrateniente, depuso al emperador. Era el primer serio revés que sufría la aristocracia civil constantinopolitana frente al empuje de las grandes familias dueñas de la tierra.

Con la llegada de los Comneno al trono imperial se incrementaba el peligro de muerte para Bizancio. El Imperio se caracterizó por haber evitado hasta la fecha que el régimen feudal, que se imponía en el resto de Europa, hubiera penetrado en sus fronteras y seguramente este fue el auténtico secreto de su éxito. Bajo gobierno de los Comneno, Bizancio sufrirá un cierto proceso de feudalización, eso sí, con un carácter particular que lo hizo diferente al que tuvo lugar en Occidente y que no produjo una descentralización del poder tan acusada. El emperador bizantino ejercía su mandato de forma efectiva sobre todo el territorio, a diferencia de los reyes de Occidente, donde el ejercicio del poder se hallaba repartido en un marasmo de relaciones feudovasalláticas. A pesar de ello, con los Comneno el ejército se fue llenando cada vez más de mercenarios y la propiedad de la tierra fue concentrándose en poder de unas pocas manos, pertenecientes a miembros de la nobleza terrateniente.

Tras ciento veintitrés años de la llegada al trono de Alejo I, la crisis interna junto a las intrigas palaciegas, finalmente hicieron posible la ocupación, por los occidentales de la Cuarta Cruzada, de una buena porción de las provincias europeas de Bizancio. Reductos imperiales sobrevivieron en Grecia y, sobre todo, en Asia Menor, donde las poderosas familias bizantinas fundaron los estados de Nicea y Trebisonda. El primero de esos territorios se alzó como continuador del Imperio bajo la familia de los Paleólogo y, cuando las fuerzas occidentales que ocupaban Constantinopla flaquearon, les asestó el golpe definitivo expulsándolas de la capital y restaurando el poder bizantino.

Sin embargo, a pesar de la reconquista de la ciudad de Constantino, tras el paso de los Comneno por el trono bizantino y después del triste episodio de la ocupación de los occidentales por espacio de poco más de cincuenta años, el Imperio estaba más muerto que nunca. A pesar de todo, la grandeza de la Roma oriental hizo que esta sobreviviera, a duras penas, eso sí, aun durante doscientos años, hasta la conquista definitiva de Constantinopla por parte de los turcos otomanos.

Si el partido de la nobleza terrateniente no hubiera gobernado el Imperio y este no se hubiera feudalizado, ¿habría sobrevivido Bizancio al azote turco y traspasado el umbral de la Edad Contemporánea? Su sucesor, el Imperio otomano, sucumbió en 1918, al final de la Primera Guerra Mundial, y de sus cenizas surgió la actual Turquía. ¿Por qué no pensar que de no haberse producido esta pseudofeudalización en el Imperio helenístico, que recibieron los sucesores de Heraclio, este hubiera sobrevivido durante muchísimo más tiempo, al igual que el Imperio otomano, y habría derivado en un Estado griego que abarcaría en la actualidad también Anatolia? No es tan descabellado pensarlo si nos apoyamos en el caso turco y si entendemos que el auge de los otomanos fue, en buena medida, consecuencia de la crisis imperial que tuvo lugar debido a los cambios producidos en la propiedad de la tierra. No nos cabe la menor duda que, si el poder imperial no se hubiera deteriorado de la forma anteriormente descrita, Turquía sería hoy día un país más oriental, el Imperio bizantino habría impedido la invasión otomana de Anatolia occidental y de Europa, la cristiandad no habría sufrido el azote turco durante la Edad Moderna y hoy existiría un país de cultura griega a caballo entre los dos continentes.

No obstante, a pesar de haber iniciado su imparable caída, en palabras de Ladero, «la apariencia del poder del Imperio era brillante todavía, tanto en el exterior como en el interior».

NORMANDOS Y TURCOS: LOS NUEVOS ENEMIGOS

Extinguida la línea sucesoria de Basilio II, hubo un periodo sin dinastía en el que reinaron una serie de funcionarios y generales, tras los que surgió la familia imperial de los Comneno para hacerse con el poder. El periodo de anarquía que reinó entonces fue aprovechado por los terratenientes para resurgir e intentar de nuevo descentralizar el poder del emperador, haciéndose cada vez más independientes. Bizancio entró entonces en un nuevo periodo de decadencia, como posteriormente se encargaron de demostrar los normandos y, especialmente los turcos, del que ya nunca se volvería a recuperar por completo.

En 1059 ascendió al trono bizantino un funcionario de la tesorería imperial con el nombre de Constantino X. Constantino era de la poderosa familia de los Dukas, perteneciente al partido civil rival de los terratenientes militares que, como tal, redujo en buena medida los gastos militares. Si bien es cierto que con esta acción el emperador aumentaba el nivel de las arcas estatales, además de restar fuerza al ejército, poderosa arma de apoyo a supuestos usurpadores del partido rival en contra del soberano legítimo, también lo es que la medida podía llegar a constituir un grave error, desde el punto de vista de la estrategia defensiva de Bizancio. En aquella época el Imperio era débil y había dejado de llevar la iniciativa bélica en las fronteras, donde surgían nuevos enemigos, especialmente los normandos y los turcos selyúcidas.

Algunos normandos en sus peregrinaciones a Tierra Santa se embarcaban para su travesía desde los ricos puertos de la costa italiana y encontraron en dicha región opulentas ciudades susceptibles de convertirse en un cuantioso botín. Bajo la dirección de su líder, Roberto Guiscard, comenzaron a realizar saqueos y no solo eso, si no que además, como había ocurrido unos años antes con la región norte del reino franco, se apoderaron allí de tierras y fundaron un Estado normando. Muy pronto los últimos reductos bizantinos de la región transalpina comenzaron a caer en manos normandas o se vieron seriamente amenazados.

Sin embargo, el único problema para Bizancio no eran los normandos. En el norte se producían las incursiones de la enésima tribu asiática, los cumanos. Aunque era en el este donde apareció el enemigo más temible y el que, llegado el momento, en su variante otomana, acabaría definitivamente con el Imperio. Los turcos eran otro de estos pueblos nómadas procedentes de Asia central, emparentados con los hunos y los cumanos. Por encima de todas las tribus turcas, en el siglo XI, destacaba la del mítico caudillo Selyuk, etnia que era conocida como selyúcida. Los selyúcidas invadieron Oriente Próximo, entraron en contacto con el Islam y, dado el carácter proselitista de esta fe junto con el hecho de que los turcos practicaran cultos religiosos primitivos, estos no tardaron demasiado tiempo en adoptar el credo del profeta Mahoma. Los selyúcidas ocuparon el antiguo nicho del Califato en la región, llegando a ser la mayor potencia musulmana y convirtiéndose, por lo tanto, en herederos de los árabes y sustitutos de estos como enemigos del Imperio.

Mientras tanto, como hemos podido observar en párrafos anteriores, Bizancio se encontraba sumido en una profunda crisis tras la extinción de la dinastía macedónica y el enfrentamiento por el control del gobierno entre el partido de la nobleza civil constantinopolitana y los grandes señores latifundistas. En consecuencia, muy pronto comenzó a hacer efecto la presión en las fronteras exteriores, en especial la ejercida por los turcos.

En 1063, los selyúcidas se apoderaron de Armenia mientras los normandos se asentaban cada vez más en Italia. El impotente Constantino X murió en 1067, dejando el trono a dos hijos menores de edad. Su viuda Eudoxia fue nombrada regente y apostó por seguir el ejemplo de la dinastía anterior, dejando el gobierno en manos de un militar capaz, aunque como veremos la jugada no salió bien. Se casó con el general Romano Diógenes, que fue coronado como Romano IV. Si bien es cierto que el balance del reinado de romano podría resumirse como un fracaso rotundo, también lo es que sí acertó plenamente en una cosa. El emperador se olvidó por completo de Italia, alejada del núcleo bizantino, aislada por mar y casi totalmente perdida frente al empuje normando, y se concentró exclusivamente en el mayor peligro, es decir, el procedente de los turcos. En consecuencia la última posesión italiana cayó en 1071.

No obstante, en ese fatídico año de 1071 se produjo otra desgracia. Los selyúcidas arrasaban en sus campañas militares, en las que combatían a todos los enemigos que les salían al paso. De esta forma llegó el momento de enfrentarse a los musulmanes de Siria y a los bizantinos a la vez. A Alp Arslan, el líder turco, le urgía más la conquista de Siria, por lo que no dudó en firmar una tregua con el Imperio, para así poder ganar tiempo y ahorrar recursos en sus campañas. Romano vio entonces la oportunidad de lanzar una contraofensiva para defender Bizancio frente a los turcos.

Romano IV partió hacia Armenia con sesenta mil unidades de caballería pesada, el grueso del ejército imperial. Una de las primeras medidas que el emperador tuvo que adoptar cuando subió al trono fue la de reorganizar el ejército, prácticamente desmantelado ante las medidas impuestas por Constantino X, para lo que se hizo necesario reclutar, entrenar y armar a nuevos soldados. Por lo tanto, la mayor parte de las fuerzas armadas bizantinas estaban formadas por hombres inexpertos. Si a esto le añadimos la lealtad dudosa de algunos de los generales que estaban al mando de la expedición y la ineptitud de Romano, podremos fácilmente adivinar que todo acabó en tragedia.

En agosto de ese año, en Manzikiert, se produjo el enfrentamiento entre los *catafractos* imperiales y la caballería ligera turca. Al igual que en la batalla del río Yarmuk, que había enfrentado a bizantinos y árabes en 636, se encontraban frente a frente dos ejércitos bien distintos: uno, el imperial, implacable en el choque frontal otro, el musulmán, cuya principal ventaja era su endiablada maniobrabilidad, así como la destreza de sus jinetes. Aunque la fuerza turca era más numerosa nunca podría resistir una carga directa de los poderosos jinetes acorazados bizantinos. Romano, ansioso por vencer, lanzó a su caballería en un choque frontal, por lo que llegó incluso a perseguir a los turcos que se alejaban de forma organizada. Con este acto, como nos informa Asimov, violó los principios bélicos bizantinos, según los cuales la caballería pesada nunca debía tratar de perseguir a la caballería ligera, a menos que esta última estuviera inmovilizada contra un río u otra barrera infranqueable. Las cabalgaduras acorazadas no podían alcanzar a los jinetes convencionales que huían en línea recta y los caballos perseguidores se agotaban inútilmente, haciéndose vulnerables a un contraataque. Era un día sofocante y la caballería bizantina, estaba cada vez más cansada y sedienta. Al caer el día Romano, impotente, ordenó la retirada.

El ejército bizantino no había sido derrotado aún, pero la traición le dio la puntilla final. Andrónico Dukas, pariente del anterior emperador, miembro del partido civil y opositor de Romano, se retiró de la escena con sus huestes. El ejército bizantino, debilitado por una jornada

Iglesia bizantina de San Salvador en Chora (Estambul). Entre los siglos IX y XI se sentaron en el trono de Constantinopla las dinastías frigia y macedónica, así como los generales usurpadores, y tras la extinción definitiva de la extirpe de Basilio I (866-886), asumieron el control del Imperio representantes de la nobleza civil de la capital. A finales del siglo XI, coincidiendo con la época de construcción de esta iglesia, Alejo I (1081-1118) inició la dinastía comnena, linaje perteneciente a la aristocracia terrateniente.

agotadora y por la falta de lealtad entre sus filas, fue entonces destruido por completo.

La llegada al trono imperial de Alejo I

La presión que ejercían los turcos por el este y los normandos en occidente se debía en gran medida al momento de decadencia por el que pasaba Bizancio. El Imperio estaba destrozado. El enfrentamiento entre los partidos feudal y civil se estaba alargando en exceso y no hacía más que deteriorar al Estado. La Iglesia ortodoxa, que por esas fechas se separó definitivamente de la Iglesia occidental, llevó a todo el Imperio a un inútil enfrentamiento con el papa, lo que no hizo más que aumentar la antipatía de los estados católicos occidentales hacia Bizancio. Ni tan siquiera el comercio y la industria, antaño las mayores fuentes de ingresos de Constantinopla, se salvaban de la profunda crisis, y sobrevivían, a duras penas, ante la sólida competencia ejercida por las ciudades italianas, cada vez más beneficiadas por las concesiones imperiales otorgadas. No obstante, en los próximos años la situación económica empeoraría aun más, tras la apertura de nuevas rutas comerciales después del asentamiento de los occidentales en Tierra Santa durante la Primera Cruzada.

La crisis interna desembocó en el desastre de Manzikiert, lo que a la vez puso de manifiesto que el Imperio ya no podía enderezarse. Tras esta victoria, los turcos penetraron en Anatolia sin que hubiera ejército imperial alguno que ofreciera la mínima resistencia. Asia Menor, la región montañosa que había supuesto una barrera infranqueable para los poderosos árabes, había caído ante el enemigo turco. Como afirma Asimov, esto significaba también la pérdida de la mayor cantera de soldados del Imperio, a la vez que la privación de la capacidad para seguir siendo una potencia marítima. Pero las provincias europeas continuaron intactas y Constantinopla siguió disfrutando de su estatus de gran imperio a ojos de los occidentales. Sin embargo, Bizancio dejó de ser una gran potencia. No volvió nunca más a luchar contra sus enemigos con sus propios medios y, en adelante, sus ejércitos estarían formados casi exclusivamente por mercenarios bárbaros.

Tras el fracaso de Romano IV en Manzikiert, se producía un nuevo triunfo del partido aristocrático constantinopolitano que, en 1072, llegaba a sentar en el trono a otro de sus miembros, Miguel VII Dukas. El enfrentamiento entre las dos facciones nobiliarias resultó nefasto, puesto que el nuevo emperador llegó incluso a poner a su servicio a mercenarios turcos cuyas incursiones, de aquella forma, pasaron de ser temporales a derivar en asentamientos definitivos.

En 1078, durante el periodo interdinástico en el cual las noblezas civil y rural se disputaban el gobierno imperial, estalló la enésima rebelión que colocó en esta ocasión en el trono a un nuevo inepto, Nicéforo III. Como sus antecesores tampoco reinó mucho tiempo, ya que un general capaz, Alejo Comneno, le arrebató su cetro. Los Comneno pertenecían a una de las grandes familias del partido feudal y el ascenso de Alejo, tras un levantamiento militar en 1081, representó la victoria final de los terratenientes militares frente a la aristocracia civil. Era sobrino de Isaac Comneno, que había reinado brevemente veinte años antes, tras dar un golpe de Estado en 1057, después de la extinción de la dinastía macedónica. Alejo, aprovechando su posición privilegiada, al pertenecer a una gran familia terrateniente, se casó con la hija del antiguo emperador, Miguel VII, para, de esta forma, obtener el apoyo de la poderosa familia Dukas, y después se adueñó de Constantinopla, obligando a Nicéforo III a abdicar.

Como hemos podido comprobar, llegado el momento los generales miembros de la aristocracia terrateniente, apoyados en el ejército, se sintieron los suficientemente fuertes como para hacerse con el poder. El primer intento fue el alzamiento protagonizado por Isaac Comneno, tras el cual, su sobrino Alejo hizo lo propio y se sentó sólidamente en el trono, llegando, esta vez sí, a fundar una nueva dinastía imperial, que gobernó hasta 1185 y mediante una de sus ramas laterales, la de la familia Ángel, hasta 1204. A pesar de que ello significó la definitiva caída del Imperio en manos de la nobleza rural y, consecuentemente, el imperio sufrió una pseudofeudalización, también es cierto que la toma del poder por parte de la dinastía comnena dio una cierta estabilidad a Bizancio. Sus predecesores en el trono de Constantinopla, Constantino Dukas (1059-1067), Romano IV (1067-1071) y Miguel VII (1071-1081), no fueron capaces de hacer frente al enemigo exterior, por lo que antes de que Alejo I diera su golpe, los normandos se habían hecho con los últimos reductos bizantinos en el sur de Italia hacia 1071, así como los turcos selyúcidas

La Torre del Oro de Sevilla, construcción defensiva del periodo almohade. Los almohades constituyeron entre los siglos XII y XIII un imperio musulmán en Occidente que abarcaba el sur de la península ibérica y el noroeste de África.Paralelamente, durante este mismo periodo los turcos selyúcidas fueron los musulmanes dominadores de Oriente próximo.

infringieron la severa derrota de Mantzikiert ese mismo año. Sin duda este último enemigo resultaría el más peligroso y en los años siguientes ocuparía la casi totalidad de Asia Menor, como ya comentamos. Por si fuera poco el peligro eslavo pronto reaparecería también en los Balcanes.

Con la llegada al poder de la nueva familia imperial, Bizancio cayó en manos de la nobleza latifundista y hasta el final de su historia se vio sumido en un régimen cuasi feudal. El feudalismo tardó más tiempo en llegar al Imperio oriental, a finales del siglo XI, que al resto de Europa, donde se hizo notar allá por el siglo IX, pero a pesar de todo no arraigó tan profundamente como en esta última. El triunfo de los terratenientes supuso la desaparición de la milicia de soldados-campesinos y el aumento de la presencia de tropas mercenarias en el ejército imperial. Pero, a diferencia de Europa, el Estado bizantino disponía de dinero suficiente para pagar a estos nuevos ejércitos y no tenía la necesidad de descentralizar aún más el poder, cediendo más tierras a los nobles a cambio de ayuda militar, tal y como ocurría en el auténtico régimen feudal de Occidente. Bizancio no se vio sometido a una fragmentación en pequeños estados independientes como ocurría en los reinos germánicos occidentales. Por todo esto debemos de concluir que en el Imperio bizantino solo logró imponerse un régimen semifeudal, lo que además únicamente ocurrió en el ocaso de su existencia.

En la época de Alejo I, el Imperio estaba formado únicamente por la península balcánica al sur del Danubio y las islas de Creta y Chipre. Pero el peligro acechaba en todas las fronteras. En el norte estaban los serbios, los magiares y los pechenegos, que en 1086 invadían Tracia y en 1091 llegaron a asediar Constantinopla. Los pechenegos fueron finalmente derrotados haciendo uso de una alianza con los cumanos, pueblo centroasiático que, a la larga ocuparía el espacio de los primeros y acabaría por resultar igual de peligroso.

En el oeste se encontraban los normandos y en el este los peligrosos selyúcidas. Alejo era un hombre capaz para enfrentarse a tan dramática situación, pero Bizancio estaba desolado y su posición resultaba extremadamente complicada.

En junio de 1081, solo seis meses después de que Alejo se hubiera convertido en emperador, el normando Roberto Guiscard partió con una flota hacia los Balcanes. Alejo no dudó en sobornar a los virreyes turcos de Asia Menor que perseguían su independencia, para de esta forma mantener tranquila la frontera del este, provocando un enfrentamiento civil entre las filas selyúcidas. También firmó una alianza con Venecia, por la cual la república italiana pondría su armada al servicio del Imperio a cambio de importantes concesiones comerciales en Constantinopla, firmadas en 1084, que a la larga pesarían mucho al Imperio.

A pesar de todo, los normandos consiguieron llegar a tierra y avanzar de forma imparable hacia la capital bizantina. El Imperio estaba sin fondos pero Alejo consiguió reunir otro ejército de mercenarios, entre las filas del cual formaban incluso turcos. El gran Comneno evitó el enfrentamiento directo con la caballería pesada normanda, la mejor de esa época, y destruyó los abastecimientos enemigos, con lo que los invasores no tuvieron más remedio que retirarse.

Por si todo lo anterior no resultara ya suficiente, además de todas las disputas defensivas exteriores, Alejo tomó también partido por el emperador germánico Enrique IV, en su enfrentamiento con el papado.

Sin embargo, los enemigos del emperador no estaban únicamente apostados al otro lado de las fronteras del Imperio, uno se encontraba dentro del propio territorio bizantino. A finales del siglo X, surgió en las provincias búlgaras la secta cristiana de los bogomilos. Sus miembros rechazaban todo lo material. Si a esto le sumamos que la secta comenzó a extenderse de manera alarmante por todo el territorio bizantino a lo largo del siglo XI, coincidiendo con el periodo de decadencia por el que atravesaba el Imperio, podemos llegar a comprender el peligro que estos herejes representaban para Bizancio, ya que sus miembros se mostraban pasivos a la derrota, e incluso veían esta con buenos ojos. Según los bogomilos el fracaso del Imperio se debía a un castigo divino por los pecados cometidos. Si el número de sus adeptos seguía aumentado a ese ritmo, el Imperio se llenaría de gente piadosa y apática, y no tardaría en derrumbarse desde sus propios cimientos. Bizancio en aquellos momentos difíciles no necesitaba misioneros ascetas, sino soldados y mano dura. En consecuencia, Alejo se vio obligado a tomar severas medidas contra la secta.

LA PRIMERA CRUZADA

Tras haber rechazado la invasión normanda de los Balcanes y derrotado a los pechenegos; con los cumanos como aliados y los bogomilos duramente perseguidos, Alejo se enfrentaba únicamente ya al enemigo selyúcida, el más temible de todos.

No obstante, en 1092 se producía la muerte del sultán Malik Shah y el Estado turco pronto se fragmentó en territorios independientes hostiles entre sí. Era el momento propicio para que el Imperio lanzara una contraofensiva e intentara recuperar el terreno perdido frente a los selyúcidas en Asia Menor. Solo unos años antes Alejo, a duras penas y con los escasos fondos de las arcas imperiales, había armado un ejército de mercenarios con los que defendió Bizancio de los invasores normandos. Pero el Imperio no se encontraba en condiciones de emprender una nueva guerra, y mucho menos de llevar la iniciativa, cruzar el Bósforo y atacar las posiciones turcas. Era el momento propicio para castigar a los selyúcidas, pero parecía que esta oportunidad se acabaría esfumando. Sin embargo, el inteligente Alejo daría con una posible solución. Cuando el problema eran los normandos no dudó en pagar a mercenarios turcos para combatirlos. ¿Por qué no repetir ahora esta operación pero a la inversa y utilizar bárbaros germanos contra los selyúcidas?

La oportunidad del emperador llegó en 1095, cuando a comienzos de año, como nos explican Asimov y Portela, la Iglesia romana, bajo mandato del papa Urbano II, celebró un concilio en la ciudad italiana de Piacenza. Alejo I envió un embajador a este encuentro, con el objetivo de solicitar voluntarios para combatir a los turcos. En esta ocasión se trataba de hacer que soldados occidentales al servicio del Imperio, juraran fidelidad a Alejo I, se enfrentaran al enemigo selyúcida y recuperaran Asia Menor para Bizancio. El argumento del emperador para que Occidente accediera a satisfacer su demanda no era otro que el siguiente: se trataba de combatir contra infieles musulmanes. El precio a pagar por el Imperio en esta ocasión no se medía en moneda. Se insinuó que a cambio de los servicios prestados Alejo se mostraría dispuesto a resolver el cisma entre las ramas oriental y occidental de la Iglesia.

Asimov nos indica que al papa le pareció como si Oriente estuviera por fin dispuesto a aceptar la supremacía pontificia. Por consiguiente, Urbano II convocó otro concilio que se reuniría en la ciudad francesa de Clermont-Ferrand, hacia noviembre de ese mismo año, para tratar en concreto el problema de los turcos selyúcidas. No solo asistió el clero, sino también la nobleza, y Urbano II pronunció un discurso conmovedor exhortando a los señores occidentales a que dejaran de luchar entre sí y se unieran para combatir al infiel, expulsarlo de las tierras que habían pertenecido a los cristianos y garantizar, de esta forma, la peregrinación de fieles a los Santos Lugares.

Las palabras del papa corrieron como la pólvora y una mezcla de fanático sentimiento religioso y ansias de botín, fortuna, nuevas tierras o simplemente la promesa de alcanzar una vida mejor, hicieron que gente de toda condición social acudiera a la convocatoria. En consecuencia, paralelamente a la cruzada de mercenarios que empezó a organizarse, hubo una cruzada popular. Predicadores como Pedro el Ermitaño se encargaron de dar un mayor empuje al mensaje del papa y de reunir, más que un ejército, una horda desorganizada de campesinos sin ningún tipo de formación militar, equipamiento, armamento, provisiones o dinero con el cual poder garantizar el éxito de la expedición. Este ejército irregular improvisado a marchas forzadas, se puso en marcha hacia Oriente incluso antes que la cruzada militar, cegado por las promesas terrenales y celestiales hechas por el Sumo Pontífice.

Parece dudoso que el mismo Urbano II sospechara que su discurso tuviera tal efecto. En opinión de Portela, su mensaje debe entenderse, en primer lugar, como el deseo de poner en práctica el convencimiento teórico de su jefatura sobre la cristiandad. El llamamiento de Clermont para acudir en auxilio de los cristianos de Oriente y para rescatar los Santos Lugares se inserta, pues, en una corriente de ascenso de la Iglesia y el pontificado.

Lo que queda bien claro, a tenor de los resultados obtenidos en las cruzadas, es que a la Santa Sede no le importaba en absoluto el Imperio bizantino, a sus ojos un Estado herético, enemigo de similar categoría al infiel musulmán. Al papado lo único que le interesaba era la conquista de Oriente y el sometimiento de Bizancio a la autoridad eclesiástica romana.

No obstante, aunque para algunos autores, caso de Asimov, Zaborov y Gómez, parezca claro que la cruzada se organizó como motivo de la ayuda demandada por el emperador bizantino y piensan, además, que el principal objetivo del papado no era otro que el sometimiento de la Iglesia oriental, para otros, como Ladero y Portela, pertenecientes al mundo académico, la anterior postura es errónea.

En opinión de Gómez, el grueso de los ejércitos de campaña bizantinos en el siglo XII estaba compuesto por soldados a sueldo, a los que se añadían destacamentos de las guarniciones provinciales y de los estados vasallos, así como tropas mercenarias que se contrataban para cada empresa en concreto. Fueron precisamente estos últimos los cuerpos de ejército que, allá por 1095, cuando los recursos militares eran insuficientes para hacer frente a los turcos que dominaban casi toda Asia Menor, Alejo solicitó a Occidente y, como consecuencia de su petición, se convocó la Primera Cruzada.

En palabras de Ladero, «no se puede mantener la antigua tradición según la cual Bizancio habría reclamado ayuda inmediata para contener el peligro de expansión islámica: Alejo I, como los emperadores que le precedieron, quería tropas mercenarias a su servicio pero no peregrinos cuyos fines no coincidían con los de la política exterior bizantina». Este autor nos continúa explicando que cuando comenzó la Primera Cruzada, Bizancio no padecía peligros inmediatos. Alejo I estaba interesado en el reclutamiento de mercenarios occidentales pero no había solicitado ayuda al papa Urbano II y acogió a los cruzados con recelo y desconfianza, aunque consiguió de sus jefes un reconocimiento suficiente de la autoridad imperial y el compromiso de entregar a Bizancio los territorios que hubieran pertenecido a su dominio en los tiempos inmediatamente anteriores.

En opinión de Portela, las razones inmediatas que tradicionalmente se han venido sosteniendo para que la Primera Cruzada fuera convocada, no gozan de ningún fundamento. La primera de ellas era la presencia de los turcos selyúcidas en el Próximo Oriente y en Asia Menor, como serio obstáculo a la peregrinación de los cristianos latinos a Tierra Santa. Es cierto que la inestabilidad en Asia Menor no favorecía demasiado la seguridad para viajar a dichos lugares pero, sin embargo, Palestina, Jerusalén incluido, había sido ya recuperada por los fatimíes, musulmanes mucho más respetuosos hacia los cristianos que los selyúcidas, y los peregrinos, por lo tanto, podían visitar los Santos Lugares sin sufrir daño alguno. La segunda razón esgrimida tradicionalmente, la petición de ayuda por parte de Bizancio, a juicio de este autor, tampoco parece consistente. Lo peor de la amenaza de los turcos había pasado ya y el Imperio de Oriente daba pruebas, una vez más, de su capacidad de adaptación a las dificultades de cada momento. Es cierto que, en el concilio de Piacenza, estuvieron presentes los embajadores de Alejo I solicitando el envío de mercenarios dispuestos a integrarse en el ejército imperial bizantino pero, sin embargo, esto nada tiene que ver con la demanda de intervención de cuerpos de ejército latinos. Por lo tanto, según Portela, nada hay, pues, que, de manera inmediata, justifique la cruzada. Para este autor las explicaciones deben buscarse, por tanto, en niveles más profundos. Y, puesto que los estímulos externos no parecen tener entidad suficiente, es necesario mirar hacia dentro. Se hace preciso comprender las cruzadas como una manifestación más, con claros paralelismos en la reconquista ibérica, de las transformaciones que sacuden la Europa latina de los siglos centrales de la Edad Media.

La cruzada popular fue avanzando lentamente hacia el este por tierra, ante la ausencia de fondos para desplazarse por mar. En su camino saqueaban y arrasaban todo lo que les salía al paso, como si de una plaga letal se tratara. No obstante, la carencia de provisiones, hizo que solamente unas doce mil personas, de un número inicial muy superior, consiguiera alcanzar la campiña constantinopolitana. Alejo I no permitió la entrada de esta muchedumbre en su capital, por lo que los cruzados permanecieron extramuros de la ciudad y se dedicaron a la rapiña de los alrededores. El emperador estaba horrorizado ya que, además, aquella no era la ayuda que había pedido, no podía controlar a esa chusma ni tampoco le resultaba útil en su guerra contra los turcos. De modo que, Alejo, facilitó apresuradamente el paso de esta masa humana al otro lado del Bósforo y su instalación en el campamento de Civetot, en el golfo de Nicomedia. Desoyendo los consejos del emperador, los cruzados provocaron en breve el enfrentamiento con los turcos, por lo que el desastre fue total y la mayoría de estos campesinos occidentales fueron muertos o esclavizados. La flota de socorro enviada por Alejo I únicamente pudo rescatar y trasladar a Europa a unos tres mil supervivientes.

Entretanto, los caballeros occidentales se habían organizado ya y estaban preparados para partir hacia Constantinopla. Los líderes de esta cruzada eran en su mayoría nobles franceses o normandos de segundo rango y, entre los mismos, no se encontraba ningún rey. Entre julio de 1096 y mayo de 1097, sus contingentes llegaron de forma gradual a la capital imperial y, casi de inmediato, Alejo se arrepintió de haber solicitado ayuda al papa, ya que muy pronto se puso de manifiesto que aquel conjunto de cuerpos de ejército, bien adiestrados y equipados, representaba un grave peligro para Bizancio. No obstante, el emperador no descartó poner a los cruzados a su servicio y, ante esto, y el riesgo que representaba para el Imperio que sus huestes permanecieran por mucho tiempo más en Constantinopla, facilitó rápidamente su paso a Anatolia, no sin antes exigir a sus caudillos un juramento de fidelidad. Esta promesa debía llevar implícito que Bizancio recuperaría los territorios que antaño fueron suyos, o bien que estos los poseerían en calidad de feudo los líderes cruzados, rindiendo homenaje por ellos al emperador. Bizancio a cambio abastecería y guiaría a los occidentales hasta Jerusalén.

Sin embargo, algunos jefes cruzados fueron difíciles de convencer. Raimundo de Toulouse impuso sus propias condiciones, Bohemundo de Tarento, hijo del normando Roberto Guiscard, no prestó vasallaje al emperador hasta 1107, según Ladero, y Tancredo, sobrino del anterior, esquivó hacerlo, según Portela. A pesar del reconocimiento de la autoridad imperial por parte de algunos caballeros, en opinión de Asimov, ninguno juró fidelidad a Alejo de forma seria. Para este autor los occidentales no veían ninguna razón por la cual cumplir una promesa hecha al líder de un Estado cuya Iglesia no aceptaba la supremacía del papa. Del mismo modo, el emperador tampoco depositó confianza alguna en los cruzados.

Las huestes cruzadas atravesaron el Bósforo en junio de 1097 y, en breve, sitiaron a la cercana Nicea, hasta hacía poco, una de las ricas ciudades bizantinas. Si se tomaba esta urbe, los líderes de la empresa, que habían jurado vasallaje a Alejo I, tenían la obligación moral de entregarla al emperador aunque, eso sí, nada les podía impedir que antes la saquearan. Los defensores turcos de Nicea bien sabían como se las gastarían los occidentales, por lo que preferían rendir la ciudad a los bizantinos. En consecuencia, los turcos negociaron en secreto con el emperador, quien envió tropas apresuradamente para entrar en la villa antes que los cruzados. Con esta acción, Alejo y sus súbditos bizantinos se ganaron aun más el desprecio de los caballeros occidentales que, desde ese momento, tomaron todas las precauciones necesarias para no ser engañados de nuevo y conseguir así que las siguientes ciudades cayeran en sus manos. Solo de esta forma podrían satisfacerse las ansias de botín de los cruzados.

La cruzada continuó su curso y concluyó el 15 de julio de 1099 con la conquista de Jerusalén. Finalmente, los objetivos planteados por sus líderes militares y por Alejo I se cumplieron en buena medida. Los caballeros occidentales de segundo orden obtuvieron cuantiosos botines y fundaron en Oriente Próximo principados latinos. De esta manera, los cruzados consiguieron señoríos que en Europa, debido a su pertenencia a la baja nobleza, nunca hubieran podido poseer. Sirvan de ejemplo los siguientes casos: Godofredo de Bouillón se coronó rey de Jerusalén, Bohemundo de Tarento se convirtió en señor de la ciudad de Antioquía, bajo la dependencia nominal del Imperio, así como Balduino de Boulogne fundó el condado de Edesa.

Bizancio, al igual, vio satisfecho su deseo de recuperar parte del terreno que había cedido ante el avance selyúcida. El tercio occidental de Asia Menor fue reconquistado por el Imperio y, con el tiempo, toda la costa de la península de Anatolia, lo que garantizaba de nuevo su control sobre el mar Egeo.

En cambio, aquello que más anhelaba el papa, es decir, el sometimiento de la Iglesia oriental a su autoridad, no tuvo lugar.

Sin embargo, a pesar del gran triunfo cosechado por la cristiandad sobre el Islam, el dominio selyúcida se mantuvo firme en Asia Menor oriental, de forma que los resultados de Manzikiert no cambiaron demasiado.

Balance del reinado de Alejo I

Alejo I consiguió derrotar a todos los enemigos que amenazaban su Imperio. La invasión normanda fue rechazada, los bogomilos duramente perseguidos, los cruzados engañados y utilizados, los turcos no tuvieron más remedio que ceder terreno ante el avance bizantino y occidental. Con esto el emperador no solo logró mantener la integridad territorial de Bizancio, sino que incluso amplió la extensión que poseía el Imperio en el momento de su coronación. Bizancio no lograría experimentar una nueva etapa de esplendor, pero con la fundación de la dinastía comnena, el Imperio volvió a ser estable durante algún tiempo.

Si bien un hecho a destacar en el reinado de Alejo I es la, hasta cierto punto, recuperación política y militar del Estado, la verdad es que la influencia intelectual que alcanzó la cultura bizantina sobre Occidente tuvo mucho más peso. Los cruzados que llegaron a Constantinopla durante sus expediciones contra los infieles, quedaron profundamente admirados por su grandeza y esplendor, así como impregnados del saber oriental, el cual llevaron consigo a los reinos a los que pertenecían, siendo esto uno de los motores impulsores para que posteriormente tuviera lugar el movimiento renacentista en Occidente.

Hasta aquí hemos podido destacar los aspectos positivos del paso de Alejo I y su dinastía por el trono de Constantinopla. No obstante, es preciso también hacer mención de ciertos puntos negativos.

El principal elemento oscuro de esta época fue el agravamiento de la crisis agrícola que desde mediados del siglo XI conducía al Imperio hacia un régimen feudal. Tras la época de dominio del gobierno bizantino por parte de los generales usurpadores, como Nicéforo Focas, tuvo lugar el enfrentamiento entre la nobleza civil constantinopolitana y los grandes señores dueños de la tierra. La hostilidad entre las dos aristocracias bizantinas se tradujo en una degeneración feudal del Estado y en un empeoramiento de la situación, que culminó cuando los terratenientes se hicieron definitivamente con el poder y sentaron en el trono imperial a los Comneno.

Los desastres militares previos al establecimiento de la nueva dinastía habían ido deteriorando el régimen de *themas* hasta el punto de tener que recurrir a la contratación de mercenarios para poder contar con un ejército profesional. No obstante, como bien nos informa Ladero, la idea de la vinculación del deber militar a la tierra no fue abandonada por completo con la desaparición de los *themas*, ya que los Comneno desarrollaron en su lugar la *pronoia*.

La *pronoia* era un usufructo de tierra de propiedad estatal, otorgado a cambio de su explotación y que, frecuentemente, llevaba también implícita una obligación militar, por parte de su beneficiario, que consistía en facilitar soldados y equipamiento al Estado en caso de guerra. Esta concesión de propiedad rural se asemejaba en buena medida a la infeudación que se desarrollaba en Occidente, ya que las tierras eran otorgadas solamente a una minoría, los ciudadanos bizantinos pertenecientes a la clase aristocrática. Por lo tanto, la *pronoia* nada tenía que ver con la cesión de parcelas que tenía lugar en el régimen de *themas*, al que acabó por sustituir, ya que, aun a pesar de que el nuevo sistema bizantino de explotación de la tierra tuviera un carácter temporal, los aristócratas locales llegaron a acumular propiedades agrícolas en muchas provincias de Grecia y Épiro. En consecuencia, duques y catepanes, los cuales unían a su mando militar la condición de propietarios rurales o beneficiarios de la *pronoia*, se fueron fortaleciendo cada vez más. Por lo tanto, podemos afirmar que en aquellos momentos la fragmentación del poder en Bizancio era un hecho, con algunas particularidades importantes que hacían que esta crisis del gobierno central fuera diferente a la del resto de regímenes feudales de Europa, ya que la unidad imperial sí era respetada. En el Imperio acabó imponiéndose un régimen que podríamos calificar de pseudofeudal, ya que si bien se utilizaba un sistema de explotación agrícola similar al de Occidente, no se producía descentralización del poder imperial en la misma medida que en los reinos europeos. Tampoco se desarrollaron en el Imperio las instituciones feudovasalláticas y, además, la «degeneración feudal» tuvo lugar en Bizancio solo tardíamente.

Con los emperadores Comneno se inició, además, la caída en picado del comercio y la economía bizantinos. Las concesiones comerciales comenzaron siendo otorgadas a los venecianos que, bajo el reinado de Basilio II, recibieron un barrio en Constantinopla y les fue concedida la exención aduanera para sus mercancías. Los privilegios de Venecia aumentaron con Alejo I y sus descendientes, república que durante años recibió la mejor parte de las concesiones comerciales bizantinas. El Imperio trató de poner frenó al fortalecimiento de los venecianos y para ello, como nos informa Ladero, optó por otorgar también privilegios a sus rivales, algo que no hizo otra cosa que agravar aun más la situación. Los pisanos obtuvieron, al igual que los venecianos, su propio barrio en la capital bizantina, así como una reducción del cuatro por cien en los aranceles aduaneros hacia 1111. Los genoveses recibieron prerrogativas similares en 1155 y

1170, y alcanzarían la exención total aduanera en 1261.

En Constantinopla habitaban hacia finales del siglo XI diez mil venecianos, además de cantidades menores de genoveses y pisanos, extranjeros, en definitiva, que explotaban el comercio imperial y se beneficiaban de él. No obstante, llegarían tiempos peores para Bizancio cuando se consolidaron los asentamientos cruzados en Oriente y se abrieron rutas alternativas para el tráfico de mercancías con Europa, antes de la existencia de las cuales Constantinopla había monopolizado la totalidad de su comercio.

Las concesiones comerciales y beneficios fiscales, que llegaron a adquirir los occidentales en la capital imperial, alcanzaron tal dimensión que los agricultores y artesanos bizantinos, con frecuencia, preferían abandonar la producción propia y comprar, a mucho mejor precio, manufacturas extranjeras. Esto, junto con la pérdida de importantes recursos comerciales, que tuvo lugar como consecuencia de la aguda reducción del territorio experimentada por el Imperio, condujo a la caída en picado de la producción industrial bizantina. Todo lo anterior se tradujo en el empobrecimiento de la población y en la pérdida de la independencia comercial del Imperio.

En definitiva, Occidente cada vez se hacía más poderoso a medida que el Imperio bizantino, pese a su arrogante apariencia de magnificencia, se volvía más débil. La Europa germánica era ya más fuerte que Bizancio, sus monarquías recuperaban poco a poco el poder que la nobleza le había arrebatado, hecho que fue consumado entre los siglos

XIII y XV. Occidente salía del abismo feudal a la vez que Bizancio comenzaba a coquetear con él.

LA PRESENCIA GERMÁNICA EN ORIENTE

Tras el apogeo alcanzado por el Imperio durante el reinado de Basilio II, Bizancio inició una profunda crisis que condujo hacia la formación de un régimen con cierto carácter feudal. La situación, como ya hemos estudiado, se agravaría aun más tras la irrupción de los occidentales en Oriente pero, sin lugar a dudas, la toma de Constantinopla por las huestes de la Cuarta Cruzada en 1204, fue el acontecimiento que marcó el punto de no retorno a partir del cual los restos del Imperio bizantino sobrevivieron a duras penas hasta su desaparición definitiva a mediados del siglo XV.

Tras la Primera Cruzada se crearon una serie de señoríos occidentales en Oriente, denominados latinos, uno de los cuales, el condado de Edesa, rodeado por todos lados por los turcos y aislado del resto de territorios cruzados, no tardó demasiado tiempo en caer en manos de los musulmanes. Se hacía necesario pues el envío de socorros a los cristianos establecidos en Tierra Santa, por lo que, en consecuencia, el papa Eugenio III convocaba, en 1145, la Segunda Cruzada.

Concluida la empresa los resultados obtenidos para los latinos no fueron los esperados, ya que Edesa no llegó a ser reconquistada y, además, la amenaza musulmana pronto se cernió sobre Jerusalén. Pero, sin lugar a dudas, para quienes peor significado tuvo la nueva campaña cruzada fue para los bizantinos, que vieron como empeoraba aún más su difícil situación económica con motivo del afianzamiento de la presencia latina en Oriente Próximo.

Por esta época ocupaba el trono imperial Juan II (1118-1143), hijo y sucesor de Alejo I. Este emperador amplió en 1126 los privilegios comerciales de Venecia, con el objetivo de alcanzar una alianza con esta república italiana y, de esta forma, contrarrestar el poderío normando en el Mediterráneo. No obstante, esta acción únicamente sirvió para hacer caer aún más la economía constantinopolitana.

Tras la segunda expedición a Oriente enviada por la Santa Sede, Jerusalén no tardó demasiado en ser conquistada por el nuevo líder de los musulmanes, Saladino, sultán de Egipto, por lo que el papa Gregorio VIII se apresuró a convocar una Tercera Cruzada. En esta expedición participaron por primera vez los grandes señores de Europa: los reyes Felipe II de Francia y Ricardo I de Inglaterra, además del emperador germánico Federico I. Pero, a pesar de todo, el objetivo principal nunca fue alcanzado: Jerusalén no pudo ser recuperado ante la exitosa defensa de los ejércitos del gran Saladino. La cruzada fue un estrepitoso fracaso durante la cual incluso Federico I Barbarroja perdió la vida. Sin embargo, a pesar del traspié, es preciso mencionar que la presencia occidental en la costa palestina quedó consolidada desde San Juan de Acre hasta Jaffa, debido al ímpetu de Ricardo I Corazón de León. Todo ello se tradujo en nuevos serios reveses para la economía y el comercio bizantinos. Como nos informa Claramunt, el Imperio, además, perdió a lo largo

Mosaico de Juan II (1118-1143) Comneno, iglesia de San
Salvador en Chora (Estambul). En el siglo XII los sucesores
de Alejo I fueron incapaces de hacer frente a la difícil
situación generada tras establecerse en Oriente los primeros
asentamientos occidentales. La solución por la que optaron los
emperadores Juan II (1118-1143) y Manuel I (1143-1182)
para tratar de atenuar esta crisis fue conceder privilegios
comerciales a las repúblicas italianas, algo que no hizo otra
cosa que perjudicar aun más la maltrecha economía bizantina.
En 1176, Manuel I era además derrotado por los selyúcidas
y, de esta forma el Imperio perdía de manera definitiva el
control sobre Anatolia y su capacidad militar jamás volvería a
recuperarse por completo.

de esta empresa Chipre y la presión ejercida por Federico I facilitó la independencia de búlgaros y serbios.

Por esa época portaba el cetro constantino-politano Manuel I (1143-1182), hijo y sucesor de Juan II, quien, como nos indica Ladero, prota-gonizaría una crisis diplomática con Luis VII de Francia y Conrado II, titular del Sacro Imperio germánico, que se prolongaría en la figura de Federico I y arrastraría a un empeoramiento de las relaciones con Venecia. Bizancio optó nueva-mente por la concesión de privilegios comercia-les a Génova, en 1155 y 1170, y la renovación en este último año de los que tenía Pisa, para, de esta forma, contrarrestar el poderío de los venecianos.

Además, Manuel I hubo de hacer frente a la ruptura del tratado de paz de 1162 que había establecido con los turcos y, en consecuencia, hacia 1176 el Imperio sufría una severa derrota en la batalla de Myriokephalon, episodio bélico que señala el fin del control bizantino sobre Asia Menor. A partir del desastre que supuso esta contienda, Bizancio quedó agotado militar-mente, por lo que, si a esto le sumamos la ruina económica, podemos afirmar que perdió defi-nitivamente el control sobre Anatolia, así como la capacidad para tomar la iniciativa en nuevos conflictos exteriores.

Durante la crisis que se produjo por la muerte de Manuel I, tuvo lugar la independencia definitiva de Bulgaria, que se inició en 1185 y se completaría en 1204, cuando el papa Inocencio III otorgó a su Estado el nivel de reino.

La muerte de Saladino tendría lugar también por esas fechas, en concreto en 1192, hecho que dio nuevas esperanzas al papado, que se apresuró a convocar la Cuarta Cruzada, cuyo objetivo era, como siempre, liberar Jerusalén.

El periodo de inestabilidad que se produjo tras el fallecimiento de Manuel I, llevó a sentar en el trono bizantino a Isaac II, miembro de la familia de los Ángel, una rama lateral de los Comneno, ya que el nuevo emperador era nieto de una de las hijas de Alejo I. Por esos años hubieron de ser renovados los tratados comerciales de los venecianos en 1187, así como los de genoveses y pisanos en 1192.

No obstante, el acontecimiento más importante que tuvo lugar en esa época fue el complot protagonizado por el hermano de Isaac II, Alejo, quien le sustituyó en el trono con el nombre de Alejo III en 1195. El nuevo soberano ordenó el encarcelamiento de su hermano y lo hizo cegar.

Isaac II tenía un joven hijo, también llamado Alejo, que contaba con doce años cuando su padre fue destronado. Se le permitió vivir al lado de su tío, Alejo el usurpador, gesto de misericordia que, como veremos próximamente, resultó un error.

El nuevo emperador pronto hubo de resolver un conflicto diplomático con el poderoso titular de la corona del Sacro Imperio germánico, Enrique VII, también rey de Sicilia. Enrique reclamaba derechos sucesorios sobre el Imperio bizantino como motivo del matrimonio de su hermano, Felipe de Suabia, con Irene, hija de Isaac II. Alejo III trató de comprar al emperador

Cuadro que muestra una escena de Felipe II de Francia en la Tercera Cruzada. Hacia finales del siglo XII, Jerusalén caía en manos de un nuevo poder musulmán acaudillado por Saladino, sultán de Egipto. En consecuencia, el papa Gregorio VIII no tardó demasiado tiempo en convocar la Tercera Cruzada, la expedición a Tierra Santa más conocida por el gran público debido a que los grandes reyes de Europa acudieron a la llamada del Sumo Pontífice: Felipe II de Francia, Ricardo I de Inglaterra y Federico I del Sacro Imperio.

alemán con oro recaudado mediante el cobro de un impuesto especial, que para nada benefició a las maltrechas arcas bizantinas.

Aplacada la ira de Enrique VII, Alejo III, intentó obtener otros apoyos en Europa, por lo que entre 1198 y 1203 ofreció al papa Inocencio III la unión de las dos Iglesias. No obstante, el papa no vio muestras suficientes de sumisión a la Iglesia romana, y todo quedó en el aire.

En 1201, el hijo de Isaac II, que entonces tenía dieciocho años, consiguió salir de Constantinopla y demandó ayuda a Occidente. El joven Alejo acudió a mediados de 1202 a los caballeros de la Cuarta Cruzada, concentrados en Venecia, para pedirles auxilio. Les instó para que tomaran Constantinopla, ayudaran a restaurar a su padre en el trono y después cobrar sus servicios. La cruzada se desvió entonces totalmente de sus objetivos iniciales y desplazó los intereses occidentales del Oriente Próximo hacia Constantinopla.

Ningún enemigo había conquistado jamás Constantinopla desde que Constantino el Grande la fundara en 330. Sin embargo, la situación era diferente en esta ocasión, ya que las tropas cruzadas que asediaban la ciudad llegaban como una fuerza de auxilio del depuesto emperador Isaac II. En consecuencia, en la capital había suficientes partidarios de este candidato legítimo al trono como para no permitir más que una débil resistencia. Por lo tanto, en agosto de 1203 los cruzados entraron en Constantinopla y Alejo III huyó. El trono fue devuelto al ciego Isaac II que hizo coemperador a su hijo, Alejo IV.

Teóricamente, los cruzados habían llevado a cabo su tarea y podrían partir hacia su objetivo de liberar Tierra Santa. No obstante, estos mercenarios no se marcharían hasta haber cobrado el dinero prometido por parte de Alejo IV. Sin embargo, las arcas imperiales estaban vacías y no había con qué pagar.

Alejo III tenía una hija cuyo marido se alzó como fuerte opositor de la ocupación occidental. Se proclamó emperador en enero de 1204 con el nombre de Alejo V e hizo estrangular a Alejo IV. Al poco fallecía también el viejo Isaac II. Este hecho sería el detonante que impulsó a los cruzados a la toma directa de la ciudad y el poder. Tenían ya la excusa perfecta para legitimar quedarse con la ciudad y su Imperio. Se consideraban víctimas después de haber ido a Bizancio para servir a un candidato al trono que no les había pagado lo prometido, tras lo cual, además, habían sido atacados por otra de las facciones en liza.

A pesar de la coronación de un nuevo emperador era ya demasiado tarde para expulsar a los cruzados que se encontraban dentro de Constantinopla, por lo que Alejo V permaneció poco tiempo en el poder. En marzo de 1204, los venecianos y demás aliados occidentales partícipes de la Cuarta Cruzada decidieron, por un tratado conocido como *Partitio Romanie*, repartirse el territorio bizantino y el 12 de abril el emperador se veía obligado a huir de la capital. Sin ninguna fuerza que pudiera hacerles frente, los cruzados eran ya dueños de Constantinopla, ciudad a la que sometieron a un saqueo despiadado.

El Imperio latino, los nuevos estados bizantinos y la restauración paleóloga

Inmediatamente después de hacerse con el control de la capital bizantina, los cruzados tomaron la mayor parte de los restos europeos del Imperio, que fueron repartidos como botín de guerra entre todos los caballeros partícipes de la conquista. La república de Venecia, auténtica artífice de esta campaña cruzada, fue la más beneficiada y se hizo con el control de todos los puertos e islas importantes de las rutas marítimas, así como con tres octavas partes de Constantinopla. De esta forma se produjo la creación del denominado Imperio latino, cuyo primer titular fue el líder cruzado Balduino I, conde de Flandes (1204-1205).

Sin embargo, aunque Balduino portara el título de emperador no tenía el poder del que habían disfrutado incluso los últimos soberanos bizantinos de la debilitada Constantinopla. El sistema típicamente feudal que se estableció en los territorios controlados por los cruzados, así como el hecho de que focos de resistencia bizantinos escaparan de su control, hicieron que el ejercicio del poder estuviera repartido entre muchas manos, algo que sin lugar a dudas restó fuerza al gobierno de Balduino I.

Constantinopla era la única región dominada de forma efectiva por el conde de Flandes, mientras, el reino de Tesalónica, el Principado de Acaya, el Ducado de Atenas, el Principado de Morea, las islas y otros territorios menores estaban en manos de sus vasallos.

Pero a pesar del modo de gobierno occidental que se estableció en el antiguo territorio imperial, el sentimiento antilatino hizo que la sociedad y cultura griegas subsistieran íntegramente, con una firmeza tanto o más intensa incluso que antes de la invasión cruzada.

No obstante, la pequeña y mediana nobleza bizantina apenas se opuso al avance cruzado ante la promesa de los occidentales de respetar sus posesiones y derechos. En cambio, los grandes aristócratas bizantinos ofrecieron una feroz resistencia a la ocupación latina, resultado de la cual fue la formación de algunos señoríos menores en la parte europea de Bizancio, como el despotado de Épiro, en poder de los Comneno; y la creación de grandes estados griegos en Asia Menor, como los imperios de Trebisonda y Nicea. Territorios todos estos independientes entre sí y libres del dominio cruzado.

En Trebisonda, a orillas del mar Negro, dos bisnietos de Alejo I, David y Alejo, fundaron un Imperio, el cual llegó incluso a sobrevivir algunos años a la caída de Constantinopla.

Pero sin lugar a dudas el más poderoso de estos estados bizantinos fue el Imperio de Nicea. En torno a esta ciudad de Anatolia se instaló Teodoro Láscaris, ligado a la familia de los Comneno por matrimonio, quien fundó la dinastía real que gobernaría dicho territorio.

En definitiva, Bizancio llegó a la centuria XIII siendo, más que un imperio, un país balcánico que, además, tras la Cuarta Cruzada, sufrió una fragmentación en un cúmulo de territorios, bien cruzados, bien griegos, todavía más pequeños y

débiles que el Estado original y con el denomina-
dor común de ser todos rivales entre sí.

Sin embargo, el Estado creado en Nicea era
fuerte y fue el que al final se alzó como continuador del antiguo poder imperial de Constantinopla.
Claramunt nos informa que el Imperio de los
Láscaris, gozaba de una estructura económica y
social poderosa, más sólida incluso que la que
había disfrutado el antiguo Imperio antes de la
Cuarta Cruzada. A ello contribuyó la compacidad
de su territorio y el hecho de que la aristocracia
terrateniente refugiada allí, después de haber
perdido bienes y poder, acabara entrando al servicio de la administración del nuevo Estado, lo que
posibilitó que el emperador concentrara en sus
manos la totalidad del poder. Algo muy similar a
lo ocurrido en Occidente por esos mismos años,
con el surgimiento de las monarquías absolutas,
en las que los antiguos grandes señores feudales
acabaron por transformarse en la nobleza corte-
sana. En estas condiciones, Nicea, poco a poco,
a medida que los estados latinos perdían fuelle,
fue reconquistando los territorios en manos de los
occidentales.

Hacia mediados del siglo XIII el Imperio de
Nicea era lo suficientemente fuerte como para
intentar la reconquista de los señoríos balcánicos
en manos de los débiles latinos. Pero en 1258
moría Teodoro II Láscaris y su hijo, de apenas
ocho años de edad, ascendía al trono con el
nombre de Juan IV. Ante el vacío de poder que
tuvo lugar a continuación, Miguel Paleólogo,
primo segundo del emperador, dio un golpe
de Estado, asesinó al regente y se coronó como

asociado de Juan IV. Finalmente también hizo que cegaran y exiliaran al joven emperador legítimo, comenzó a gobernar en solitario con el nombre de Miguel VIII (1260-1282) y se convirtió, además, en el fundador de la última dinastía que gobernó el Imperio bizantino.

Miguel reclutó un ejército mercenario y, tras sellar una alianza con Génova, obtuvo también una flota que le permitió dirigirse hacia Constantinopla. Esta vez las infranqueables murallas no detuvieron a las tropas que asediaba la ciudad, puesto que los habitantes bizantinos de la capital colaboraron con estas y dificultaron la defensa por parte de los occidentales. Por lo tanto, la Ciudad de Constantino cayó sin apenas lucha en julio de 1261. El Imperio latino había llegado a su fin, y tras un breve intervalo de cincuenta y siete años, un bizantino se establecía de nuevo en la corte de Constantinopla.

Con la ayuda de la armada genovesa, Miguel VIII recuperó además las islas del Egeo en poder de Venecia y buena parte del territorio imperial anterior a la Cuarta Cruzada. No obstante, a pesar de que la reconquista bizantina podía darse por concluida se hacía necesario afianzar las posiciones alcanzadas. En consecuencia, la guerra con Venecia se prolongó hasta 1265, y se hubo de hacer frente también a las tropas de Carlos d'Anjou, hermano del rey de Francia, Luis IX, recientemente coronado rey de Sicilia, que lideraba una nueva cruzada cuyo objetivo no era otro que la toma de Constantinopla. El enfrentamiento con los cruzados francos no concluiría hasta 1282, año en que tuvo lugar en el reino insular de Carlos d'Anjou la revuelta de las «Vísperas Sicilianas», conflicto que le mantendría ocupado hasta el fin de sus días.

La reconquista de Constantinopla marcó el fin del Imperio latino pero, no obstante, el recién restaurado Imperio bizantino continuaba estando rodeado por estados hostiles. Algunas de las antiguas posesiones imperiales se habían perdido definitivamente en manos de rivales occidentales o bizantinos. Sirvan de ejemplo Épiro y su despotado bizantino; Trebisonda, Estado gobernado por los Comneno; la región de Ática, que permaneció bajo dominio cruzado; así como Beocia y gran parte de las islas del Egeo, en poder de los venecianos. A esta tragedia es preciso añadir que Venecia conservaba el dominio del mar Egeo y otros occidentales controlaban algunas zonas de Grecia central. Todos eran enemigos de Miguel VIII. Además, las zonas del Imperio que gobernaba el Paleólogo estaban en ruinas tras el saqueo latino y medio siglo de dominio occidental.

Pero la ruina de Constantinopla no finalizaba aquí. Como nos informa Baynes, la decadencia del comercio, que se había iniciado en el siglo XI, se hizo más acusada, al fracasar los intentos de mantener la marina imperial. Esto obligó al Imperio a comprar la ayuda de la flota veneciana mediante ruinosas concesiones comerciales. Ya Basilio II, en 991, comenzó favoreciendo a Venecia con la firma de un tratado comercial. Pero el paso fatal fue dado por Alejo I, cuando pagó la ayuda veneciana, contra los normandos de Roberto Guiscard, firmando el tratado del

Ciudad amurallada de Rodas. Esta urbe fortificada, cuartel general de los caballeros de la Orden del Hospital, constituye uno de los vestigios mejor conservados de la presencia latina en Oriente.

año 1082 que concedía a los comerciantes de esta república una completa liberación de los impuestos y obligaciones en todo el territorio imperial, además de un barrio en Constantinopla. Fue inútil que Juan Comneno suprimiera estos privilegios, concediera algunos favores más pequeños a los genoveses y pisanos e intentara debilitar a Venecia con su rivalidad, pues todos sus esfuerzos se malograron. La participación de Génova en la restauración de Miguel VIII se realizó también a cambio de enormes privilegios mercantiles, superiores a los que antaño había tenido Venecia, lo que acabó resultando funesto para el restaurado Imperio. La flota bizantina no era ya contrincante frente a la armada veneciana.

Dominado económicamente por genoveses, pisanos y venecianos, sometido a continuos conflictos internos, como veremos en el siguiente apartado, el Imperio bizantino pronto no fue más que la capital y algunos territorios dispersos.

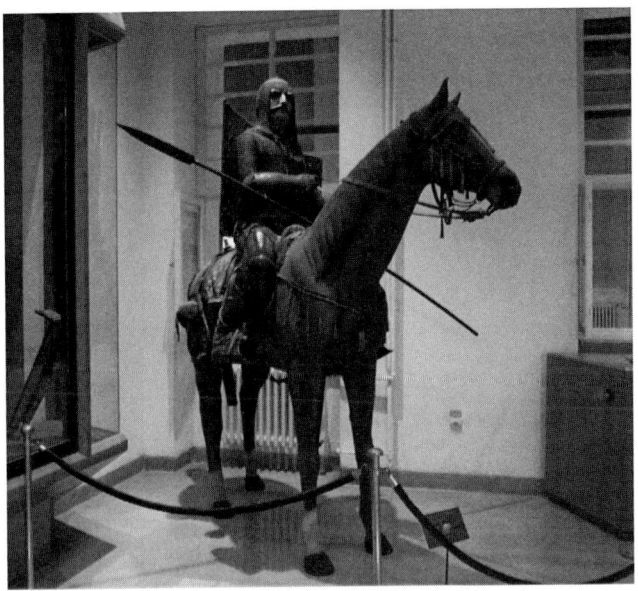

Jinete otomano (Museo Militar de Estambul). Desde Nicea Miguel VIII Paleólogo (1260-1282) lograba reconquitar Constantinopla en 1261y restablecer buena parte de su antiguo imperio tras la agresión cruzada. No obstante, muy pronto el peligro turco se ceñiría de nuevo sobre el Imperio a partir del siglo XIV en su variante otomana.

Tras el fallecimiento de Miguel VIII, en 1282, se inició la larga agonía del Imperio, con una serie de luchas internas, graves crisis económicas y retroceso territorial constante ante todos los vecinos, especialmente los turcos. En palabras de Ladero, «la debilidad bizantina era extrema, carente de flota propia, con su comercio y moneda mediatizados por genoveses y, en menor medida, por venecianos, e incapaz de oponerse al crecimiento de Serbia y Bulgaria en los Balcanes y a cualquier nuevo peligro que pudiese esbozarse en sus fronteras asiáticas». Sin embargo, la civilización que había creado subsistía e incluso continuó una época de esplendor para la cultura clásica. De esta forma, el Imperio romano de Oriente sirvió de modelo para el movimiento que se acabaría gestando en Occidente al final de la Edad Media: el renacimiento.

LOS SUCESORES DE MIGUEL VIII PALEÓLOGO

En opinión de Claramunt, los dos últimos siglos de existencia de Bizancio pueden dividirse en dos periodos que tendrían como fecha divisoria el año 1374, momento de instalación permanente en suelo europeo de los turcos otomanos.

Bajo el reinado de Andrónico II (1282-1328), hijo y sucesor de Miguel VIII, una buena parte del Imperio, a pesar de la restauración paleóloga, estaba en manos occidentales o se había constituido en territorios independientes. En esa época tuvo lugar la gran expansión de los serbios, bárbaros que llegaron incluso a amenazar Constantinopla. No obstante, el verdadero peligro lo representaban los turcos instalados en Asia Menor. Si a ello le sumamos el hecho de que el Imperio no contaba con fuerza militar alguna para defenderse, podemos entender fácilmente su complicada situación.

En el frente anatólico, Andrónico II tuvo que recurrir, en torno a 1303, a los almogávares catalanes para componer un ejército de tres mil hombres, y una flota de veinte naves, con los que poder enfrentarse a los turcos. La ruina económica por la que pasaba el Imperio hizo que su soberano se viera obligado a ofrecer al líder de la *Compañía Catalana*, Roger de Flor, la mano de su sobrina y el título de César. Los mercenarios hispánicos se mostraron eficaces en principio, ya que los turcos fueron rechazados de Éfeso y otras plazas. Pero finalmente, la ambición de Roger de Flor hizo que el emperador empezara a temerle, por lo que ordenó su asesinato durante la celebración de un banquete. Este hecho desencadenó la llamada «venganza catalana», por la cual estos mercenarios saquearon Tracia y Tesalia, además de expulsar a los latinos de los ducados de Atenas y Neopatria. La recuperación turca de Éfeso, Esmirna y Magnesia, así como el ataque a Tracia, acabó finalmente por anular la efectividad inicial de los almogávares.

En el periodo de tiempo comprendido entre 1321 a 1354, tuvieron lugar dos guerras civiles que resultaron funestas para el, ya de por sí, maltrecho Imperio. En los últimos años de existencia de Bizancio se multiplicaron los conflictos internos conforme la integridad territorial iba disminuyendo, reyertas que recibieron apoyo por parte de las potencias vecinas, rivales del Imperio, para alcanzar sus propios beneficios.

La primera de estas contiendas fue la que se conoce como «Guerra de los dos Andrónicos». El enfrentamiento se inició en 1321 cuando el futuro Andrónico III (1328-1341), nieto de Andrónico II, protagonizó un golpe de Estado para derrocar a su abuelo y hacerse con el poder.

Escenificación de la entrada de los almogávares en Constantinopla. Los almogávares fueron las tropas de élite de los ejércitos aragoneses y catalanes a finales de la Edad Media. En torno a 1303 fueron contratados por el emperador bizantino Andrónico II (1282-1332) para combatir a los turcos que hostigaban sus fronteras.

Por estos años, todo lo que quedaba del Imperio bizantino era Constantinopla y Tesalónica, en el norte; Mistra, en el Peloponeso; así como sus respectivas zonas circundantes.

A Andrónico III le sucedió en 1341 su hijo, Juan V, de nueve años de edad. Por esa época en el Imperio se hallaba presente la figura de Juan Cantacuzeno, el hombre fuerte del momento, con lo que la segunda guerra civil no se hizo esperar demasiado. En esta ocasión se enfrentaron los partidarios de Cantacuceno con los de la emperatriz madre, Ana de Saboya. El conflicto se extendió mucho en el tiempo y resultó enormemente costoso para Bizancio, lo que vino a agudizar aún más la caída de la economía imperial.

Finalmente, Juan Cantacuceno salió victorioso de la contienda y, en 1347, entró en Constantinopla proclamándose coemperador (1347-1354), respetando en el trono a Juan V Paleólogo.

Y por si las penurias que sufría Bizancio no eran suficientes, a los desórdenes políticos internos se sumaron los desastres naturales, las epidemias y la invasión turca. En 1346 se produjo un gran terremoto, mientras que al año siguiente la peste negra acabó con las dos terceras partes de la población. Por si todo lo anterior fuera poco, a Juan Cantacuceno se le ocurrió la genial idea, en 1353, de invitar a los turcos a entrar en los Balcanes para que lucharan contra los serbios, que entonces apoyaban a Juan V.

Juan Paleólogo fue un emperador débil que no pudo contener el avance por Europa de los otomanos. En consecuencia, Tracia y sus importantes ciudades de Adrianópolis y Filipópolis no tardaron demasiado en caer en manos turcas. Finalmente, la presión otomana obligó al emperador a prestar vasallaje al sultán, hecho que dio aún más alas a los turcos, que no tardaron demasiado tiempo en rodear Constantinopla por todos los lados.

En política exterior, Juan V, no tuvo más alternativa que demandar apoyo a Occidente para tratar de frenar el avance otomano. El emperador llegó incluso a ofrecer la unión de las dos Iglesias, reconociendo el primado del papa de Roma. Juan solicitó la ayuda pontificia en los años 1355, 1366 y 1369, pero, sin embargo, los ciudadanos bizantinos nunca llegaron a admitir la autoridad papal.

La agresión cruzada de 1204 y la instalación en territorio imperial de los occidentales, acentuó la hostilidad bizantina hacia el mundo latino y aumentó el deseo de conservar su propia identidad como pueblo. Por lo tanto, clero y populacho bizantinos siempre rechazaron los sucesivos intentos de los emperadores para que se reconociera la primacía del obispo de Roma. Si a esto le sumamos que los otomanos respetaban la tradición religiosa bizantina y que, a diferencia del resto de los musulmanes, estos no practicaban el proselitismo, llegaremos fácilmente a comprender el porqué de la resistencia eclesiástica y popular a la unión con la Santa Sede. En consecuencia, los bizantinos finalmente acabaron prefiriendo la invasión turca como mal menor.

Una muestra del respeto hacia la Iglesia ortodoxa, y de la buena fe de los otomanos con ella, lo encontramos cuando en 1453, tras la caída de Constantinopla, el sultán Mehmet II nombró patriarca a Jorge Scholarios, clérigo que se había distinguido por su oposición al sometimiento de la autoridad papal algunos años antes.

Otro clave del éxito de la expansión otomana fue el carácter flexible que inicialmente se dio a sus conquistas. La presencia turca no supuso, en principio, demasiadas modificaciones en las áreas de nueva ocupación, independientemente de su origen étnico o religioso. Los otomanos respetaban en general la propiedad de la tierra, a cambio del reconocimiento de la nueva autoridad. Tan solo algunos bienes raíces fueron reservados para ser entregados a miembros de la aristocracia turca o a fundaciones piadosas islámicas.

Motivos musulmanes en el interior de *Hagia Sofia*. La antigua
catedral de la capital bizantina fue transformada en mezquita
tras la conquista otomana de 1453. Sin embargo, es preciso
reconocer que esta fue una de las pocas acciones proselitistas
llevadas a cabo por Mehmet II (1451-1481), ya que el sultán
respetó las creencias ortodoxas de los bizantinos e incluso elevó
al patriarcado de Constantinopla a Jorge Scholarios, fuerte
opositor de los papas de Roma.

Claramunt nos indica que, como un verdadero Estado de Estados, el Imperio otomano mantuvo muchas veces en sus puestos a los reyes, jefes o príncipes vencidos, a cambio de su fidelidad y de prestaciones militares y financieras, y, como ya comentamos anteriormente, siempre procuró respetar las creencias religiosas de sus súbditos recién incorporados. Todo ello no ha de ocultarnos que solamente los musulmanes tuvieran acceso a los puestos de responsabilidad. En palabras de Ladero, «aquel "imperio de vasallos" podía sostenerse con menor esfuerzo, ofrecía ventajas nada desdeñables a los vencidos y dejaba libre la energía otomana para otras empresas».

Los turcos otomanos y los últimos emperadores de Bizancio

Los otomanos, que llegaron a los Balcanes en 1353, lo hicieron no como grupos de mercenarios al servicio de Cantacuzeno, sino por su propia cuenta. Entraron en Europa por primera vez y nunca más saldrían de ella.

Como nos informa Claramunt, los selyúcidas, tribu turca que predominó entre los siglos XI y XIII sobre las demás etnias instaladas en Anatolia, establecieron en sus fronteras, a modo de puestos de vigilancia militares, a una serie de pueblos turcomanos vasallos. Finalmente, la disgregación del sultanato selyúcida, posibilitó que muchas de estas tribus, gobernadas por sus jefes militares o *beys*, se fueran constituyendo, poco a poco, en principados independientes o *beyliks*. Entre los *beyliks* más poderosos destacaban el de los qaramaníes, situado en el centro de Anatolia, y, especialmente, el gobernado por la etnia Kayi.

La tribu Kayi, también de origen turcomano, llegó a Anatolia en la primera mitad del siglo XIII, probablemente huyendo del avance mongol en Asia central. Su caudillo, Ertugrul (1227-1281), recibió por parte del sultán selyúcida, hacia 1270, la región fronteriza de Söyüt, limítrofe con la Bitinia bizantina.

Ertugrul fue sucedido por su hijo Osmán (1290-1324), quien estableció un reino independiente sobre la región ocupada, que cada vez se hizo más poderoso. Su tribu comenzó a recibir el nombre de turcos osmanlíes, aunque en Occidente era mucho más corriente el deformado nombre de turcos otomanos. El apoyo recibido por parte de los *gazis*, fanáticos combatientes por la fe, así como la ayuda aportada por el jeque Edebali, suegro de Osmán, permitió hacia 1320 el inicio de la expansión otomana por tierras bizantinas. Al finalizar el reinado de Osmán, su tribu amenazaba ya las importantes ciudades anatólicas de Bursa y Nicea.

Osmán fue sucedido por su hijo Orján (1326-1362), caudillo que tomó las restantes posesiones bizantinas de Asia Menor. Estas hazañas permitieron a los otomanos asomarse al mar de Mármara, la auténtica puerta oriental de Europa. El rey otomano estaba además casado con Teodora, hija de Juan Cantacuceno, por lo que acudió en ayuda de su suegro ante el llamamiento realizado por este, con lo que, por vez primera, las tropas otomanas pisaron suelo europeo.

A la muerte de Orján la amenaza otomana empezaba ya a pesar sobre lo que quedaba del Imperio bizantino. Bajo el reinado de su sucesor, Murad I (1362-1389), los turcos tomaron Adrianópolis en 1365, a muy pocos kilómetros de Constantinopla, pero, sin embargo, los otomanos se dedicaron después a la conquista de los reinos balcánicos. Murad I, primer líder otomano en portar el título de sultán, obtuvo una aplastante victoria sobre serbios, griegos y búlgaros en Marissa, hacia 1371. En los siguientes años logró, además, la anexión de Tracia, Macedonia y Albania. En 1389, Murad consiguió la gran victoria turca de Kosovo frente a una coalición serbia, bosnia y búlgara, los cuales contaban además con el apoyo de tropas polacas y valacas. No obstante, el sultán perdió la vida en esta última batalla.

Antes de que de este primer sultán otomano se sentara en el trono, la administración turca no había tenido una verdadera estructura. La organización del gobierno cambió en consecuencia y se creó el cargo de gran visir, ministro nombrado por el sultán que tenía a su cargo todos los asuntos de gobierno, tanto civiles como militares. Al final del sultanato de Murad I, fueron nombrados otros visires de menor rango para asistir al gran visir en sus labores. Finalmente un consejo o *diwan*, formado por el sultán, el gran visir y altos funcionarios, se reunía cuatro veces por semana para tratar los asuntos de gobierno.

El sucesor de Murad, Bayaceto I (1389-1402), continuó la imparable expansión otomana tras ordenar asesinar a su hermano Yaqub y, de esta forma, asentarse definitivamente en el trono.

Los resultados fueron aplastantes: lo poco que quedaba del Estado serbio debía pagar tributo a los otomanos, en 1393 se produjo la anexión de Bulgaria, Tesalónica cayó en 1394, Tesalia y el Peloponeso no tardaron demasiado en ser ocupadas también. Por lo tanto se daba inicio al bloqueo de Constantinopla, prácticamente ya rodeada por los turcos.

Por aquellas fechas el hijo de Juan V, el futuro Manuel II (1391-1425), era rehén de los turcos. Su padre moría en 1391 y el trono permanecía vacante pero, sin embargo, Manuel consiguió escapar a Constantinopla para ser coronado. Bayaceto I quiso castigar la osadía del príncipe bizantino y no dudó en preparar el asalto a la capital imperial. El nuevo emperador viajó a la desesperada por todas las cortes europeas para pedir ayuda. Los occidentales le hacían promesas, pero realmente nadie estaba dispuesto a mover ni un dedo por un Estado regido por una rama cismática de la Iglesia. En consecuencia, parecía que Constantinopla caería sin remedio.

Los otomanos llegaron incluso a bloquear la navegación por el Bósforo mediante la construcción de una fortaleza en la orilla asiática y prácticamente poseían el control total de los Balcanes hasta la frontera con Hungría. Este reino cristiano organizó una cruzada destinada a alejar la amenaza turca de Europa oriental, sin embargo, los otomanos obtuvieron una nueva victoria en Nicópolis, hacia 1396.

La caída de la capital imperial, por lo tanto, parecía inminente, pero sucedió algo inesperado. Los mongoles dirigidos por su caudillo, Timur o Tamerlán, atacaron la frontera oriental turca hacia 1402, por lo que los otomanos tuvieron que olvidarse de Constantinopla durante algún tiempo. Los golpes asestados por los mongoles resultaron fatales para los otomanos, en la batalla de Angora incluso perdió la vida Bayaceto, por lo que esto hizo que el poderío del sultanato tardara veinte años en recuperarse.

El desplazamiento de los mongoles hacia el oeste supuso un alivio momentáneo para los bizantinos. Cuatro hijos de Bayaceto aspiraban hacerse con el trono, por lo que tuvo lugar una guerra civil que se prolongó por espacio de once largos años. No obstante, a pesar de los desórdenes internos otomanos, la muerte de Timur y la desmembración de su imperio abrieron paso a la recuperación del sultanato. Finalmente, uno de los pretendientes, Mehmet I (1412-1421) se hizo con el poder, dedicándose a reconstruir con bastante rapidez la unidad del Estado otomano y muy pronto los sultanes turcos volvieron a fijar otra vez su objetivo en la toma de Constantinopla.

Tras la debacle otomana de Angora, Manuel II había conseguido reconquistar Tesalónica y el Peloponeso, no obstante la rápida recuperación otomana hizo que muy pronto se perdieran de nuevo.

El sucesor de Mehmet I, Murad II (1421-1451), tuvo que hacer frente a un falso pretendiente al trono que contaba con la ayuda del emperador Manuel II. Solucionado este problema dinástico inicial, toda su actividad se centró en incorporar plenamente los territorios balcánicos sujetos a tributo en los tiempos anteriores. Para ello hubo de combatir a los húngaros, el único reino cristiano oriental capaz de oponer resistencia activa a la presencia turca, a los que venció en 1444 y 1448 en las batallas de Varna y Kosovo, respectivamente. Además, Albania y el Peloponeso fueron ocupados en su casi totalidad.

Los éxitos obtenidos permitieron a Murad II poner en funcionamiento una sólida administración y desarrollar el ejército hasta tal cota de eficacia que se convirtió en el mejor de su época. Sin dudas, sus sucesores se beneficiaron de todo ello.

En 1425 murió Manuel II y le sucedió su hijo Juan VIII (1425-1448). En aquellos años los dominios imperiales estaban reducidos a poco más que la capital. Al igual que su padre, Juan viajó por Occidente para solicitar ayuda contra los turcos. No dudó incluso en reconocer la supremacía papal pero, como siempre, el pueblo bizantino no aceptó la unión de las dos Iglesias. Por lo tanto, Bizancio no recibió ningún tipo de apoyo. El camino quedaba abierto para la caída definitiva del último reducto bizantino, el último resto de lo que antaño fuera el Imperio romano.

Constantino XI (1448-1453) ocupó el trono imperial a la muerte de su hermano, Juan VIII. Pronto tuvo frente a sí a un nuevo sultán otomano, Mehmet II (1451-1481), apodado posteriormente El Conquistador, cuyo único objetivo era capturar Constantinopla. Mehmet hizo las paces con todos sus enemigos, mostrándose dispuesto a pagar cualquier precio para concentrar todas sus fuerzas en la conquista de la capital bizantina, algo que llegó a convertirse en una obsesión, lo que queda probado con la siguiente anécdota. Como nos indica Runciman, una noche el sultán ordenó de pronto al gran visir, Chalil Bajá, que compadeciese ante él. El anciano primer ministro llegó temblando, temiendo oír de boca de Mehmet su dimisión, debido a su avanzada edad. Para aplacar a su amo trajo consigo una bandeja que llenó apresuradamente de monedas de oro. Mehmet preguntó a Chalil qué significaba aquello y el visir respondió que era costumbre entre los ministros llamados repentinamente a la presencia del sultán traer consigo regalos. Mehmet apartó a un lado la bandeja y pronunció estas palabras: «solo quiero una cosa, entrégame Constantinopla».

El sultán supo sacar provecho de las reformas de su padre y no tardó demasiado tiempo en ocupar los últimos territorios griegos de Tracia oriental y de la orilla europea del Bósforo.

Constantino estuvo a la altura de las circunstancias, pero era demasiado tarde. No contaba con los medios ni el apoyo necesarios. Sus débiles defensas, formadas por escasos siete mil hombres, apenas pudieron resistir dos meses de asedio otomano, como veremos en los siguientes puntos. Constantinopla pasó de tener casi un millón de ciudadanos en su época de máximo apogeo, durante los siglos x y xi, a estar habitada por tan solo treinta y seis mil personas en el momento de su caída.

LOS PREPARATIVOS PARA LA TOMA DE CONSTANTINOPLA

Al poco de firmar treguas con todos sus rivales, Mehmet II demostró con sus acciones que sus

Escenificación de la entrada de Mehmet II (1451-1481) en Constantinopla (Museo Militar de Estambul). El sultán otomano Mehmet II al poco de acceder al trono llevó a cabo la más grande de las hazañas de su reinado, la toma de Constantinopla, motivo por el cual ha pasado a la historia con el sobrenombre de El Conquistador.

intenciones de paz no eran auténticas. Al sultán le convenía mantener la calma en todas sus fronteras mientras planeaba la gran campaña para la conquista de Constantinopla. Europa no se percató de ello y permaneció tranquila, no obstante, Constantino XI puso en marcha una desesperada labor diplomática para tratar de contrarrestar el poderío turco que amenazaba su nación. Por lo tanto, el emperador envió a Occidente, en el verano de 1451, a su embajador Andrónico Briennio Leontaris con ese cometido.

Constantino XI, en una situación límite, se esforzó al máximo por tratar de conseguir aquello para lo cual habían fracasado sus antepasados: la unión de las dos Iglesias. El emperador se proponía, de esta forma, conseguir el favor papal. Sin embargo, como históricamente venía sucediendo, el pueblo constantinopolitano se negó rotundamente una vez más, y esta sería ya la definitiva, a reconocer la primacía de Roma. Los bizantinos eran conscientes que con los turcos tendrían libertad de culto, mientras que con el papa deberían adoptar la doctrina occidental.

Finalmente la respuesta del sumo pontífice fue clara y contundente:

> Si vosotros con vuestros nobles y pueblo de Constantinopla aceptáis el decreto de unión, encontrareis a Nos y a nuestros venerables hermanos, los cardenales de la Santa Iglesia Romana, siempre dispuestos a defender vuestro honor e Imperio. Mas si vosotros y vuestro pueblo os negáis a recibir el decreto de unión, Nos obligaréis a tomar las medidas necesarias para vuestra salvación y honor nuestro.

En consecuencia, las esperanzas de recibir apoyo militar efectivo por parte de las potencias occidentales quedaban descartadas.

Hacia el invierno de aquel 1451, el sultán se propuso dar instrucciones para iniciar lo que sería la primera fase del asedio. Se dio la orden de reunir, para la primavera de 1452, el mayor número posible de obreros en la orilla asiática frente a Constantinopla.

Los turcos comenzaban a preparar el terreno para un inminente sitio, por lo que Constantino XI se apresuró a enviar una embajada a Mehmet II.

La respuesta del sultán fue contundente, no dio muestras de flaqueza y mostró a las claras cuales eran sus intenciones: los diplomáticos bizantinos fueron decapitados.

En agosto de ese mismo año, los otomanos construyeron una fortaleza, en la parte más angosta del Bósforo, la cual se equipó con tres potentes cañones, con lo que, de este modo, se llevó a cabo el bloqueo naval del estrecho. De esta forma se conseguía que todo barco que quisiera entrar o salir del mar Negro pasara por este castillo, antaño llamado de Boghazkesen y actualmente denominado Rumeli Isari. El sultán dio la orden de que todos los navíos que seguían la ruta fueran obligados a detenerse frente a la fortaleza e inspeccionados o, en caso de no mostrarse dispuestos a cooperar, fuesen hundidos.

La efectividad de la artillería turca muy pronto se pondría de manifiesto. En noviembre una nave veneciana trató de saltarse la vigilancia otomana del Bósforo, por lo que fue hundida y su capitán empalado.

Mehmet II continuó esbozando los planes de conquista a lo largo de los últimos meses de 1452. Constantinopla estaba asilada y presentaba una fuerza mínima para la defensa. Los turcos contaban además con el ejército más poderoso y sofisticado de la época. Sin embargo, la conquista de la capital bizantina, sólidamente resguardada tras sus triples murallas, no sería fácil y la campaña otomana debía ser preparada a conciencia y sin prisas. A pesar de todo, el joven e impetuoso sultán, eufórico con el éxito cosechado por su artillería, muy rápido reveló que no esperaría más

Muralla del área bañada por el mar de Mármara en la antigua Constantinopla. Constantinopla estaba defendida por un entramado amurallado que poseía una longitud total de veintiún kilómetros. Las murallas terrestres eran triples, ya que estaban formadas por un parapeto que defendía directamente el foso, una muralla exterior de unos siete metros de altura y una muralla principal de unos doce metros de altura. Las murallas marítimas en cambio eran simples, como la que podemos observar en la imagen, pero contaban con ciertas ventajas que no poseían las murallas terrestres: en 1453, año de caída definitiva del Imperio romano de Oriente, constituían el tramo del sistema defensivo en mejor estado de conservación; lanzarse al asalto sobre ellas resultaba complicado debido a la reducida movilidad que permitía la escasa distancia que las separaba de la línea de costa (en la actualidad las aguas se han separado); y, además, en las orillas del Mármara abundaban los bajíos y arrecifes, muy peligrosos para los barcos que desconocieran sus aguas.

y atacaría la ciudad lo más pronto posible. El gran visir, Chalil, nervioso y desesperado, prometió darle su apoyo y, en consecuencia, el consejo del sultán aprobó la guerra.

Pronto se dio la orden a Dayi Karadya Bey, el gobernador militar de las provincias europeas otomanas, que atacase las ciudades bizantinas de Tracia, las últimas de la región circundante a Constantinopla que aún permanecían bajo control del emperador.

A lo largo del invierno de 1452 a 1453, mientras los turcos preparaban el asedio, los ciudadanos contantinopolitanos, de cualquier edad y sexo, se apresuraban a preparar la defensa de la capital. Los trabajos se centraron especialmente en reconstruir las antiguas y maltrechas murallas, así como en el vaciado y limpieza de los fosos circundantes.

La siguiente fase del plan de guerra de Mehmet II se iniciaría muy pronto. Del bloqueo naval y el castigo de las poblaciones circundantes a la capital, se pasó ya a tomar posiciones de sitio en la gran ciudad de Constantino. Hacia marzo de 1453, la armada turca se concentró en el estrecho de Dardanelos y avanzó por el mar de Mármara rumbo a Constantinopla. Al mismo tiempo, el grueso de los ejércitos turcos, formado por militares de élite, regimientos de todas las provincias e incluso soldados licenciados y tropas de irregulares, se encontraban en Tracia. Únicamente permanecieron en sus puestos las guarniciones fronterizas y las fuerzas de seguridad provinciales indispensables.

Según las fuentes turcas, como nos informa Steven Runciman, las tropas regulares alcanzaban los ochenta mil efectivos, mientras que los destacamentos de irregulares, los denominados *bashibazuks*, estaban formadas por unos veinte mil hombres. Los regimientos de jenízaros, tropas de élite, guardia personal del sultán cuyos miembros eran de origen cristiano y habían sido educados desde la niñez para ser fanáticos musulmanes, acudieron a la convocatoria en un número de veinte mil.

Además de las unidades de infantería los otomanos contaban con el primer regimiento de artillería de la historia que funcionó de forma efectiva. En los primeros años de su sultanato, Mehmet II invirtió buena parte de los recursos estatales en la investigación para la producción de cañones de gran calibre. Hasta esas fechas, la artillería se había mostrado al enemigo más como un arma desmoralizadora que destructiva. La pólvora, conocida ya por los chinos en el año 1000 a. C., había sido introducida en Europa en torno al siglo XIII. La artillería fue usada por primera vez en el continente en la batalla de Crécy (1346). Sin embargo, la mayoría de las veces el éxito cosechado por estas nuevas armas había sido más bien escaso. En cambio, a partir de la batalla por Constantinopla, la situación experimentó una revolución gracias a los otomanos.

La capital bizantina también poseía algunos cañones en el momento del sitio pero, a diferencia de la artillería turca, se comprobó que su uso serviría de poco, ya que al dispararlos dañaban más las maltrechas murallas, sobre las que estaban instalados, que las posiciones enemigas. La mala situación económica por la que pasaba Bizancio hacía también que la pólvora escaseara.

En el verano de 1452, un ingeniero húngaro llamado Orbón llegó a Constantinopla y ofreció sus servicios al emperador para la producción de cañones nuevos. No obstante las arcas estatales bizantinas se encontraban vacías y no se pudo contratar a Orbón. En consecuencia, el ciudadano húngaro marchó a tierras turcas y llegó a la corte más adecuada para poder desarrollar sus proyectos. El sultán, entusiasmado con la idea, pagó a Orbón cuatro veces más de lo que demandaba y dio órdenes para que no se escatimara en el uso de recursos materiales, técnicos y humanos.

En tan solo tres meses el ingeniero fabricó el gran cañón que hundió el primer barco de la guerra en el Bósforo. Ante este éxito inicial el ambicioso de Mehmet ordenó que se construyese un cañón dos veces mayor. Esta gran pieza de artillería fue fundida en Adrianópolis, a escasa distancia de la capital imperial, y terminada en tiempo récord, en enero de 1453. Sus dimensiones eran colosales. Se calculaba su longitud en casi ocho metros, el grosor del bronce empleado era de unos veinte centímetros y los proyectiles necesarios pesaban unos seiscientos kilogramos. El cañón fue disparado por primera vez en Adrianópolis, para hacer una prueba. Según informan las fuentes turcas, los resultados fueron sorprendentes: la detonación fue escuchada en un radio de unos veinte kilómetros, la bala alcanzó una distancia de más de un kilómetro y medio, lo que significaba que la era del bombardeo a distancia de ciudades mediante artillería pesada se había iniciado. El proyectil, además, abrió un cráter en el suelo de casi dos metros de profundidad. Para mover este gigantesco ingenio bélico se hacía necesaria la fuerza de sesenta bueyes, así

Fotografía de un cañón otomano de gran calibre muy probablemente utilizado durante el sitio de Constantinopla de 1453 (Museo Militar de Estambul).

como la presencia de doscientos hombres que velaban por mantener la integridad del armazón durante el desplazamiento.

Paralelamente a los preparativos otomanos, el emperador bizantino envió otra embajada, a Venecia en esta ocasión. Sin embargo, el Senado de esta república italiana dio una respuesta nada halagüeña el 16 de noviembre de 1452. En esta se indicaba que estaban afligidos por la suerte que podía correr Constantinopla, pero nada harían si el papa Nicolás V no llevaba a cabo ninguna acción. Finalmente fue aprobado el envío de una flota de quince galeras y cuatrocientos hombres, no obstante, cuando la escuadra veneciana partió hacia el Bósforo ya hacía quince días que Constantinopla sufría el asedio otomano.

En última instancia, Nicolás V accedió también a aportar su granito de arena por la causa ortodoxa y contrató los servicios de tres barcos genoveses para realizar el envío de un cargamento de armas y víveres. La flotilla pontificia partió a su destino hacia finales de marzo de 1453.

Escasa e insuficiente ayuda pero, en definitiva, la única, ya que ningún otro reino europeo hizo caso de las desesperadas demandas bizantinas de auxilio. Occidente despreciaba a los cismáticos bizantinos pero, sin embargo, estratégicamente para nada le interesaba que los turcos conquistaran Constantinopla, la llave de Europa. A pesar de todo, muy probablemente no movieron ni un dedo por el Imperio ante la creencia popular de que la gran ciudad y sus triples murallas resistirían otro ataque más, tal y como venía ocurriendo desde hacía más de mil años.

A la colaboración oficial del Vaticano y Venecia, en forma de unos pocos soldados, equipamiento y víveres, debemos de sumar la ayuda individual aportada por algunos ciudadanos de los estados cristianos.

Uno de estos héroes, el mítico Giovanni Giustiniani Longo, perteneciente a una de las grandes familias de la nobleza genovesa, arribó a Constantinopla el 29 de enero de 1453, al mando de mil cuatrocientos experimentados y bien armados soldados, a tiempo para colaborar activamente en la organización de la defensa. Giustiniani, experto militar en las tácticas defensivas de ciudades amuralladas, pronto fue destinado a tomar el mando de toda la zona contigua a las murallas terrestres, el área de la ciudad más vulnerable. De Castilla llegó también un noble, Francisco de Toledo, a luchar por la causa cristiana.

Además de los ciudadanos bizantinos también participaron en la lucha contra los turcos los súbditos de las potencias mercantiles instalados en la capital. Sirva de ejemplo el liderazgo asumido por Pere Julià sobre la colonia catalana que residía en Constantinopla y también sobre algunos voluntarios recién llegados de Hispania que se unieron a ellos.

El inventario de tropas cristianas se completaba con la presencia de una pequeña flotilla de veintiséis barcos, anclada en el Cuerno de Oro, puerto natural constantinopolitano. Runciman nos informa que cinco de estos navíos eran venecianos, otros cinco genoveses, tres cretenses, uno de Ancona, otro de Cataluña, otro de Provenza y diez pertenecían al emperador.

El desequilibrio entre las dos partes enfrentadas era, por lo tanto, abrumador. Las fuentes de la época contabilizan en unos treinta mil el número de personas que se encontraban tras las murallas en el momento del sitio. De ellas, solo cuatro mil novecientos ochenta y tres bizantinos eran útiles y cerca de unos dos mil extranjeros, entre voluntarios y colonos.

EL ASEDIO OTOMANO

El sitio de Constantinopla fue iniciado el 3 de abril de 1453. Dos días después arribaban los últimos destacamentos otomanos, al frente de los cuales se encontraba el sultán en persona.

La capital bizantina, como ya estudiamos en la primera parte, se encontraba situada en una península de forma triangular. Dos de sus lados se hallaban bañados por las aguas, uno de ellos por el estuario del Cuerno de Oro, el otro por el mar de Mármara; el tercero demarcaba el límite terrestre de la ciudad con una muralla triple.

Estas murallas terrestres se extendían desde el barrio de Blachernas, en el interior del Cuerno de Oro, con orientación noroeste; hasta el barrio de Studion, situado en el sur de la ciudad y que daba al mar de Mármara. La longitud de este entramado defensivo terrestre era de algo más de siete kilómetros.

Las murallas marítimas que defendían las costas constantinopolitanas bañadas por el Cuerno de Oro, a diferencia de las terrestres, eran simples y poseían una longitud de más de cinco kilómetros y medio. Estas se extendían desde Blachernas hasta un pequeño cabo, actualmente conocido como punta de Serrallo, situado en el noreste de la ciudad, donde se encontraba la Acrópolis.

Desde la Acrópolis hasta el barrio de Studion, en el sur, había una tercera muralla, también simple y costera, que cubría una distancia de casi nueve kilómetros.

Constantinopla, por lo tanto, estaba protegida por un total de algo más de veintiún kilómetros de murallas, las cuales debían de ser defendidas por menos de siete mil hombres, lo que significaba que cada soldado estaría separado del siguiente por una distancia de tres metros. No obstante, a pesar de la escasez de efectivos, los militares cristianos, al parecer, estaban bien equipados, mejor incluso que la mayoría de las tropas turcas.

Las dos murallas marítimas se encontraban en buen estado de conservación. Si a esto le

La gran cadena del Cuerno de Oro.
Esta pieza arqueológica puede ser observada en la actualidad
en el Museo Militar de Estambul.

añadimos que la distancia que las separaba de la
línea de costa era muy reducida, se comprenderá
que los bizantinos sabían perfectamente que era
poco probable que los ataques turcos se centra-
ran en estas zonas. Además, en el Cuerno de Oro
se encontraban anclados los barcos cristianos,
dispuestos a defender valientemente la posición, y la entrada al estuario estaba cerrada por
una gruesa cadena. En consecuencia, un ataque
lanzado contra la muralla de esta zona solo era
posible si el enemigo controlaba totalmente las
aguas del Cuerno de Oro. Por otra parte, debemos hacer mención añadida de la dificultad que
suponía aproximarse para desembarcar en la costa
constantinopolitana del Mármara, ya que toda
esta línea marítima estaba llena de peligrosos
bajíos y arrecifes.

Las triples murallas terrestres, las más antiguas de todas, erigidas en tiempos del emperador Teodosio II (408-450), eran además las más deterioradas, por lo que, si tenemos en cuenta lo comentado en el párrafo anterior, esta era la zona en la que se esperaba el más duro ataque. En concreto el área más vulnerable era aquella por la que el río Lycus atravesaba la muralla para penetrar en la ciudad, conocida por *Mesoteichion*, situada aproximadamente en la línea divisoria norte-sur de la ciudad. Debido a esto, el emperador ordenó que las mejores tropas, capitaneadas por Giustiniani, defendieran esta zona.

No obstante, el entramado amurallado del istmo constantinopolitano constituía, a pesar de su antigüedad, una auténtica obra de ingeniería. El sistema defensivo comenzaba con un profundo foso inundable de casi dieciocho metros de anchura. A continuación, el enemigo debía superar un parapeto almenado defendido por los bizantinos a lo largo de un espacio de entre doce y quince metros de anchura, conocido como *Peribolos*, que lo separaba de la segunda muralla. Esta muralla exterior estaba a su vez separada de la muralla principal por un corredor de entre doce y dieciocho metros de anchura, llamado *Parateicon*. El segundo muro y el principal tenían unos siete y doce metros de altura, respectivamente. El entramado se completaba con torres separadas entre cuarenta y cinco y noventa metros, colocadas en la muralla exterior, y torreones, situados en la muralla principal que se intercalaban con los anteriores.

Un día después de la llegada al frente de Mehmet II, este envío un ultimátum de rendición

Tramo reconstruido de las murallas de Teodosio II. En la imagen se observa perfectamente el sistema de triple muralla de la capital bizantina.

a los defensores y, ante la falta de respuesta por parte del emperador se dio la orden de combate. Los turcos comenzaron a bombardear las murallas y, muy pronto obtuvieron resultados positivos: en un solo día se consiguió derribar la puerta Carisia, situada en el débil *Mesoteichion*, así como otros daños de menor importancia. Sin embargo, los otomanos no pudieron aprovechar las brechas abiertas para penetrar en la ciudad, ya que los bizantinos reparaban durante las noches los desperfectos. El sultán, enfurecido por no poder lanzar el asalto definitivo, ordenó la llegada de más cañones para no permitir dar ni un instante de descanso a los defensores y evitar así que pudieran arreglar los daños causados por la artillería otomana.

Durante esta primera fase, los turcos iniciaron también labores para inundar el foso, trabajos de minado que permitieran penetrar las murallas

El *parateicon* de las murallas de Teodosio II. El espacio que separa la muralla exterior de la principal presenta una anchura media de unos quince metros.

de Constantinopla e intentaron además asaltar la cadena que guardaba la entrada del Cuerno de Oro, colocada entre la actual punta de Serrallo y la torre de Gálata, en el barrio genovés de Pera, una auténtica ciudad extranjera dentro de la capital bizantina.

El 9 de abril, la flota otomana al mando de Balta Oghe, quien tenía también órdenes de bloquear el posible tráfico de entrada o salida de la ciudad, llevó a cabo sin éxito el primer ataque

Torres de la muralla principal de Teodosio II. La imagen muestra a las claras el reducido espacio de separación entre las torres de la muralla principal del sistema defensivo de la parte terrestre de Constantinopla, lo que da una idea del carácter cuasi inexpugnable de la gran ciudad del Bósforo.

sobre la gran cadena. Ante el fracaso obtenido el almirante esperó la llegada de refuerzos procedentes del mar Negro.

El 11 de abril el sultán recibió los cañones solicitados y, en menos de una semana, la muralla exterior que atravesaba el valle del Lycus había quedado seriamente dañada. Con el tramo de foso de aquella zona cegado, los turcos no tardarían demasiado en lanzarse hacia la muralla principal.

Mientras, la flota del mar Negro no tardó mucho tiempo en llegar al sitio y, el 12 de abril,

La torre de Gálata. Dicho edificio del siglo xiv se encuentra ubicado en el barrio del mismo nombre en la actual ciudad de Estambul. Próximo a este punto llegaba uno de los extremos de la gran cadena que evitaba la entrada de barcos intrusos en el estuario del Cuerno de Oro; mientras, el otro extremo se localizaba en el área de la Punta de Serrallo. En los últimos años de la Constantinopla bizantina, en la zona de Gálata se encontraba localizada la colonia genovesa de Pera, clara muestra de los privilegios comerciales recibidos por esta república italiana durante los siglos de decadencia imperial.

Foso de las murallas de Teodosio II. Los entramados defensivos de las ciudades del Medievo estaban formados principalmente por una muralla y un foso. Cuando un ejército sitiaba una urbe, para poder llevar a cabo el asalto final a la muralla era preciso cegar el foso. En esto fue en lo que se concentraron precisamente buena parte de los esfuerzos otomanos antes de lanzarse sobre la muralla principal de Constantinopla en 1453.

la armada turca estaba lista para lanzar un nuevo ataque sobre la cadena. Muy pronto se vendría a demostrar que, a pesar del mayor número de barcos que poseían los otomanos, los navíos cristianos eran mucho mejores en el combate. Los turcos disparaban flechas y piedras desde sus naves pero, al ser estas más bajas que las galeras cristianas, no llegaban a alcanzar su objetivo. Esta ventaja fue bien aprovechada por los cristianos que, con buques mucho mejor equipados para el combate, desde la posición elevada de sus cubiertas, causaron mucho daño a la flota turca. Era la primera derrota que sufría el sultán y esto, además, desmoralizó en gran medida a sus tropas.

A pesar del fracaso de toma del Cuerno de Oro, el sultán ordenó el 18 de abril, una tentativa de asalto a través de la brecha abierta en el *Mesoteichion*. No obstante, la construcción de una barricada por los defensores, así como la tenacidad y valentía de Giustiniani y las tropas bajo su mando, evitaron que los otomanos asestaran el golpe definitivo. La superioridad numérica turca de nada servía en la estrechez de la barricada improvisada por los cristianos, los cuales, armados con poderosas armaduras y mejor equipados que las tropas del sultán, en unas cuatro horas de combate derrotaron nuevamente a los otomanos.

Las dos victorias cristianas, junto con la llegada de las tres galeras genovesas contratadas por el papa, pronto renovaron los ánimos de los defensores. Hacia el 20 de abril, los vigías de Constantinopla avistaban los barcos. Sin embargo, el bloqueo de la armada turca no había sido superado aún. Los buques cristianos se enfrentaron nuevamente a los otomanos y vencieron otra vez. Con esto quedaba confirmada la superioridad naval cristiana. En consecuencia, los turcos no veían la forma de conseguir el Cuerno de Oro. Mehmet era muy consciente que para tomar Constantinopla no bastaba únicamente con tener el dominio de la parte terrestre, era preciso además poseer el control del mar y en aquellos momentos los turcos no lo tenían. Se hacía imposible salvar el obstáculo que suponía la gran cadena ante el hostigamiento de la flotilla cristiana.

Sin embargo, Mehmet obtuvo muy pronto la solución a este problema. El sultán, a diferencia del emperador, tenía mucho dinero y, en consecuencia, estaba asesorado por los mejores consejeros. Al parecer un italiano a su servicio le sugirió la idea de, ante la imposibilidad de vencer a los barcos cristianos, transportase por tierra las naves turcas para llevarlas al interior del Cuerno de Oro. Recursos no le faltaban al sultán, por lo que muy pronto sus ingenieros y obreros se pusieron a trabajar en la construcción de plataformas y un camino para el traslado de los barcos. El 24 de abril las obras para el transporte terrestre de las naves se habían completado.

La sorpresa y la consternación de los bizantinos fue mayúscula cuando vieron que buena parte de la flota turca se encontraba en el Cuerno de Oro. La escuadra naval cristiana estaba prácticamente intacta pero, era lógico pensar que, bloqueada su salida del estuario, ahora que los otomanos lo controlaban, su papel en la guerra podía darse por concluido. Mehmet II ya no solo dominaba Constantinopla por tierra. La caída de la gran ciudad solo era cuestión de tiempo. La presencia turca en el Cuerno de Oro hacía que si se lanzaba un ataque sobre sus murallas, aunque este no fuera decisivo, permitiría distraer a unos cuantos defensores, que de esta forma no podrían acudir a reforzar la maltrecha línea del *Mesoteichion*. En consecuencia, el bombardeo de la artillería turca continuó centrándose en esta zona de la muralla terrestre. Los bizantinos, agotados y empezando ya a notar la falta de medios y víveres, no tenían más remedio que reparar cada noche, a marchas forzadas, la barricada y los nuevos daños sufridos.

Al atardecer del 7 de mayo, el sultán ordenó un nuevo ataque concentrado sobre la barricada del *Mesoteichion*. Sin embargo, las tropas turcas, que lucharon duramente durante tres horas, no lograron penetrar en la ciudad.

Ante este nuevo fracaso Mehmet II se decidió a lanzar el 13 de mayo un nuevo asalto pero, en esta ocasión dirigido a otra zona, al punto de unión de la muralla marítima del barrio de Blachernas con la triple muralla terrestre. La contienda duró poco tiempo ya que los otomanos no obtuvieron resultado alguno ante la solidez de las murallas de esta sección. Este fracaso hizo ver al sultán nuevamente que la clave para entrar en Constantinopla estaba en el maltrecho, pero bien defendido, *Mesoteichion*.

Paralelamente a las operaciones de la infantería, artillería y armada, los otomanos continuaban con los trabajos de minado. No obstante, esta táctica de guerra medieval no tardó demasiado en mostrarse ineficaz. El 16 de mayo los bizantinos descubrieron una mina turca en la puerta Galigaria, que rápidamente fue enterrada, muriendo todos los obreros otomanos que había en su interior. Este tipo de labores continuaron siendo realizadas por los turcos, pero todas las minas corrieron la misma suerte que la anterior, por lo que acabaron siendo abandonadas de forma definitiva.

Otras tácticas de combate medieval fueron puestas también en práctica por los turcos. El 18 de mayo una gran torre de madera, con una altura similar a la muralla exterior, fue transportada por los sitiadores hacia el *Mesoteichion*. No obstante, al caer la noche los defensores salieron sigilosamente de los muros de la ciudad y la volaron con pólvora. El sultán no cejó su empeño en utilizar más torretas, pero todas ellas fueron destruidas sin obtener resultado alguno.

Las nuevas pequeñas victorias bizantinas contribuyeron a elevar algo la maltrecha moral de los defensores. Al mismo tiempo, las tropas turcas se encontraban muy tocadas anímicamente. El asedio, que inicialmente y ante la abrumadora superioridad numérica otomana se presumía breve, ya se estaba prolongando demasiado. Los turcos habían logrado muy poco, únicamente habían conseguido colocar sus barcos en el Cuerno de Oro pero, sin embargo, no se había obtenido ninguna victoria digna de mención. En cambio, los cristianos sí que les habían infligido humillantes derrotas. Además, existía el riesgo de que Occidente enviara refuerzos. Los bizantinos, sin saberlo, estaban a punto de derrotar definitivamente al temible sultán, ya que si los turcos no conseguían pronto entrar en Constantinopla deberían de abandonar el sitio. Así se lo hizo ver a Mehmet el gran visir, Chalil Bajá, quien, ante la ausencia de resultados positivos, aconsejó al sultán desbloquear la situación ofreciendo a los bizantinos una negociación en condiciones aceptables para ambas partes. En cambio, el ambicioso Mehmet II no lo vio así y anunció que el asalto definitivo sobre la ciudad tendría lugar muy pronto.

La caída de Constantinopla

Coincidiendo con los preparativos turcos para asestar el golpe definitivo sobre la capital bizantina, los defensores recibieron un duro mazazo moral. Hacia el 23 de mayo los vigías de Constantinopla avistaron una pequeña nave bizantina que había zarpado unos veinte días antes hacia Occidente en busca de ayuda. Los marinos no traían buenas noticias, ya que informaron que nadie más acudiría a defender la *Nueva Roma*.

En aquellos días tuvieron además lugar, como nos comenta Runciman, fenómenos extraños, que fueron divisados tanto por los sitiadores como por los sitiados. Se observó un resplandor extraño sobre la cúpula de la catedral de *Hagia Sofia*, que inquietó a las dos partes por igual y fue interpretado por todos, sin duda debido al bajo estado anímico de turcos y cristianos, como un mal augurio. También se detectaron unas extrañas luces más allá del campamento turco, cuyo origen nunca pudo ser explicado.

No obstante, el disparo de cañones siguió castigando la maltrecha área del *Mesoteichion*, mientras los preparativos para el asalto continuaron, centrados sobre todo en el cegado del foso. Los otomanos esta vez lanzarían un ataque total sobre la ciudad, las murallas marítimas, así como la terrestre, sufrirían asaltos simultáneos para, de esta forma, no permitir a los bizantinos concentrar sus esfuerzos en defender puntos concretos.

La estrategia de Mehmet pasaba también por abrir brecha en la zona de la barricada junto al río Lycus, para desde aquí penetrar en la capital bizantina.

El desenlace final tuvo lugar el 29 de mayo de 1453. Un estruendo horripilante de gritos, tambores y trompetas anunció a los defensores que su fin estaba cerca. Lejos de amilanarse, los bizantinos hicieron repicar todas las campanas de las innumerables iglesias de Constantinopla. Esta era también una guerra de religiones. El ataque a todo el perímetro amurallado se había iniciado.

Poco antes, el emperador Constantino XI, trataba de animar a sus súbditos. Les recordó que no podían olvidar su glorioso pasado. El pueblo constantinopolitano era el heredero de la Grecia y Roma clásicas. Constantinopla había logrado prolongar la existencia del Imperio romano desde sus orígenes, allá por el siglo I a. C., hasta esos momentos, mediados del siglo XV. El fin parecía cercano, pero él incluso estaba dispuesto a morir por su fe, su patria y su familia e instó a su pueblo a hacer lo propio. La plebe obedeció a su emperador y se apresuró a tomar posiciones a lo largo de las murallas.

Las murallas terrestres recibieron la primera oleada de ataques procedente de las tropas irregulares turcas, los *bashi-bazuks*. Se trataba en primera instancia de desgastar a los defensores lanzando contra ellos a esta horda de bárbaros procedentes de los orígenes más dispares: turcos, eslavos, húngaros, germanos, italianos e incluso griegos. Estos mercenarios a sueldo, no eran las tropas otomanas mejor preparadas, pero resultaban temibles ante las posibilidades de saqueo que se les presentaban si eran los primeros en entrar en la ciudad.

El ataque, a pesar de dirigirse principalmente hacia la barricada del *Mesoteichion*, fue rechazado, y en menos de dos horas el sultán ordenó la retirada. No obstante, los defensores se encontraban cada vez más cansados.

Acto seguido, sin dar siquiera un respiro a los bizantinos, el sultán ordenó el ataque de los regimientos de Anatolia, soldados ya regulares, bien armados y disciplinados, a diferencia de los *bashi-bazuks*. Al mismo tiempo, la artillería turca no dejaba de castigar las posiciones bizantinas. Sin embargo, a pesar de la dureza de este segundo ataque, los agotados cristianos aun resistieron.

Mehmet II ordenó entonces la entrada en combate de sus tropas de élite, los temibles jenízaros. No obstante, tras aproximadamente una hora de combate, los jenízaros no habían conseguido progresos. El sultán turco había lanzado ya lo mejor de su ejército sobre Constantinopla pero, a pesar de todo, la capital bizantina resistía todas las embestidas. Parecía imposible que la gran ciudad de Constantino cayera.

Un hecho puntual fue lo que propició finalmente la entrada de los otomanos en la ciudad, al parecer ocurrido como fruto de una traición. Ninguno de los defensores se percató de que la puerta de Kylókerkos, situada en el punto de unión del barrio marítimo de Blachernas con las triples murallas terrestres, permanecía abierta durante el asalto. Sorprendentemente, algunos turcos descubrieron que la puerta estaba abierta,

Soldado jenízaro, Museo Militar de Estambul. Los jenízaros, cristianos prisioneros de los otomanos que desde su juventud habían sido educados en la fe islámica, constituían el principal cuerpo de élite de los ejércitos del sultán, así como también formaban parte de su guardia personal. Durante el asedio a Constantinopla de 1453, participaron principalmente durante el asalto final del último día pero, sin embargo, su actuación no fue decisiva, ya que la entrada definitiva de los turcos en la ciudad se produjo probablemente como consecuencia de una traición perpetrada por alguno de los defensores, que dejó una de las puertas de la muralla abierta.

Las murallas de Blachernas. En este barrio de
Constantinopla, la muralla triple de Teodosio II se unía
con el sistema defensivo del Cuerno de Oro a través de una
muralla simple pero que se encontraba en muy buen estado
de conservación en el momento del asalto otomano. Sin
embargo, fue a través de una de las puertas de esta última por
donde los turcos entraron en la capital bizantina.

izaron una bandera en las murallas y penetraron
en la ciudad. Era un grupo reducido de enemigos que podría haberse eliminado fácilmente y,
cerrando de nuevo la puerta, todo habría quedado
solucionado. En cambio, la noticia de que los
otomanos entraban en Constantinopla, junto
con el anuncio de la muerte del héroe de los
defensores, Giustiniani, hizo que los bizantinos,
desmoralizados, abandonaran sus posiciones
y salieran en desbandada. Un nuevo asalto de
jenízaros hizo el resto. Constantinopla estaba
en manos de los turcos. En pleno siglo XV, en
los albores de la Edad Moderna, caía el último

La mezquita Azul de Estambul. Esta construcción es uno de los edificios más representativos de la religión musulmana en la ciudad turca de Estambul y, además, constituye un claro ejemplo del cambio de culto experimentado por la antigua Constantinopla bizantina tras la conquista otomana.

territorio de lo que antaño fuera llamado Imperio romano. Con Constantinopla moría también el último emperador romano de una línea ininterrumpida que se remontaba a los tiempos de Octavio Augusto (24-14 a. C.) y que, curiosamente, tenía el mismo nombre que el fundador de la ciudad y el primer soberano que se asentó en la nueva corte: Constantino.

ΙΕΡΟΣ ΝΑΟΣ
ΑΓΙΑΣ ΒΑΡΒΑΡΑΣ
Κ
ΑΓΙΟΥ ΦΑΝΟΥΡΙΟΥ

Placa con el águila bicéfala en una calle de Mykonos (Grecia).
Este emblema imperial de la familia Paleólogo fue remitido en
1453 al zar de Rusia, Iván III, tras la muerte en combate del
último soberano bizantino, Constantino XI, al igual que en
476 se enviaron las insignias de Rómulo Augusto a Zenón
de Constantinopla. Ante este gesto y tras el matrimonio de
Iván III con Zoe, sobrina de Constantino XI, que tuvo lugar
en 1472, Moscú se alzaba como la *Tercera Roma*, tratando
de emular a Constantinopla, la *Nueva Roma*. Sin embargo, lo
cierto es que las ambiciosas pretensiones del zar se quedaron
simplemente en una imitación ya que Rusia realmente solo
se alzó como la única potencia capaz de sostener
a la Iglesia ortodoxa.

Alminar de la mezquita de Mehmet II (1451-1481). El sultán conquistador quiso refrendar su triunfo sobre los bizantinos edificando en Constantinopla una gran mezquita que superara a las demás construcciones de la ciudad. Sin embargo no lo consiguió ya que una vez concluida la obra pudo comprobar como su cúpula era menor que la de la iglesia de Hagia Sofia, motivo por el cual ordenó la inmediata ejecución del arquitecto.

Sin dudas, Constantinopla había sido la heredera de Roma y, después de la caída de la primera, Moscú pretendía ser el sucesor de la tradición imperial. Tras la toma de Roma en 476, el emperador de Constantinopla, Zenón, había recibido las insignias del titular de Occidente. Ahora, en 1453, ocurría algo similar y los símbolos imperiales fueron acogidos por el soberano ruso Iván III, quien incluso comenzó a utilizar el emblema del águila bicéfala perteneciente a la familia de los Paleólogo. Ya hacía tiempo, además, que los líderes de estas etnias portaban el título de César, en eslavo Zar. Iván III se casó también con Zoe, sobrina de Constantino XI, en 1472, lo que daba mayor credibilidad a la parafernalia del ritual imperial ruso. Los rusos llegaban a afirmar que Moscú era la *Tercera Roma*, pero nada más lejos de la realidad. Lo que si es cierto es que la desaparición definitiva de Bizancio convertía a Rusia en el único estado independiente con fortaleza suficiente para mantener a la Iglesia ortodoxa.

Constantinopla fue sometida a saqueo por los turcos durante las primeras horas de caos que se produjeron tras la apertura de sus puertas. Sin embargo, Mehmet no quería destruir la ciudad, deseaba que fuera la capital de su imperio, por lo que pronto les paró los pies a aquellos que tenían ansias de botín. Ni punto de comparación con los atroces actos cometidos por los cruzados en 1204.

En poco tiempo, gracias a la voluntad del sultán, la ciudad experimentó un sorprendente crecimiento, en unos setenta años pasó a tener unos cuatrocientos mil habitantes y volvió a convertirse en una de las principales urbes de su tiempo.

En los años siguientes, los otomanos se dedicaron a tomar los últimos reductos imperiales, así como los estados bizantinos independientes. Destaca en este contexto la caída del Imperio de Trebisonda en 1461.

Los turcos, sin la presencia ya de la Constantinopla bizantina, defensa histórica de la cristiandad, continuaron su imparable expansión por Europa, llegando incluso a alcanzar las puertas de Viena en 1529. Por suerte, Europa era ya lo suficientemente fuerte en el siglo xv como para resistir la embestida. Sus estados, superado el feudalismo, se habían constituido en sólidas monarquías absolutas, por lo que pudieron hacer frente al invasor islámico y la civilización occidental, aunque sufrió algún que otro revés, no desapareció, algo que si habría ocurrido si no hubiera sido gracias a que en los siglos de debilidad del Occidente bárbaro, Constantinopla impidió la entrada de los musulmanes en Europa.

Conclusión

Roma, como Imperio de la Antigüedad y el Medievo, supo adaptarse a los tiempos cambiantes que le tocó vivir desde sus inicios como potencia mediterránea, allá por el siglo II a. C., tras salir victoriosa en las Guerras Púnicas, hasta la desaparición definitiva de su último bastión a mediados del siglo XV. Para ello hubo de sufrir una serie de metamorfosis que la llevaron a adoptar las más diversas formas: República (siglos VI a. C. - I a. C.), Alto Imperio (siglos I a.C. - III), Bajo Imperio (siglos III - V), Imperio oriental (siglos V - VII) e Imperio griego (siglos VII - XI). Finalmente, superado el umbral del siglo XI, habiendo abandonado ya el estatus de potencia y caminando por una pendiente vertiginosa de decadencia, experimentó sus últimas mutaciones para resistir aún por más de cuatrocientos años, adquiriendo para ello diferentes identidades: estado pseudofeudal (siglos XI - XIII), reino de Nicea (1204 -1261), país balcánico (1261-1353) y, en sus últimos tiempos, ciudad-estado (1353 -1453).

Seguidamente se describirán cada una de estas épocas vividas por el Imperio bizantino.

El periodo histórico denominado Bajo Imperio es aquel que transcurre entre la proclamación de Diocleciano, en 284, y la caída definitiva de la autoridad imperial en las provincias de Occidente, que tuvo lugar en el año 476. Tras superar una época de enormes dificultades, conocida como la *Gran Crisis del siglo III*, en la cual la inestabilidad interna fue aprovechada por los pueblos bárbaros para penetrar los *limes*, el Estado romano debió de sufrir una profunda renovación y, solo de esta forma, pudo sobrepasar la situación de decrepitud en la que se hallaba. Todos estos cambios condujeron a enterrar el Alto Imperio, dieron nueva forma a lo que quedaba de él y como resultado de los mismos se produjo el nacimiento del denominado Imperio tardorromano.

Los auténticos artífices de esta mutación fueron los enérgicos emperadores Diocleciano (284-305) y Constantino (312-337), soberanos que llevaron a cabo las numerosas reformas a las que se vio sometido el nuevo Imperio, una auténtica revolución que abarcó todos los ámbitos, especialmente aquellos que estaban relacionados con la economía, el gobierno y el ejército.

Estos profundos cambios sufridos por el Imperio hicieron posible su supervivencia en Occidente hasta finales del siglo V mientras que en Oriente el Estado romano traspasó el umbral de la Antigüedad, experimentó nuevos periodos de esplendor y únicamente murió hacia mediados del siglo XV, coincidiendo con el final de la Edad Media.

Tras el fallecimiento de Constantino las luchas internas de los candidatos para hacerse con el control del Estado, así como la ocupación del trono por parte de emperadores poco capaces, dieron nuevos bríos a las tribus germánicas que, poco a poco, fueron haciéndose con el control de las provincias del oeste. En cambio, la mitad oriental del Imperio era más rica que la occidental y, amparada en la inexpugnable corte de Constantinopla, sus emperadores pudieron deshacerse del peligro bárbaro, gracias, en parte, a que este fue desviado estratégicamente hacia el oeste.

De esta forma el Bajo Imperio tocaba a su fin en el siglo V. Mientras tanto, el Estado tardorromano sobreviviría en Oriente y pronto estaría preparado para asestar un duro golpe a las diferentes etnias germánicas asentadas en Occidente. Es entonces cuando el Imperio de Constantinopla surge en todo su esplendor y se lanzará a la reconquista de aquellos territorios que antaño pertenecieran a Roma, ahora en manos bárbaras.

En consecuencia, Justiniano I (527-565) armará un ejército profesional con un número de efectivos no demasiado elevado pero muy bien preparado. Su principal fuerza de choque la constituirá el *catafracto*, tropas que, amparadas en una poderosa flota, pudieron acometer las campañas militares de Occidente con todas las garantías.

El primer territorio germánico en caer fue el reino vándalo que ocupaba Cartago, Estado que poco tardó en desaparecer ante el duro golpe asestado en 533 por las tropas del general Belisario. A la efectividad de los ejércitos imperiales habría que sumar, además, que el territorio vándalo estaba sumido en una profunda crisis sucesoria, algo habitual entre los pueblos germánicos que ocupaban el Occidente, ya que en ellos la noción de Estado estaba muy poco desarrollada. Es preciso destacar también, como una de las consecuencias de la caída vándala, la dificultad que suponía para los ocupantes germánicos someter a la población local católica norteafricana, la cual era fuertemente hostil a su presencia por tratarse de adeptos a la religión arriana. Por último, añadir que el Estado vándalo estaba separado por mar del resto de pueblos germánicos y rodeado por el desierto líbico, aislamiento geográfico que, *a priori*, puede parecer interesante desde el punto de vista defensivo. No obstante, es necesario destacar que, ante la invasión de una poderosa flota como la bizantina, este aislamiento hizo que el reino vándalo no encontrara escapatoria posible y su pueblo acabara siendo destruido.

Tras la eliminación de los vándalos llegó el turno de enfrentarse a los ostrogodos que dominaban desde hacía poco tiempo Italia. Allí la contienda resultó mucho más larga y dura y ocupó a los ejércitos imperiales por un periodo de tiempo elevado, comprendido entre los años 535 y 552, ya que el pueblo ostrogodo era más poderoso que el vándalo. Sin embargo, la decisión de que la campaña fuera dirigida por Narsés, el fiel general eunuco del emperador Justiniano, hizo que los ejércitos invasores bizantinos desplegados en la región transalpina recibieran más recursos de los que se emplearon en el norte de África. De esta forma, finalmente la balanza se decantó del lado de Constantinopla y los ostrogodos fueron borrados de la historia.

Para concluir sus campañas en Occidente, Justiniano aprovechó la enésima disputa por la ocupación del trono visigodo de Hispania e intervino por la causa de una de las facciones en liza. Utilizando esta excusa, hacia el año 554, se hizo con el control de una amplia franja del litoral mediterráneo hispánico.

No obstante, a pesar de la gloria alcanzada por las conquistas obtenidas, los enormes recursos utilizados para poder llevar a cabo estas campañas militares llevaron al Estado bizantino a la ruina económica. Los sucesores de Justiniano poco pudieron hacer para salvar la crisis que tuvo lugar en consecuencia.

En esta época llegó a ocupar el trono constantinopolitano Mauricio (582-602), emperador aliado con los persas tras prestar ayuda al rey Cosroes II para que este pudiera ocupar el trono sasánida. Mauricio, soberano muy capaz que utilizó los escasos fondos de las maltrechas arcas imperiales de forma muy efectiva, tuvo la desgracia de hacerse impopular entre las autoridades civiles bizantinas y, finalmente, también ante el ejército. En consecuencia, el emperador acabó depuesto por un usurpador, Focas (602-610) y el rey persa Cosroes II invadió los territorios de su antiguo aliado. El inepto de Focas poco pudo hacer ante el empuje sasánida, a pesar de que este Imperio de Asia central se encontraba también sumido en una profunda crisis. Por lo tanto, una tras otra fueron cayendo las provincias de ultramar bizantinas en manos persas, a excepción de Cartago.

A pesar de la difícil situación persa, Cosroes consiguió poner contra las cuerdas a Constantinopla debido a un problema religioso que le acabó estallando en las manos a los emperadores bizantinos: el *monofisismo*. Los territorios *monofisistas* de Siria y Egipto poco o nada hicieron por frenar la ocupación sasánida de sus tierras. La población de aquellas provincias estaba cansada del duro yugo que le imponía la metrópolis de Constantinopla, cuyos emperadores, además, les perseguían por practicar una versión diferente del cristianismo.

Sin embargo, cuando el Imperio parecía condenado a la desaparición definitiva surgió la figura de Heraclio (610-641), que apoyado en las tropas de su padre, exarca de Cartago, se hizo finalmente con el trono de Constantinopla, gracias al apoyo popular recibido como consecuencia de la desastrosa gestión de gobierno llevaba a cabo por Focas. Solo entonces, el Imperio pudo lanzar su contraofensiva para deshacerse de los invasores sasánidas y, ante la fragilidad de su Estado, se llegó incluso a ocupar buena parte de su territorio.

Finalmente, Persia fue derrotada y las provincias *monofisistas* recuperadas. Parecía como si la invasión sasánida nunca se hubiera producido. No obstante, el daño ya estaba hecho: la larga guerra de desgaste entre iranios y bizantinos abonó el terreno para que una nueva potencia a escala mundial hiciera desaparecer al Imperio persa de forma definitiva y redujera el Imperio romano oriental únicamente a los territorios helenos.

Tras la invasión árabe de las regiones *monofisistas* de Siria y Egipto, así como del territorio católico de Cartago, todas estas provincias ultramarinas de Constantinopla se perdieron definitivamente. Los dos primeros territorios cayeron en manos musulmanas como consecuencia de la pasividad mostrada por los súbditos bizantinos ante la ocupación árabe, ya que estos preferían incluso estar bajo dominio musulmán que asfixiados por la política impositiva del emperador de Constantinopla. Que duda cabe que el norte de África se perdió, en buena medida, como consecuencia de su aislamiento geográfico.

Los árabes no solo respetaban la fe cristiana sino que, además, por su carácter proselitista acabaron convirtiendo a la mayor parte de la población sometida, por lo que estas provincias pronto quedaron integradas en la maquinaria islámica y dejaron para siempre de ser bizantinas.

A pesar del desastre que supuso la conquista árabe, hecho que condujo a la pérdida de la mayor parte de la superficie territorial imperial, lo que quedaba del Estado bizantino constituía una entidad uniforme cultural, étnica y religiosamente hablando. De esta forma nació lo que podríamos denominar Imperio griego. El «nuevo imperio» pudo ser, además, otra vez estable y alcanzar su apogeo en época de Basilio II

(963-1025), gracias a la creación del sistema de *themas* por parte del emperador Heraclio.

Mientras, Europa estaba deshecha en un marasmo de reinos bárbaros, los cuales a su vez, como consecuencia de que en ellos la noción de Estado no estaba lo suficientemente desarrollada, se encontraban divididos en numerosos señoríos en manos de la nobleza, cuyos miembros se relacionaban entre sí mediante la existencia de instituciones feudovasalláticas. En Occidente la posesión de la tierra era la que daba el poder y su cesión en usufructo a los nobles garantizaba el servicio militar de estos. En estos débiles reinos la seguridad quedaba por lo tanto en manos de la aristocracia y sus ejércitos privados, estamento social este cuya principal misión a lo largo de la Edad Media fue desarrollar el arte de la guerra.

Al igual que en la Europa bárbara, en el Imperio bizantino la propiedad rural era esencial a la hora de organizar la defensa de un territorio. En cambio, entre los siglos VII y XI, los emperadores de Constantinopla supieron controlar la cesión de la tierra en beneficio propio y, al mismo tiempo, en detrimento de la nobleza. Gracias al sistema de *themas* las propiedades agrícolas estatales eran cedidas por el emperador a los soldados-campesinos que llevaban a cabo la defensa de cada división territorial y, de esta forma, se evitó que estas cayeran en manos de la aristocracia. Mientras en Occidente la mala gestión en relación con el usufructo de la tierra, cuya posesión acabó concentrada en manos de la nobleza, condujo al debilitamiento del poder regio y a una auténtica fragmentación de la unidad estatal, en Bizancio las propiedades rurales fueron empleadas para permitir el autoabastecimiento de sus ejércitos, algo que sin lugar a dudas, colaboró en conservar la fuerza de la autoridad imperial. Por lo tanto, el Imperio bizantino experimentaba una época de apogeo entre los siglos VII y XI, al mismo tiempo que la Europa bárbara se encontraba sumida en los diferentes regímenes feudales.

Bizancio alcanzó la cumbre de su poder con Basilio II pero, no obstante, tras la muerte de este emperador se produjo una rápida degeneración de su Estado que tuvo lugar como consecuencia del largo enfrentamiento entre las dos aristocracias bizantinas: la nobleza de la capital y los terratenientes. Esta crisis condujo al Imperio hacia su feudalización, aunque es preciso destacar que esta fue tardía e incompleta. La *pronoia,* impuesta en época de los Comneno, acabó por sustituir la cesión de tierra que se efectuaba en el régimen de *themas,* al mismo tiempo que se asemejaba bastante a la infeudación que se desarrollaba en Occidente. Sin embargo, aunque, al igual que en la Europa del oeste, en Oriente la nobleza terrateniente acabó aumentando también mucho su poder, la autoridad imperial continuó siendo incontestable, a diferencia de lo que ocurría en Occidente, donde el poder central había estado muy debilitado.

Cuando Alejo I (1081-1118) fue entronizado, el Imperio atravesaba por enormes dificultades enfrentado a nuevos y peligrosos enemigos: los normandos y los turcos. Los primeros pudieron ser contenidos, eso sí, no sin grandes esfuerzos. Los segundos, los más peligrosos, acabaron por provocar la convocatoria de la Primera Cruzada y con ello surgió un nuevo problema para Bizancio: la presencia de los occidentales en Oriente. La competencia que para el comercio bizantino supuso la existencia de estados cruzados en tierras de Oriente Próximo, hizo que la economía bizantina cayera en picado.

A ello debemos sumar la mediatización del comercio constantinopolitano por parte de las potencias marítimas italianas. El propio Alejo otorgó grandes privilegios comerciales a Venecia en 1084 a cambio de poner su flota al servicio de la defensa bizantina. La situación se agravó aún más cuando la solución que encontraron los sucesores de Alejo I para atenuar este problema fue ceder prerrogativas similares a las potencias rivales de Venecia y, de esta forma, tratar de contrarrestar su poderío. En consecuencia, pisanos y genoveses comenzaron también a sacar tajada del tráfico de mercancías que circulaba entre los dos continentes, antaño monopolio exclusivo de la, precisamente como consecuencia de ello, rica Constantinopla.

En resumen, la economía bizantina se hundió a lo largo de este periodo, debido a la competencia comercial ejercida por los principados cruzados instalados en Tierra Santa, los cuales crearon rutas alternativas para el comercio con Asia, así como por la presencia de venecianos, pisanos y genoveses en la capital, quienes se beneficiaban de la mayor parte de las transacciones comerciales que allí tenían lugar.

Estos años oscuros para el Imperio fueron a la vez un tiempo de progreso para Occidente el cual, coincidiendo con el fortalecimiento del poder regio, habiendo aparecido en sus estados los primeros atisbos de monarquía absoluta y abiertos nuevos mercados para el comercio, experimentó un periodo de bonanza económica. Su presencia en Oriente, además, permitió que entraran en contacto con los bizantinos y se empaparan de su cultura, algo que sin lugar a dudas contribuyó a que se desarrollara en Europa el Renacimiento.

Oriente se apagaba con el mismo ritmo que Occidente ascendía cada vez más desde el abismo feudal. La Europa germánica era ya más fuerte que Bizancio y su Imperio iniciaba de esta forma una larga agonía hasta su desaparición.

El culmen de la profunda crisis en la que se encontraba sumido el Imperio hacia comienzos del siglo XIII, se produjo cuando las querellas protagonizadas por la familia imperial de los Ángel hizo que los caballeros de la Cuarta Cruzada dejaran de lado su destino inicial en Tierra Santa y tomaran partido por la facción de Alejo IV. El impago del dinero prometido a los cruzados por este emperador, así como su expulsión del trono y ejecución por parte de un nuevo usurpador, Alejo V, hicieron que los caballeros occidentales decidieran apoderase de la capital bizantina y acordaran repartirse lo que quedaba de su Imperio. En consecuencia, Constantinopla fue saqueada y en la región balcánica se implantó un régimen feudal siguiendo el modelo europeo, a la cabeza del cual, teóricamente, se situaba el soberano occidental del nuevo Estado, Balduino de Flandes.

Panorámica de la ciudad santa de Jerusalén (Fotografía de Salvador Genovés). El objetivo oficial para que se organizaran las cruzadas no era otro que la conquista de Jerusalén para, de esta forma, poder garantizar la seguridad de los fieles cristianos en su peregrinación a este lugar santo.

Sin embargo, los resultados obtenidos en 1204 durante la
Cuarta Cruzada, campaña en la cual los occidentales
tomaron y saquearon Constantinopla, nos hacen dudar
de que realmente Jerusalén fuera el destino de estas
expediciones militares.

Sin embargo, a pesar de este desastre, el Imperio bizantino sobrevivió en forma de diferentes estados independientes entre sí, entre los que destacaron Trebisonda y Nicea, ambos localizados en Anatolia. El segundo de ellos se alzó como continuador de la tradición imperial y, transcurrido poco más de medio siglo desde la agresión cruzada, se sintió con suficientes fuerzas como para expulsar a los occidentales de Constantinopla y restaurar el Imperio. Que duda cabe que la buena salud de la economía de su territorio, así como el fortalecimiento de la autoridad de su emperador, consecuencia del apoyo prestado por la aristocracia terrateniente que entró al servicio de la corte, contribuyeron en buena medida para que Nicea adquiriera su poder.

En 1258, Miguel VIII Paleólogo reconquistaba Constantinopla y establecía en su trono la que sería la última dinastía imperial. No obstante, la realidad mostraba a las claras que más que un imperio, Bizancio era por esos años únicamente un país balcánico. Cierto es que la autoridad imperial había sido restaurada en Constantinopla pero, sin embargo, la presencia occidental en los Balcanes e islas griegas no fue borrada por completo, al igual que continuaron existiendo algunos territorios bizantinos independientes, como el denominado Imperio de Trebisonda, a orillas del mar Negro. Las campañas ofensivas de Miguel VIII requirieron el apoyo de la escuadra naval genovesa y, a cambio, esta república italiana recibió nuevamente privilegios comerciales en Constantinopla. Bizancio finalmente se vio obligado también a recurrir a la ayuda de la flota de

Ilustración con diferentes soldados otomanos (Museo
Militar de Estambul). Durante el siglo XIV, Bizancio sufrió
dos desastrosas guerras civiles. La primera de ellas, conocida
como *Guerra de los dos Andrónicos*, enfrentó por la posesión
del trono a Andrónico II (1282-1328) con su nieto,
Andrónico III (1328-1341), alzándose con la victoria este
último. El segundo conflicto fue más grave si cabe y produjo
el enfrentamiento entre los partidarios de Juan V (1341-1391)
y Juan Cantacuceno (1347-1354), emperador este último
que no dudó en solicitar la ayuda de los otomanos, los cuales
entrarían por primera vez en Europa gracias a esta invitación.

Venecia, la auténtica dominadora del Egeo. En consecuencia, la economía bizantina continuaba controlada casi por completo por extranjeros.

Andrónico II (1282-1328), hijo y sucesor de Miguel VIII Paleólogo, precisó de la ayuda de mercenarios extranjeros para poder hacer frente a la amenaza turca y, nuevamente, esta solución acabó resultando muy perjudicial para el Imperio. En esta ocasión se solicitó apoyo a los almogávares de Roger de Flor, los cuales vengaron la muerte de su capitán, presumiblemente asesinado por orden del emperador, saquearon Grecia y acabaron ocupando Atenas y Neopatria.

Sin embargo, este no fue el único problema para lo poco que quedaba ya del antaño glorioso Imperio bizantino. A medida que se reducía la superficie de Bizancio surgían más usurpadores dispuestos a disputar lo poco que quedaba de su territorio. En este contexto tuvieron lugar las dos desastrosas guerras civiles que, de 1321 a 1354, se encargaron de mermar el ya de por sí maltrecho país balcánico en que se había convertido el Imperio. La asociación al trono imperial de Juan Cantacuceno (1347-1354), que se produjo en el segundo de estos conflictos, fue funesta para Constantinopla. Cantacuceno hizo un llamamiento en 1353 a los turcos otomanos para que le apoyaran en su enfrentamiento con el legítimo emperador, Juan V Paleólogo (1341-1391). A partir de aquel momento, los turcos jamás abandonarían ya suelo europeo. Los poderosos otomanos se dedicaron entonces a la conquista de los Balcanes destruyendo o poniendo contra las cuerdas a los diferentes estados eslavos y reinos cristianos de la Europa del este, al mismo tiempo que arrinconaron a los bizantinos en Constantinopla y el área circundante, convirtiendo así al Imperio en una simple ciudad-estado.

Bajo los reinados de Manuel II (1391-1425) y Bayaceto I, por parte de Bizancio y el Imperio otomano, respectivamente, la sentencia de Constantinopla parecía ya firmada. No obstante, el ataque sorpresa de 1402 a la frontera oriental turca, protagonizado por los mongoles de Tamerlán, y la muerte en esta contienda de Bayaceto, prolongó la existencia del Imperio romano por cincuenta y un años más. A pesar de todo, la temprana recuperación otomana pronto colocaría las cosas nuevamente en su lugar y, finalmente, se pondría el cerco definitivo sobre la *Nueva Roma*.

Tras el paso de dos sultanes más por el trono otomano, Mehmet I y Murad II, su imperio estaba preparado ya para asestar el golpe definitivo sobre Constantinopla. En ese momento tomó las riendas del sultanato el joven y ambicioso Mehmet II (1451-1481), soberano otomano que hizo que no se prolongara más la pesadilla que Bizancio venía sufriendo desde principios del siglo XIII. Por lo tanto, Mehmet el Conquistador, con un poderoso y moderno ejército, acabó destruyendo definitivamente al Imperio romano de Oriente.

Los diferentes periodos que vivió el Imperio bizantino pueden separarse, como hemos estudiado anteriormente, en dos grupos, aquellos que tuvieron lugar antes del siglo XI y los que se desarrollaron después de esta centuria. Es decir, el citado siglo marca el punto de inflexión entre el

Retrato de Murad II (Museo Militar de Estambul). El caudillo mongol Timur o Tamerlán, derrotó a comienzos del siglo xv a los otomanos en la frontera este de Anatolia en una batalla en la que incluso pereció el sultán Bayaceto I (1389-1402). El duro golpe dado por los tártaros a los turcos en su movimiento hacia Occidente hizo que los segundos tardaran unos años en recuperarse y a la vez esto permitió a Constantinopla resistir durante cincuenta años más. Finalmente, tras un periodo de guerra civil de once años, Mehmet I (1412-1421) logró llevar de nuevo la paz al sultanato lo que permitió su rápida recuperación. Bajo el reinado de Murad II (1421-1451) las conquistas perdidas fueran recuperadas en su práctica totalidad.

auge y el declive del Imperio de Constantinopla. A continuación realizaremos un breve resumen sobre los principales motivos de esta decadencia que, a partir de la muerte de Basilio II (963-1025), arrastró a Bizancio hacia su caída definitiva. Estas causas no fueron otras que la invasión de pueblos bárbaros, la feudalización del Estado, las concesiones comerciales otorgadas a las repúblicas italianas, la presencia de los cruzados en Oriente y el enfrentamiento con el papa de Roma.

Las invasiones que a lo largo de la existencia del Imperio bizantino protagonizaron, principalmente, eslavos, búlgaros, árabes y turcos, sin duda pesaron en él enormemente. Bizancio, estratégicamente enmarcado entre Asia y Europa, a lo largo de su historia fue lugar de paso de pueblos nómadas de los dos continentes y sufrió sus invasiones, constituyendo siempre su capital un importante objetivo militar.

El pueblo eslavo, a diferencia de los demás bárbaros que invadieron el Imperio bizantino, penetró sus fronteras movido únicamente por necesidades vitales, ya que el crecimiento de su población precisaba de nuevas tierras para su sustento. No se trataba de una etnia guerrera con ansias de rapiña, como era el caso de los bárbaros germanos o de las tribus procedentes de las estepas asiáticas. No obstante, a pesar de todo, no por ello dejó de constituir un importante peligro para Constantinopla y de ser una de las causas de su decadencia y caída.

Tras un largo periplo de migraciones el pueblo eslavo se encontraba, en torno a la sexta centuria, en las proximidades del río Danubio y, a mediados de este siglo, ya se detectaba su presencia en los Balcanes. Sin embargo, fue la presión que sobre estas tribus realizaron los ávaros, alrededor de 581, lo que provocó que atravesaran masivamente las fronteras bizantinas. Mientras Justiniano I (527-565) estuvo en el poder los eslavos pudieron ser contenidos, pero tras la muerte de este emperador su asentamiento en los Balcanes fue definitivo.

De poco sirvieron las acciones emprendidas por Mauricio (582-602), Constante II (641-668) y Justiniano II (685-715). El primero de estos emperadores lanzó, en el año 601, una ofensiva en los Balcanes que se mostró incapaz de expulsar a la totalidad de los eslavos allí instalados, por lo que la frontera danubiana fue abandonada y, aunque estos bárbaros reconocían teóricamente la soberanía imperial, en poco tiempo se hicieron con el dominio de los Balcanes y Macedonia, así como se asentaron también en muchas otras regiones griegas. En época de Heraclio (610-641) poco se pudo hacer por contener el avance eslavo, ya que el Imperio se encontraba inmerso en la terrible guerra con Persia. A partir de la segunda mitad del siglo VII, Constante II y Justiniano II llevaron a cabo deportaciones de un importante número de estos bárbaros a Asia Menor. No obstante, todas estas medidas se mostraron ineficaces y la presencia eslava en la Europa mediterránea proliferó. Era ya demasiado tarde. El siguiente paso fue conseguir la independencia de los diferentes territorios eslavos que se habían creado, hecho que empezó a tomar cuerpo hacia finales del siglo XI.

Otro de los pueblos que acosó las fronteras bizantinas, y mermó considerablemente la fuerza de su imperio, fue el búlgaro. Emparentados con los hunos, los búlgaros fueron empujados en el siglo VII hacia el delta del Danubio como consecuencia de la presión jázara y desde este lugar comenzaron a hostigar al Imperio. Al poco, Constantino IV (668-685) intentaba deshacerse de esta nueva amenaza bárbara pero, ante el fracaso de su ofensiva, los búlgaros acabaron instalándose de forma definitiva en Mesia. Los emperadores se vieron entonces forzados a reconocer este asentamiento, un auténtico Estado dentro de territorio imperial. Nacía la primera Bulgaria, entidad que perduraría hasta su destrucción en el siglo XI por parte de Basilio II (963-1025). Al mismo tiempo su presencia se tradujo en un acoso permanente a Bizancio, a pesar de que en ocasiones romanos y búlgaros fueran teóricamente aliados, socios militares, eso sí, bajo pago de tributo por parte del Imperio. Cierto es que en 718 los búlgaros fueron partícipes de la derrota que sufrieron los árabes cuando acudieron en ayuda del emperador León III (717-741) para levantar el sitio que sufría Constantinopla. Sin embargo, la verdad es que pesó mucho más la hostilidad que mostraron los búlgaros hacia Bizancio que su valía como aliados.

Constantino V (741-775) emprendió una guerra contra Bulgaria que no ofreció ningún resultado positivo para el Imperio, ya que este soberano murió en medio de la contienda. Del mismo modo, Nicéforo (802-811) también falleció en campaña contra los búlgaros, a los que

333

poco antes había conseguido derrotar. Miguel I (811-813) continuó la ofensiva, pero esta derivó en un rotundo fracaso para los intereses bizantinos. Debido a ello fue depuesto por León V (813-820) quien si pudo castigar a los ocupantes de Mesia. Todo lo anterior viene a demostrar la fuerte hostilidad que Bulgaria mantenía con el Imperio, enemistad que, como hemos observado, llevó a la muerte a dos emperadores y acabó con el mandato de otro.

La victoria obtenida por León V sobre los búlgaros, no supuso demasiados cambios, ya que la existencia de su Estado se mantuvo y su presencia continuó resultando peligrosa.

Hubo que esperar a la segunda mitad del siglo x para obtener ciertos avances en el conflicto búlgaro. Nicéforo II (963-969) vio necesaria una alianza ruso-bizantina para enfrentarse al problema. Gracias a esta estrategia los rusos derrotaron a los búlgaros y ocuparon la mayor parte de su territorio. No obstante, los nuevos inquilinos de Mesia pronto comenzaron a inquietar a Bizancio, por lo que Juan I Tzimiscés (969-976) se vio obligado a combatirlos y derrotarlos incorporando buena parte del antiguo territorio búlgaro al Imperio.

Nuevamente debemos de decir que el efecto de los logros alcanzados por Bizancio en este frente poco perduraron en el tiempo, ya que durante el periodo en el que Basilio II (963-1025) hubo de hacer frente a la insurrección de los terratenientes de Anatolia, el poder búlgaro fue restaurado prácticamente en su totalidad. El fortalecimiento de Basilio II y la conquista total de Bulgaria por parte de este emperador, que tuvo lugar en 1018, tampoco se mostró demasiado efectivo, ya que a finales del siglo XI, tras la extinción de la dinastía macedónica, comenzaba a resurgir el nacionalismo búlgaro. Los apoyos de Occidente dados a Bulgaria no tardarían en llegar. Durante la Tercera Cruzada (1189-1192) el soberano germánico Federico I Barbarroja respaldó la causa búlgara y, a finales del siglo XIII los hermanos Pedro y Juan Asen serían los artífices de su independencia, hecho que quedó confirmado en 1204 por el papa Inocencio III al otorgarle carácter de reino.

Los enemigos exteriores del Imperio no dejaban de surgir. Las tribus árabes, gracias a la unidad que les dio Mahoma y el Islam, pasaron a constituir, a partir del siglo VII, una seria amenaza para Bizancio. Estos beduinos asiáticos llegaron a formar un Estado mucho más organizado y poderoso que las entidades nacionales eslavas y búlgara. Sin embargo, a pesar de que la superficie territorial del Imperio se vio muy mermada con la invasión árabe de las provincias bizantinas de ultramar, este hecho no resultó, ni de lejos, tan molesto como la presencia de eslavos y búlgaros en el corazón de Bizancio, es decir, los Balcanes. Los árabes nunca llegaron a entrar en Europa oriental y, por lo tanto, a la postre no resultaron tan peligrosos como los bárbaros anteriormente descritos.

Durante la primera mitad del siglo VII, el Imperio perdió las provincias de Siria, Palestina, Egipto y Cartago ante el imparable azote musulmán. Únicamente quedaba pasar al continente europeo, destruir la barrera que suponía

Constantinopla y lanzarse a la conquista de Occidente. Hacia el año 673, los árabes disponían ya de una poderosa flota para iniciar el sitio de Constantinopla pero, sin embargo, la capital bizantina no cayó, gracias a su estratégica ubicación geográfica, sus poderosas murallas y el empleo del fuego griego. Por lo tanto, no solo se salvó el Imperio griego, sino que también pudo sobrevivir la civilización occidental.

Durante el reinado de Constantino IV (668-685), la capital bizantina sufrió el acoso de los árabes en varias ocasiones y en tiempos de León III (717-741) los bizantinos rechazaron hacia 718 un peligrosísimo ataque, nuevamente lanzado sobre la ciudad de Constantino. A partir de esa fecha, los árabes no volverían nunca más a asediar Constantinopla.

Si la hostilidad persa hacia el Imperio fue sustituida por la enemistad con los árabes, esta sería reemplazada, a su vez, por la aversión de los turcos con los bizantinos, selyúcidas, en primera instancia, y más tarde por su variante otomana. Los turcos serán el último de los invasores bárbaros que describiremos, los cuales resultaron ser el enemigo más peligroso de Bizancio y quienes acabaron de forma definitiva con su Imperio y con el último reducto de la Roma clásica.

Los selyúcidas fueron la tribu de origen turcomano que entre los siglos XI y XIII predominó sobre las demás que ocupaban Oriente Próximo. Allí, cuando ya profesaban la fe de Mahoma, acabaron por ocupar el poder que sobre la región había ejercido el Califato árabe. Hacia 1063 los selyúcidas invadieron Armenia y, en 1071, tras la derrota bizantina de Manzikiert, el camino en Anatolia quedaba despejado para la conquista de Constantinopla y su Imperio. Fue preciso que se sentara en el trono Alejo I (1081-1118) para que, coincidiendo con la crisis sucesoria selyúcida de 1092, pudiera hacerse frente a este nuevo peligro.

No obstante, el Imperio se encontraba agotado tras la crisis agrícola por la que pasaba y después de haberse enfrentado con éxito a la invasión normanda. Pero, como ya sabemos, Alejo supo más tarde hacer buen uso de las fuerzas puestas en juego por los cruzados occidentales y emplearlas en su propio beneficio para reconquistar Nicea y otros territorios de Asia Menor.

Los selyúcidas habían organizado la ocupación de Anatolia estableciendo en sus fronteras a vasallos de otras tribus turcas, algunas de las cuales fueron adquiriendo cierto poder. Tras la desaparición del sultanato selyúcida, una de estas etnias, la de los otomanos, se acabó alzando como su sustituta.

En 1320, su líder, Osmán, inicio la ocupación de las posesiones bizantinas en Anatolia. Su hijo Orján colocó a las tropas otomanas a las puertas del Bósforo y no dudó en acudir a Europa en ayuda de Juan Cantacuceno (1347-1354), su suegro, cuando este se enfrentaba a Juan V (1341-1391). Los turcos estaban ya en el viejo continente y la caída de los restos del Imperio de Constantinopla solo era ya cuestión de tiempo.

Otro de los motivos por el que el Imperio inició su decadencia lo constituyó la degradación feudal que experimentó su territorio en el periodo de enfrentamiento entre las dos aristocracias bizantinas, la nobleza civil constantinopolitana y los ricos propietarios de la tierra, crisis que alcanzó su culminación cuando los terratenientes se hicieron definitivamente con el poder tras la coronación de Alejo I y la fundación de la dinastía imperial de los Comneno. No obstante, es preciso destacar que la degeneración agrícola que sufrió el Estado no produjo una descentralización del poder a los mismos niveles que en Occidente, ya que la nobleza feudal de Bizancio no se oponía generalmente a su emperador de la misma forma que lo hacía la aristocracia Europea con sus reyes. Cualquier noble bizantino que gozara de fuerza suficiente podía aspirar a sentarse en el trono de Constantinopla, acogiéndose al derecho que otorgaba la tradición romana de ceder el cetro imperial al más digno. Mientras, en el Occidente bárbaro los grandes señores feudales únicamente ansiaban aumentar su poder e influencia en su región para, de esta forma, hacerse cada vez más independientes de sus monarcas.

En tiempos de León VI (866-912), el Imperio comenzó ya a hacer uso de una política agraria contraria a los intereses de los pequeños y medianos propietarios de la tierra y que, en consecuencia, favorecía a las clases adineradas, especialmente a los terratenientes. Cierto es también que el emperador se vio obligado a introducir estos cambios debido a la necesidad económica del momento. No obstante, la crisis no empezó a hacerse notar hasta que se alcanzó el periodo de gobierno militar en la segunda mitad del siglo x. Durante la usurpación del poder imperial por parte de generales, la necesidad de armar un ejército con fines ofensivos hizo preciso llevar a cabo una reforma militar mediante la cual el clásico sistema defensivo de *themas*, poco útil para emprender operaciones bélicas de ataque, dejó de constituir el principal contingente armado bizantino. Las acciones emprendidas en este periodo no hicieron otra cosa que favorecer aún más a la nobleza dueña de la propiedad de la tierra.

Fue necesario que surgiera la figura de Basilio II para que encontremos en él al último y más firme enemigo de la aristocracia terrateniente. Este emperador era conocedor del secreto para poder mantener la centralización del poder, el cual consistía en no cederlo en manos de la nobleza, al contrario de lo que había ocurrido en Occidente con la mutación feudal, y por ello siempre trató de favorecer a los pequeños propietarios agrícolas. Sin embargo, puede que las duras medidas emprendidas por Basilio resultaran insuficientes para que sus efectos perduraran en el tiempo, puesto que, al parecer, la degeneración feudal que tuvo lugar durante la dominación militar del Imperio se había convertido ya en un proceso imparable.

La situación no mejoró en los siguientes años, más bien ocurrió lo contrario, ya que el Imperio aún caminó con paso más firme hacia la feudalización. La dinastía macedonia no tardó demasiado tiempo en extinguirse y el gobierno de Bizancio se lo disputaron a partir de entonces la aristocracia civil de Constantinopla y los grandes señores dueños de la tierra. La crisis sufrida durante el largo enfrentamiento entre las dos aristocracias bizantinas fue aprovechada entonces por Alejo I Comneno (1081-1118) para conseguir el cetro de Constantinopla y asentar definitivamente un sistema pseudofeudal cuya base era la *pronoia*. De esta forma, el sistema militarizado de *themas* creado por Heraclio (610-641) moría definitivamente y el Imperio se hundiría en el abismo a partir de entonces.

Caída esta de la que fueron también partícipes los cambios que por la misma época experimentó la economía bizantina, pilar fundamental en el que se apoyaba el Imperio. La economía imperial basada, fundamentalmente, en ejercer el monopolio sobre el comercio procedente de Oriente, así como en la producción de manufacturas exclusivas, empezó a verse seriamente dañada cuando, en época de la crisis agrícola sufrida con los Comneno, comenzaron a incrementarse los privilegios mercantiles cedidos a las potencias marítimas transalpinas, tales como Venecia, Génova y Pisa. En este sentido la fundación de principados cruzados en Oriente también supuso una pesada losa sobre la economía bizantina, cuando estos caballeros de Cristo abrieron rutas alternativas para el transporte de mercancías procedentes de Oriente y con ello acababa el monopolio que Constantinopla había disfrutado hasta la fecha.

El poderío adquirido por Venecia en Oriente, como consecuencia de haber recibido importantes privilegios comerciales por parte de Bizancio, trató de ser contrarrestado por los sucesores de Alejo favoreciendo a sus rivales pero, lo único que se consiguió con esto fue fortalecer también a Pisa y Génova, lo que a su vez se tradujo en un empeoramiento de la situación económica del Imperio. Estos beneficios que recibían las repúblicas mercantiles italianas llegaron a alcanzar cotas tan elevadas que a los productores primarios bizantinos dejó de salirles rentable desempeñar su trabajo y acabaron empobreciéndose. En consecuencia, la industria y la producción agrícola del Imperio y, por lo tanto, también su economía, cayeron en picado.

Por último, destacar una causa más del hundimiento del Imperio bizantino: el continuo enfrentamiento que tuvo lugar entre los papas de Roma y los patriarcas de Constantinopla por la cuestión de la primacía de sus sedes episcopales. La fuerte identidad cultural y religiosa griega no hizo otra cosa que generar unas cada vez peores relaciones con el obispo de Roma y sus feligreses de Europa occidental en general.

Constantino I (312-337) asumió el liderazgo de la recientemente aceptada religión cristiana, algo que fue admitido por sus súbditos acostumbrados a que en época pagana el emperador ejerciera la función de *Pontifex Maximus*. Es más, los propios cristianos aceptaron que el emperador adoptara esta posición ante la esperanza de que arbitrara en el conflicto que desde los orígenes del cristianismo enfrentaba a las diferentes sectas existentes. El objetivo no era otro que decantarse por una de estas variantes religiosas y aceptarla como verdadera. Todo apuntaba que la cuestión se resolvería a favor de los partidarios de los poderosos clérigos Arrio o Atanasio y, para zanjar de una vez por todas el problema, se celebró el primer concilio ecuménico de la Iglesia. Este tuvo lugar en el año 325 en la ciudad de Nicea, encuentro del que salió triunfante Atanasio y en el que el arrianismo fue considerado una herejía.

El concilio estableció el precedente de otorgar al emperador capacidad para ordenar y deponer a los obispos de su Iglesia como cabeza de la misma que era. Se trataba del conocido *cesaropapismo* del que disfrutó el Imperio romano en su época cristiana y el Imperio bizantino a lo largo de toda su historia.

En el momento en que Occidente y Oriente se escindieron y el primero cayó en manos de los bárbaros germanos, se separó el destino de la Iglesia cristiana en las dos regiones. En Oriente, el Imperio perduró hasta el siglo xv, lo que permitió que sus soberanos continuaran ejerciendo como líderes de su Iglesia. En cambio en Occidente, el poder romano había sido usurpado por los germanos, la mayoría de los cuales acabaron convirtiéndose al catolicismo, y la autoridad imperial fue sustituida por la de la Iglesia de Roma y su líder, el papa. Por lo tanto, en Constantinopla el emperador podía destituir a su Patricarca cuando se le antojara, ya que el Estado se anteponía a la Iglesia, mientras que en el resto de Europa, era el papa de Roma quien tenía potestad para deponer a los soberanos de sus estados, de forma que su fuerza era mayor que la de los reinos bárbaros.

Tras este primer concilio ecuménico de la nueva Iglesia, quedó claro que los patriarcados o primeras cunas del cristianismo, es decir, Antioquía, Alejandría y Roma, recibirían un trato especial. Con el tiempo Jerusalén, por ser la ciudad de nacimiento de Jesucristo, y Constantinopla, como consecuencia de ser la corte imperial, llegaron también a adquirir el nivel de patriarcados. En un primer momento, estas cinco sedes de la Iglesia poseían un estatus similar, lo que hizo que todas se enfrentaran entre sí por obtener la primacía sobre las demás. Tras la caída de Siria, Palestina y Egipto, en manos de los árabes, Bizancio perdió Antioquia, Jerusalén y Alejandría, y, en consecuencia, el enfrentamiento eclesiástico quedó reducido únicamente a las sedes de Roma y Constantinopla. No obstante, Roma pronto dejó también de ser un dominio bizantino, por lo que, en principio el enfrentamiento carecía ya de sentido. Sin embargo, a diferencia de los patriarcados asiáticos y norteafricanos, Roma no cayó en manos de invasores que acabaron por imponer su credo, como era el caso de los musulmanes árabes, motivo por el cual el cristianismo se fue apagando en Siria, Palestina y Egipto. Debido a ello, el enfrentamiento continuó y, ahora que Constantinopla y Roma formaban parte de estados distintos, su distanciamiento fue cada vez mayor.

En consecuencia, las querellas religiosas entre las sedes eclesiásticas de Oriente y Occidente continuaron.

Uno de los episodios más importantes de la disputa llegó cuando alcanzó el trono bizantino León III (717-741), el emperador *iconoclasta,* el destructor de imágenes. De esta forma el culto de la Iglesia de Constantinopla se desviaba de la tradicional adoración de iconos religiosos que también empleaba el patriarcado romano. Este enfrentamiento únicamente vino a separar aun más a las dos sedes eclesiásticas y, con ello, León III afianzaba la subordinación de la Iglesia al Estado. Sin embargo, en poco más de un siglo y con el paso por el trono de Constantinopla de emperadores menos enérgicos que León III, la controversia de las imágenes fue superada, aunque es preciso destacar que la herida por imponer el criterio de uno de los dos patriarcados sobre el otro, fuera cual fuera este, permaneció abierta y dio lugar a nuevos enfrentamientos. Ya no se trataba de la importancia por defender la opinión propia de cada sede patriarcal, sino que, más bien, consistía en imponer este punto de vista al rival para que, de esta forma, quedara demostrado qué sede eclesiástica era la subordinada.

El siguiente capítulo de la disputa entre Roma y Constantinopla llegó durante el reinado de Miguel III (842-897), un inepto que dejó el gobierno en manos de su madre y su tío. Nuevamente el principal motivo para que tuviera lugar la querella religiosa no fue otro que resolver la cuestión de la superioridad de una de las dos sedes, siendo el motivo oficial de la disputa las diferencias teológicas, poco importantes en realidad. El enfrentamiento religioso, conocido como controversia *Filoque,* únicamente hacía referencia a la insignificante diferencia de ideas con respecto al origen del Espíritu Santo. Nuevamente los cambios en el poder bizantino hicieron posible que se acercaran posturas en torno a esta disputa teológica pero, sin embargo, la brecha por el enfrentamiento sobre la primacía se hacía más grande.

La ruptura definitiva tardaría unos siglos en llegar, cisma que perdura en la actualidad y que hace que las dos Iglesias continúen sin haberse reconciliado. Era emperador por entonces Constantino IX (1042-1055), cuyo patriarca, el ambicioso Miguel Cerulario, comenzó a tomar severas medidas contra las iglesias del sur de Italia que bajo jurisdicción bizantina practicaban los cultos religiosos de Occidente. Ante esta situación, el papa León IX excomulgaba a Miguel Cerulario y, en consecuencia, se producía el Cisma definitivo, ya que ninguna de las dos partes se mostró dispuesta a ceder.

Esta escisión final no aportó nada positivo para Bizancio, sino que más bien le supuso un grave problema, ya que desde ese momento, Occidente vio al Imperio como un Estado regido por una Iglesia cismática y, en consecuencia, ambos se convirtieron en enemigos irreconciliables.

A medida que Occidente se hacía más fuerte que el Imperio, la Iglesia de Roma trataba de lograr el sometimiento de los bizantinos a su autoridad. La tensa situación empeoraría aún más cuando tras la cruzada de 1204, los caballeros occidentales tomaron Constantinopla y fundaron el Imperio latino. Esto acentuó la hostilidad bizantina hacia el Occidente bárbaro y aumentó el deseo de conservar su propia identidad como pueblo. Por lo tanto, clero y plebe bizantinos siempre rechazaron los sucesivos intentos de los emperadores para que se reconociera la autoridad máxima del papa de Roma.

Varios emperadores llegaron a aceptar el sometimiento de la Iglesia ortodoxa a la autoridad papal, a cambio de un necesario apoyo militar frente a los hostiles y peligrosos turcos. Esto precisamente fue lo que, para algunos autores, motivó principalmente la organización de las cruzadas a Oriente, y no la recuperación de los Santos Lugares en manos de los infieles. Como hemos podido ver, cuando Alejo I se dirigió al papa solicitando ayuda para combatir a los turcos, el pontífice convocó el Concilio de Clermont, en el que animó a todo Occidente a luchar contra el infiel, ya que el emperador había insinuado que si recibía ayuda en su enfrentamiento contra los selyúcidas tal vez aceptara la autoridad papal.

Sin embargo, realmente la Santa Sede nunca consiguió el sometimiento de Bizancio. En cambio los papas si lograron aislar al Imperio y que poco a poco este se fuera deshaciendo. Los obispos de Roma debieron pensar: Constantinopla será para el papa o no lo será para ningún cristiano. La negativa del pueblo bizantino para someterse a la autoridad papal ocasionó la antipatía de los estados católicos hacia el Imperio, los cuales no movieron ni un dedo para impedir la invasión progresiva de los turcos que concluyó con la toma de Constantinopla en 1453.

Al rechazo a la unión con Roma por parte de pueblo y clero bizantinos debemos añadir que los otomanos respetaban su tradición religiosa, por lo que no nos resultará demasiado complicado llegar a entender el porqué de esta negativa. Por lo tanto, finalmente, los bizantinos prefirieron ser conquistados por los otomanos que verse sometidos a la autoridad del papa de Roma.

Analizadas ya las causas de la decadencia de Bizancio, debemos destacar que el punto de inflexión que marca el siglo XI, a partir del cual podemos distinguir claramente los periodos de auge y declive de su imperio, no indica caída alguna en lo referente al aspecto cultural, como veremos a continuación.

Si bien es cierto que la Edad Media normalmente se entiende como una época oscura para Europa occidental, no debe de considerarse lo mismo para el caso del Imperio bizantino. El abismo cultural que supuso el Medievo para Occidente solo comenzó a superarse cuando se produjo la vuelta a los modelos clásicos grecorromanos, es decir, con la aparición del movimiento renacentista. Sin embargo, Bizancio vivió iluminado durante toda esta época, como descendiente de la cultura clásica que era.

La civilización bizantina fue el resultado de la fusión de dos tradiciones: la helenística de la Grecia clásica y el Imperio de Alejandro Magno, así como la romana, heredada directamente del Bajo Imperio. Como nos indica Baynes, el Imperio romano de Oriente fue a lo largo de la Edad Media griego en lengua, literatura, teología y culto, así como romano en su derecho, tradición militar, diplomacia, política fiscal y en su consciente mantenimiento de la supremacía del Estado.

La vida intelectual bizantina fue siempre brillante y compleja, destacando en ella el cultivo de la historia, filosofía, literatura, arte y ciencias. Para Claramunt, el papel desempeñado por el llamado Imperio bizantino en la historia está muy claro: la Roma oriental se alza como conservadora de la cultura clásica. Las mencionadas ramas del conocimiento se mantuvieron intactas en Bizancio y, de esta forma, pudieron finalmente ser transmitidas a Occidente a través del Renacimiento.

En definitiva, mientras el resto de Europa se hundía tras la creación de los reinos germánicos, en el Imperio bizantino seguía floreciendo una rica, en el ocaso de su existencia solamente rica culturalmente hablando, civilización, ya que incluso en el periodo en el que se produjo la larga decadencia de Bizancio, entre los siglos XI y XV, la cultura clásica continuó allí viva.

Es más, cuando Constantinopla pasaba por una época de crisis, la capital imperial seguía siendo rica, y no solo culturalmente hablando. Asimov nos informa que en tiempos de Justiniano la gran ciudad de Constantino contaba con una población de seiscientos mil habitantes. Incluso en los siguientes siglos hubo periodos en los que se llegó a alcanzar el millón de ciudadanos, a juicio de este autor, aproximadamente la máxima población que una ciudad podía soportar antes de que tuviera lugar la Revolución Industrial.

La capital imperial gozaba además de comodidades y servicios que harían que esta poco tuviera que envidiar de las ciudades actuales. Los ciudadanos de Constantinopla disfrutaban de hospitales gratuitos, lugares de beneficencia para los pobres, alumbrado público, servicio de extinción de incendios, agua potable en abundancia y red de alcantarillado. Paralelamente, los ciudadanos de París, considerada la capital de Occidente, debían pisar calles llenas de fango. En palabras de Asimov, «ninguna ciudad de Europa occidental de aquellos tiempos, ni de los mil años posteriores, pudo igualar en esto a Constantinopla».

Bibliografía

ASIMOV, I., *Constantinopla. El imperio olvidado*, Editorial Alianza, 1999. Madrid.

ASIMOV, I., *El Imperio romano*, Editorial Alianza. 2005, Madrid.

ASIMOV, I., *La República romana*, Editorial Alianza. 2006, Madrid.

BARAHOMA, P., *Los templarios,* Editorial Lisba. 2003, Madrid.

BARRERAS, D. *La Cruzada Albigense y el Imperio aragonés,* Editorial Nowtilus. 2007, Madrid.

BAYNES, N. H., *El Imperio bizantino,* Fondo de cultura económica. 1996, México D.F.

BOIS, G., *La revolución del año mil,* Editorial Crítica. 1991, Barcelona.

CABRERA, E., *Historia de bizancio*, Editorial Ariel. 1998, Barcelona.

Claramunt, S., Portela, E., González, M. y Mitre, E., *Historia de la Edad Media,* Editorial Ariel. 1992, Barcelona.

Crouzet, M. (Dirección), *Roma y su imperio,* Destinolibro. 1980, Barcelona.

Duby, G., *Guillermo el mariscal*, Editorial Alianza. 1997, Madrid.

Duby, G., *Europa en la Edad Media*, Ediciones Paidós Ibérica. 2007, Barcelona.

Eslava, J., *Los templarios y otros enigmas medievales,* Editorial Planeta. 1998, Barcelona.

Fossier, R., *La formación del mundo medieval (350-950),* Editorial Crítica. 1988, Barcelona.

Fossier, R., Poly, J. P., Vauchez, A., *El despertar de Europa (950-1250),* Editorial Crítica. 2001, Barcelona.

García, J. A. y Valdeón, J., *Manual de historia universal. Edad Media,* Ediciones Nájera. 1987, Madrid.

Gómez, H., *Los ejércitos de Bizancio*, http://www. ejercitosbizancio.net. 2000-2007,

Grimal, P., *El Imperio romano*, Editorial Crítica. 2000, Barcelona.

Heers, J., *La Primera Cruzada*, Editorial Andrés Bello. 1995, Barcelona.

Imber, C., *El Imperio otomano*, Ediciones B. 2005, Barcelona.

Ladero, M., *Historia universal (Vol. II). Edad Media,* Editorial Vicens-Vives. 1994, Barcelona.

Le goff, J., *¿Nació Europa en la Edad Media?*, Editorial Crítica. 2003, Barcelona.

OSTROGOSKY, G., *Historia del Estado bizantino*, Ediciones Akal. 1984, Madrid.

PARKER, G., *(dirección), Atlas The Times de la Historia de la Humanidad*, Editorial GSC. 1994, Barcelona.

PATLAGEAN, E., *Historia de Bizancio*, Editorial Crítica. 2005, Barcelona.

ROBERTS, J. M., *Historia universal ilustrada*, Ediciones Debate. 1998, Madrid.

ROLDÁN, M., BLÁZQUEZ, J. M. Y DEL CASTILLO, A., *El Imperio romano*, Ediciones Cátedra. 1995, Madrid.

RUNCIMAN, S., *Historia de las cruzadas, Tomo 3*. Editorial Alianza. 1994, Madrid.

RUCINMAN, S., *La caída de Constantinopla*, Editorial Espasa Calpe. 1997, Madrid.

RUCINMAN, S., *Historia de las cruzadas, Tomo 1*. Editorial Alianza. 2002, Madrid.

RUCINMAN, S., *Historia de las cruzadas, Tomo 2*. Editorial Alianza. 2002, Madrid.

RUZÉ, F. Y AMOURETTI, M. C., *El mundo griego antiguo*, Ediciones Akal. 1987, Madrid.

SANTOS, H., *Historia verdadera del emperador Constantino El Magno*, Imprenta de D. Manuel Martín. 1767, Madrid.

TALBOT, D., *La Alta Edad Media*, Editorial Alianza. 1988, Madrid.

TREADGOLD, W., *Breve historia de Bizancio*, Ediciones Paidós Ibérica. 2001, Barcelona.

VALDEÓN, J., *El feudalismo*, Alba libros. 2005, Madrid.

ZABOROV, M., *Historia de las cruzadas*, Editorial Akal. 1988, Madrid.

LE INVITAMOS A LEER OTRAS OBRAS:
PUEDE ESCANEAR LOS CÓDIGOS QR CON
SU SMARTPHONE O TABLETA PARA LEER UN
FRAGMENTO GRATUITO.

LE INVITAMOS A LEER OTRAS OBRAS:
PUEDE ESCANEAR LOS CÓDIGOS QR CON
SU SMARTPHONE O TABLETA PARA LEER UN
FRAGMENTO GRATUITO.

www.facebook.com/editorialnowtilus
www.twitter.com/nowtilus
www.instagram.com/edicionesnowtilus

L<small>E INVITAMOS A LEER OTRAS OBRAS:</small>
<small>PUEDE ESCANEAR LOS CÓDIGOS</small> QR <small>CON</small>
<small>SU SMARTPHONE O TABLETA PARA LEER UN</small>
<small>FRAGMENTO GRATUITO.</small>